Christian Schertz • Thomas Schuler (Hg.)
Rufmord und Medienopfer

W0076168

Christian Schertz
Thomas Schuler (Hg.)

Rufmord und Medienopfer

Die Verletzung der persönlichen Ehre

Ch. Links Verlag, Berlin

Die **Deutsche Nationalbibliothek** verzeichnet
diese Publikation in der Deutschen Nationalbibliographie;
detaillierte bibliographische Daten sind im Internet
über http://dnb.d-nb.de abrufbar.

1. Auflage, November 2007
© Christoph Links Verlag – LinksDruck GmbH
Schönhauser Allee 36, 10435 Berlin, Tel.: (030) 44 02 32-0
Internet: www.linksverlag.de; mail@linksverlag.de
Umschlaggestaltung: KahaneDesign, Berlin
Satz: Ch. Links Verlag, Berlin
Druck und Bindung: Friedrich Pustet, Regensburg

ISBN 978-3-86153-424-2

Inhalt

Christian Schertz • Thomas Schuler

Es beginnt mit einem Flugblatt ...

Einleitung

Rufmord über Medien beginnt oft harmlos. Am Anfang kann das Medium nur ein Flugblatt sein, das bei einem Parteitag auf den Tischen ausliegt. So war es im Jahr 2004 in Baden-Württemberg, als die CDU dort einen Nachfolger für den Ministerpräsidenten suchte. Günther Oettinger und Annette Schavan bewarben sich um das Amt. Solange Annette Schavan, die heutige Bundesbildungsministerin, mehr Kindergartenplätze, bessere Straßen und einen ausgeglichen Haushalt forderte, interessierte sich kaum jemand für sie. Interessant wurde die Theologin und Kandidatin erst so richtig, als ihr Privatleben ins Spiel kam. Auf den Flugblättern war die Rede von »Gerüchten über angebliche gleichgeschlechtliche Beziehungen«. Verteilt hatte sie ein Wirt aus Stuttgart, der später in der *Süddeutschen Zeitung* als »wirr« bezeichnet wurde. Parteifreunde sammelten die Flugblätter ein. Doch die öffentliche Diskussion über ihr Privatleben – und damit auch ein Rufmord, den Annette Schavan später öffentlich beklagt – begann damit.

Was tat Schavan? Schweigen? Protestieren? Gerichtlich klagen? Bei den ersten Auftritten antwortete sie höflich und parierte die Fragen. Später reagierte sie zunehmend entnervt und sagte bei einem Auftritt vor 1200 Zuhörern: »Wer es genau wissen will: Mir fehlen Eignung, Lust und Neigung dazu!« Sie halte das Ganze für »schäbig, absurd und Rufmord«.

Bild heuchelt Empörung: »Plötzlich muss die unverheiratete, kinderlose CDU-Politikerin öffentlich gegen üble Lesben-Gerüchte kämpfen!« Und berichtet genüsslich. Dabei konnte sie die linksalternative *tageszeitung (taz)* zitieren, die zuvor gefragt hatte, in welchem Umfeld die Politikerin eigentlich lebe: »Mit einem Lebensgefährten? Mit einer Lebensgefährtin?« Auch *Focus* berichtete über die Gerüchte. Die *Süddeutsche Zeitung* behauptete sogar, dass der Redakteur einer Boulevardzeitung bei einem Gespräch in Berlin zu Frau Schavan gesagt habe, er komme im Auftrag der Chefredaktion, um sie zu fragen, ob sie lesbisch sei.

Spätestens mit Schavans öffentlicher Entgegnung war das Thema auch für seriöse Berichterstatter legitimiert. Flugblatt, *taz, Bild, Focus, Süddeutsche Zeitung.* Das ist durchaus eine typische Reihenfolge im Ablauf eines Themas, bei dem es um politisch-moralische Positionen wie gleichgeschlechtliche Liebe geht. Am Anfang steht ein Medium, das niemand ernst nehmen kann, das aber Journalisten erreicht – und damit Interesse und Fakten schafft. Jedes der nachfolgenden Medien kann sich auf ein vorhergehendes Medium berufen und somit das eigene Vorgehen legitimieren.

Wer hat den Rufmord begangen? Der Schreiber des Flugblatts oder *Bild,* die über Schavans Entgegnung berichtet? Ist Annette Schavan womöglich selbst verantwortlich dafür, dass die Gerüchte von ihrer angeblich lesbischen Neigung ein Millionenpublikum erreichten? Hätte sie geschwiegen, wäre es dann nicht bei dem ein oder anderen Flugblatt und dem ein oder anderen versteckten Hinweis geblieben? Und als Günther Oettinger sich im weiteren Verlauf der öffentlichen Debatte gegen den Rufmord an Schavan laut aussprach, gab es natürlich Stimmen, die sagten: Indem er sich so deutlich dagegen stelle, wolle er betonen, dass er in anderen, geordneteren Familienverhältnissen lebe. Aber was hätte er sonst sagen sollen? Hätte er schweigen sollen? Hätte man ihm dann nicht vorgeworfen, er billige den Rufmord? Rufmord vergiftet unwillkürlich alle, die mit ihm in Berührung kommen.

Was genau ist Rufmord, wann und wo beginnt er? Wir, die Herausgeber dieses Buches, wollen das Phänomen und die dahinter wirkenden Mechanismen beschreiben. Rufmord ist geächtet. Rufmord ist kein legales Mittel in der publizistischen Auseinandersetzung – und dennoch ist er medialer Alltag. Das Ergebnis: Angegriffene fühlen sich hilflos. Jedes Dementi wird benutzt, um Gerüchte erneut zu publizieren. Betroffene leiden – oft jahrelang. Sie fühlen sich verfolgt, ohnmächtig. Menschen, die nicht in der Öffentlichkeit agieren, werden ins Rampenlicht gezerrt und vorgeführt. Menschen, die in der Öffentlichkeit stehen, werden als

Freiwild betrachtet. Journalisten tun so, als ob es völlig normal sei, dass Prominente über jede Facette ihres Lebens eine öffentliche Beichte ablegen müssten.

In den Medienhauptstädten dieser Welt gilt Rufmord inzwischen als ein normales Geschäft: So wie Stahl eine Industrie in Pittsburgh sei, genauso sei Rufmord eine Industrie in Washington, meint Richard Cohen, Kolumnist der *Washington Post*. Gleiches könnte man von New York, Rom, Paris oder London, von Hamburg, München oder Berlin behaupten.

Es gibt zwei Definitionen im allgemeinen Sprachgebrauch: Die eine besagt, Rufmord sei, wenn jemand ehrverletzende Gerüchte streut. Die andere geht davon aus, dass Rufmord erst dann begangen werde, wenn entgegen besserem Wissen Gerüchte und Unwahrheiten als Wahrheit verkauft würden. Im ersten Fall kennt der Rufmörder die Wahrheit nicht. Im zweiten Fall weiß er, dass er die Unwahrheit streut. In beiden Fällen kann die Wirkung gleich verheerend sein.

Liegt Rufmord womöglich sogar im Auge des Betrachters? Leo Kirch, dem Unternehmer und ehemaligen Chef des gleichnamigen Medienkonzerns, war zeitweise maßgeblich an *Bild* beteiligt und bestimmte deren Politik (nebst Rufmorden) mit. Kirch beschuldigte im Februar 2002 einen von Deutschlands angesehensten Bankern, an ihm in einem Interview Rufmord begangen zu haben. Auf Kirchs Kreditwürdigkeit angesprochen, sagte Rolf Breuer von der Deutschen Bank in einem Interview: »Was alles man darüber lesen und hören kann, ist ja, dass der Finanzsektor nicht bereit ist, auf unveränderter Basis noch weitere Fremd- oder gar Eigenmittel zur Verfügung zu stellen.« Kirch verklagte den Banker später auf Schadenersatz, weil er eine Kettenreaktion in Gang gesetzt habe, die seinen Konzern in den Bankrott getrieben habe. Kirch warf Breuer Rufmord vor: »Erschossen hat mich der Rolf.«

Dabei haben Journalisten handwerklich korrekt gehandelt. Die Frage nach der Zahlungsfähigkeit Kirchs lag auf der Hand. Jeder Journalist, der sie Breuer nicht gestellt hätte, sollte sich überlegen, ob er den richtigen Beruf gewählt hat. Wohlweislich klagte Kirch nicht gegen das Medienunternehmen Bloomberg, das das Interview verbreitete, sondern gegen Breuer. Ironisch ist aber doch, dass ausgerechnet ein Medienkonzern, der maßgeblich an *Bild* beteiligt war, durch einen Rufmord zu Fall gebracht worden sein soll.

Rufmord existiert seit biblischen Zeiten. Was früher Versammlungen in der Kirche oder auf dem Marktplatz, dann der Besuch im Friseursalon und im Wirtshaus waren, das ersetzen heute mehr und mehr elektronische Foren. Experten sprechen von »Cyber Smearing«. Rufmord geschieht dort anonym. Im Internet wird die Identität von Personen verfälscht oder gar gestohlen. Bisweilen verbreiten diese falschen Personen unter einer anderen Identität Gerüchte über andere Personen. Im Onlinedienst Wikipedia hat ein unbekannter Autor einem Journalisten einfach unterstellt, er sei am Mord an John F. Kennedy beteiligt gewesen – das Gerücht stand monatelang im Internet, bis der Journalist es zufällig las und öffentlich auf das Kontrollproblem von Wikipedia und anderen Onlinediensten hinwies.

Was kann man gegen Rufmord tun? Klatsch verbieten? Das haben die US-Amerikaner versucht. In Nebraska war es Friseuren um 1910 verboten zu klatschen, genauso wie es ihnen zwischen sieben Uhr morgens und neun Uhr abends verboten war, Zwiebeln zu essen und beim Rasieren den Finger in den Mund ihrer Kunden zu stecken. Wirklich erfolgreich waren die Amerikaner mit dem Verbot nicht, wie man heute an der von Klatsch bestimmten amerikanischen Mediengesellschaft sieht. Was kann der Betroffene tun? Gegner zu Gegendarstellungen zwingen oder sie gar kaufen? Das ist durchaus eine Lösung für einen Milliardär wie den saudi-arabischen Scheich Khalid Bin Mahfouz. Der Saudi war beschuldigt worden, in Verbindung mit Al Qaida zu stehen und weltweit einer der wichtigsten Verbündeten Osama bin Ladens zu sein. Als Banker habe er eine führende Rolle bei der Finanzierung des Terrorismus gespielt. Er dementierte das nicht nur, sondern setzte 2006 weltweit Entschuldigungen der Journalisten durch, die ihn beschuldigt hatten. Es erschienen dazu ganzseitige Anzeigen in politischen Magazinen wie etwa dem *Spiegel*. Doch die wenigsten Betroffenen verfügen über solche finanziellen Möglichkeiten.

Ein erster Schritt kann sein, sich mit dem Thema zu befassen und Grundlegendes zu klären. Was gehört zur Meinungsfreiheit, was ist eine falsche, ehrverletzende Tatsachenbehauptung? Wir beschreiben Facetten des Rufmords und behandeln ihn in Literatur und in Politik. Wir schildern prominente Fälle, aber auch unbekannte, exemplarische Einzelfälle. Natürlich ist die Auswahl subjektiv und kann nur einen Überblick vermitteln. Wir geben rechtliche Orientierung. Ist Rufmord in verschiedenen Ländern das Gleiche und wenn ja, wird er auf ähnliche Art bekämpft und geächtet? Dazu blicken wir nach Großbritannien, nach Osteuropa und nach Nordamerika. Ein eigenes Thema ist Rufmord und die Boulevardpresse, wir untersuchen dazu exemplarische Vorgänge. Zugleich sprechen wir über Hilfe für Medienopfer und die Mittel gegen Rufmord. In Deutschland ist neben den Gerichten der Presserat die maßgebliche Beschwerdestelle für Betroffene. Was unternimmt der Presserat gegen Rufmord? Ist sein Vorgehen noch angemessen?

Rufmord geschieht, um jemanden in Verruf zu bringen. Ungeschehen machen kann man ihn nicht, auch wenn kommerzielle Onlinedienste gegen Zahlung eines fünfstelligen Eurobetrages neuerdings versprechen, genau das zu leisten und Rufmord im Internet ungeschehen zu machen. Sie versuchen, Dateien zu löschen oder negative Webseiten durch Suchmaschinen weniger schnell auffindbar zu machen.

Am Ende eines Rufmords ist nicht nur das Opfer, sondern meist auch der Journalismus in Verruf geraten. Was hat der Journalismus Gerüchten und Verleumdungen entgegenzustellen? Viel wäre gewonnen, wenn Journalisten tatsächlich Journalismus praktizieren würden, wenn sie also recherchieren und die Ergebnisse fair darstellen würden. Aber oft folgen sie Gerüchten, ohne ihren Wahrheitsgehalt zu prüfen. Oft lassen sich Journalisten für bestimmte Interessen einspannen. Oft agieren Journalisten nicht als Journalisten, sondern als Anwälte einer Sache oder eines Unternehmens. Der kleine Bruder des Rufmords ist die PR, deren Geschäftsgrundlage oft nicht die Wahrheit, sondern ein bestimmtes Interesse des Auftraggebers ist. PR verbreitet daher mitunter bewusst Halbwahrheiten. PR ist kein Verbrechen. Journalisten aber haben die Aufgabe, hinter die Kulissen zu blicken, die PR-Leute gern aufbauen. Warum sind Journalisten nicht der Lage, sich stärker gegen solche Einflüsse zu wehren? Das Einfachste wäre, Journalisten würden Gerüchte totrecherchieren.

Rufmord attackiert die Moral von Menschen, ist daher abhängig von moralischen Konventionen der Zeit und des Ortes. Für

Annette Schavan ist der Verdacht, sie sei lesbisch, Rufmord. In Baden-Württemberg und in den moralischen Vorstellungen ihrer Wählerschaft ist das so. In Berlin dagegen wählte das Volk einen Bürgermeister, der sich zu seiner Homosexualität offen bekennt. Für die *taz,* die in Berlin erscheint, lag es nahe, sich in einem Bericht über Schavans Erfolgsaussichten auch mit den Gerüchten über ihre Lebensweise zu beschäftigen, zumal die Debatte Monate davor schon einmal stattgefunden hatte. Uns interessiert daher auch die Rolle der seriösen Presse. Denn ein Problem unserer Mediengesellschaft besteht darin, dass selbst seriöse Medien dem Faktischen eines Rufmords nicht entkommen können.

Rufmord ist ein perfides Spiel der Medien. Nicht immer ist klar, wer wen benutzt und wer von wem profitiert. Ist es sinnvoll, jemanden gegen einen unberechtigten Vorwurf zu verteidigen, wenn man dadurch auch dem Vorwurf zu Publizität verhilft? Erreicht man am Ende nicht das Gegenteil? Rufmord ist heimtückisch. Rufmord spielt meist in einem Bereich, der verletzend wirkt. Ein Bereich, der so intim ist, dass Gerüchte ihre Wirkung erzielen, weil alle gern zuhören, aber niemand Genaues weiß oder die Gerüchte prüft. Unsere Mediengesellschaft erlaubt eines nicht: Schweigen. Deshalb ist es so schwer, angemessen auf Gerüchte zu reagieren, indem man nicht reagiert. Können deutliche Worte weitere Gerüchte verhindern? Unter PR-Leuten herrscht die Vorstellung, dass eine heiße (schlechte) Nachricht, die eine Person oder ein Unternehmen schädigt, am besten mit einer heißeren Nachricht schnell überboten und damit abgesondert und egalisiert wird. Dieser Gedanke folgt der Vorstellung, dass Nachrichten eine Ware sind und dem Gesetz von Angebot und Nachfrage folgen. Aber Garantien kann niemand geben.

Rufmord vergiftet leider alle, die mit ihm in Berührung kommen. Wer ihn beklagt, muss ihn erst einmal wiederholen und somit begehen. Selbst wer den Angegriffenen zur Seite springen will, muss den Rufmord ungewollt noch einmal begehen, indem man ihn schildert. In diesem Sinne begehen wir in diesem Buch auch Rufmord. Allerdings gibt es keine andere Möglichkeit, seine Mechanismen aufzuzeigen, den Ärger und das Leid, den er anrichtet. Und den Schaden, den er dem Journalismus zufügt.

»Rufmord ist ein Kavaliersdelikt – mehr nicht?« Mit dieser Frage leitete die Bischöfin Maria Jepsen vor einigen Jahren ihre

Buß- und Bettagspredigt in Hamburg ein. Das Thema war aktuell und zeitlos, und das gerade in einer Stadt, in der neben *Stern* und *Spiegel* auch *Bild* ihre Zentrale hat. »Kein Mensch, ob nun gut oder böse, sollte je ein gefundenes Fressen für einen Reporter, eine Redakteurin, für Kameraleute sein: Das wäre kannibalisch.« Die Theologin kam zu dem Schluss: »Es ist leichter für ein Kamel, durchs Nadelöhr zu kommen, als für einen Journalisten in den Himmel.«

Es ehrt die Bischöfin, dass sie anfügte: »Und ich rede hier nicht wie eine Blinde von der Farbe, bin ich doch selbst beteiligt am öffentlichen Reden und Schreiben.« Andere nahmen ihre Worte weniger selbstkritisch auf: Journalisten des *Hamburger Abendblatts*, das wie *Bild* im Axel-Springer-Verlag erscheint, druckten ihre Medienschelte und wollten von ihrem Pressesprecher wissen, wen die Bischöfin gemeint habe: Die Kritik habe nicht einer einzelnen Zeitung oder der Medienstadt Hamburg gegolten, »sondern allgemein einigen Bereichen des Journalismus«, antwortete ihr Pressesprecher. Einige Wochen später ergänzte die Bischöfin: »Wenn Menschen in Nöten und Trauer von einem Pulk von Journalisten bedrängt werden, finde ich das schlimm ... Die Würde des Menschen sollte respektiert werden. Das sollte aber nicht einen kritischen Journalismus verhindern.«

Die Zeitung wertete ihre Worte als »Generalabrechnung mit dem Journalismus«. War es das wirklich? Tatsächlich hat die Bischöfin sich gegen Rufmord gewandt und »gegen alle behaupteten Quoten- und Sensationszwänge«. Ihre Frage, ob Rufmord wirklich nur ein Kavaliersdelikt sei, gilt für manche Journalisten mehr als für andere. Manche sind bei fast jedem Rufmord mit von der Partie und können den nächsten kaum erwarten. Sie leben von Rufmord und verhalten sich genau so, wie die Bischöfin sagte: kannibalisch. Andere begehen aus Nachlässigkeit oder falschem Eifer Rufmord. Könnten wir Teilnehmer in dieser Mediengesellschaft Rufmord verhindern, wenn wir nur wollten? Es ist an der Zeit, sich mit dem Thema näher zu beschäftigen und genaue Fragen zu stellen.

Gerhard Henschel

Die neuzeitliche Inquisition

Zur Geschichte des journalistischen Rufmords

Der Sensations- und Rufmordjournalismus ist beileibe keine Erfindung der *Bild*-Zeitung. Schon im Gefolge der Gerüchte über
die Einwohner der Neuen Welt kursierten Flugschriften, aus denen
wissbegierige Europäer im frühen 16. Jahrhundert Abwegiges
und Schockierendes über die vermeintlich Wilden, ihren angeblichen Kannibalismus, ihre zügellose Wollust, ihren Hang zur In-
zucht und ihre monströse Körpergestalt erfuhren. Johannes Gu-
tenbergs Erfindung der Druckerpresse hatte es möglich gemacht,
das ehedem nur mündlich bedienbare Bedürfnis nach übler Nachrede in einem neuen Medium und in einem größeren Stil zu befriedigen, als er Augustinus, Chrysostomus und Ephräm vergönnt
gewesen war. In der Spätantike hatten diesen Kirchenvätern für
die Verbreitung ihrer Greuelpropaganda über die abweichenden
sexuellen Gewohnheiten der Juden und anderer Nichtchristen nur
die Ohren der Gemeindemitglieder und einige karge Schreibstuben
zur Verfügung gestanden.

Die überlieferten Zeugnisse menschlicher Niedertracht im Hinblick auf Nachbarn, Fremde und Andersgläubige reichen weit in
die Vergangenheit zurück, und es genügt eine flüchtige Betrachtung des menschlichen Wesens und seiner Machenschaften von
der Antike bis in die Gegenwart, um den Verdacht zu erhärten,
dass es auch in den schriftlosen Jahrzehntausenden der Geschichte
des Menschengeschlechts nicht viel besser gewesen sein dürfte. Es
spricht jedenfalls nichts dafür, dass unsere Ahnen sich an ihren
prähistorischen Lagerfeuern des Palaverns über die »Abartigkeit«
eines feindlichen Stammes oder über die Verrücktheit einer ver-
femten Sippe enthalten hätten.

Neu war zu Beginn der Moderne hingegen die gewerbsmäßige,
industriell betriebene und genutzte Verbreitung von Klatsch und

Tratsch, die im 19. Jahrhundert mit dem rasanten Aufschwung der Zeitungsproduktion und dem Aufkommen eines vormals unbekannten Typus einherging – dem des Tagesjournalisten, der sich mit der stetig wachsenden Pressefreiheit auch das Recht erkämpfte, in die Privatsphäre seiner Mitmenschen einzudringen und ihr geschäftlich verwertbare Informationen zu entreißen. Perfektioniert worden ist dieses Geschäftsgebaren im frühen 20. Jahrhundert. In der *Fackel,* die Karl Kraus von 1899 bis zu seinem Tod im Jahre 1936 herausgegeben hat, lässt sich, von Jahrgang zu Jahrgang, in allen Einzelheiten die Entwicklung studieren, die der Sensationsjournalismus in jener Zeit genommen hat.

»Der Skandalsucht Futter streuen – ein widriges Gewerbe«, schrieb 1907 Maximilian Harden, der im deutschen Kaiserreich hochangesehene und bis dahin auch von Kraus geschätzte Herausgeber der renommierten Zeitschrift *Die Zukunft.* »Die Geschlechtshandlung ist der privateste Akt. Nur wenn sie ein nationales oder soziales Rechtsgut antastet, darf der Fremde sie entschleiern.« Wie aber hätte eine unter Erwachsenen einvernehmlich vorgenommene Geschlechtshandlung ein nationales Rechtsgut antasten können, so dass Journalisten glauben konnten, sich das Recht anmaßen zu dürfen, diesen privaten Akt zu entschleiern?

Maximilian Harden war zu Ohren gekommen, dass Philipp Fürst zu Eulenburg-Hertefeld, Kuno Graf von Moltke und andere Vertraute des Kaisers homosexuelle Beziehungen unterhielten. In der *Zukunft* deutete Harden zunächst nur verblümt an, dass »gewisse Männer von abnormen Empfindungen« mit einem »Kinädenmakel« behaftet und dennoch hoffähig seien. Bald darauf verstieg er sich zu der Vokabel »Spinatgartenschande« und gab, nach einer Verleumdungsklage des Grafen Moltke, vor Gericht zu Protokoll, dass der Kläger Kosmetika verwende, im Theater nachweislich Süßigkeiten verzehrt habe und den familiären Spitznamen »Tütü« trage. Er wisse ganz genau, erklärte Harden, dass der Graf »absonderliche Geschlechtsempfindungen« hege. Harden wurde freigesprochen, und Karl Kraus, erschüttert von dessen Skandalsucht, fällte das Urteil: »Die Unfähigkeit zur Bekleidung eines öffentlichen Amtes mit der Abneigung gegen den normalen Geschlechtsverkehr zu beweisen, konnte nur einem Philister oder einem Freibeuter journalistischer Sensation gelingen.«

Das war revolutionär. Man denke an die noch in unseren Tagen, also einhundert Jahre und zweieinhalb sexuelle Revolutionen später eingefädelten Intrigen gegen fremdgehende CSU-Minister oder an die noch gar nicht so lang zurückliegende, glanzvoll abgeschmetterte Kampagne gegen den schwulen Berliner Bürgermeister Klaus Wowereit. Zu der Unbefangenheit und humanen Vernunft, mit der Karl Kraus das Menschenrecht auf private, der Mehrheit absonderlich erscheinende Geschlechtsempfindungen in Schutz nahm, war Harden unfähig. Er spielte geschickt sein Wissen aus und ließ in einem weiteren Schöffengerichtsverfahren einen Milchhändler und einen Fischer in den Zeugenstand rufen. Diese Zeugen sagten aus, dass sie in ihrer Jugendzeit mit dem – mittlerweile erkrankten und bettlägerigen – Fürsten Eulenburg sexuell verkehrt hätten, und Maximilian Harden schimpfte: »Müssen wir einen Kriegssturm ersehnen, der diesen schwülen Spuk mit eisigem Athem wegfegt? Soll der starke Schoß deutscher Frauen aus edel gezüchtetem, unerschöpftem Stamm verdorren, weil dem Herrn Gemahl Ephebenfleisch besser schmeckt?«

Der »schwüle«, von Harden enttarnte Spuk bestand in einigen privaten homosexuellen Geschlechtshandlungen, die zum Zeitpunkt ihrer Enthüllung bereits Jahrzehnte zurücklagen. Hardens ehemaliger Mitstreiter Kraus wandte sich angewidert von dem rufmörderischen Enthüllungsjournalisten Harden ab und charakterisierte dessen Winkelzüge als »das erbärmlichste Manöver journalistischen Geistes«, das darauf abziele, »ob Männer der Politik ihren Geschlechtstrieb auf Röcke oder Hosen abgestellt« hätten. »Und dieser Mann ist der Kulturhort Deutschlands, zu dem die literarische Jugend wallt wie einst vor Goethe's Thron«, schrieb Kraus. Harden habe »Zinsen genommen von der wahrhaft tragischen Schande einer Sittlichkeit, die es erlaubt, das Rückenmark zum corpus delicti zu machen. Er ist der Schuldige jener neuzeitlichen Inquisition, die wir schaudernd den Beschluss verkünden hören, ›den Beweis darüber, daß der Privatkläger dem weiblichen Geschlecht besonders abgeneigt sei, zuzulassen‹. Jener teuflischen Justiz, die in Schlafzimmern exorcisiert, Abweichungen von der ›Norm‹ ahndet und das liebe Leben zum Tod durch den Samenstrang verurteilt«. Die »Erledigung« des Falls Harden schloss Kraus mit den Worten ab: »Der Prozeß Harden–Moltke ist ein Sieg der Information über die Kultur. Um in solchen Schlachten zu bestehen, muß die Menschheit lernen, sich über den Journalismus zu informieren.«

In jenen denkwürdigen »Ehrentagen des Nachrichtengeistes«, wie Karl Kraus sie nannte, reagierte Harden nicht auf diese Angriffe. Er ließ sich Zeit bis 1908. Dann erklärte er in einem Zeitungsinterview, dass Kraus ihm schon seit längerem zuwider gewesen sei, und garnierte diese Auskunft mit einem Hinweis auf eine Liebesaffäre des Angreifers, bei der es sich, laut Harden, um einen »grotesken Roman« gehandelt habe. An dieser Stelle, schrieb Kraus in der *Fackel,* höre für ihn »die Geneigtheit zu einer literarischen Erledigung solchen Einwands« auf. »Und ich sage Herrn Harden: Die ganze Lächerlichkeit seiner Erwiderung hat ihren Reiz für mich verloren. Aber um dieses einen Satzes willen lasse ich ihn nicht mehr los. Hier ist er in der Bahn, auf der er heute in Deutschland mit vollem Dampf fährt; aber durch meine Reiche kommt er nicht unbeschädigt. Hier ist die Gemeinheit am Ende. Und sie zeigt noch einmal, was sie kann. Jetzt erst fühle ich ihre Möglichkeiten, jetzt erst begreife ich den Plan, der ihren Vorstößen gegen das privateste Erleben zugrundeliegt: Die Unfähigkeit, vor dem Geist zu bestehen, vergreift sich am Geschlecht. Mein grotesker Roman lag dem Herrn Harden nicht als Rezensionsexemplar vor (...)« Eine Antwort darauf ist Maximilian Harden sowohl Karl Kraus als auch der Nachwelt schuldig geblieben. Harden machte weiter, als ob nichts geschehen wäre, doch sein Ruf war ramponiert, zu Recht und für immer.

Mit den Enthüllungen aus dem Geschlechtsleben seiner politischen Widersacher hatte Harden einen Skandal von internationalem Format heraufbeschworen. Für seine Zeitschrift war das ein gutes Geschäft. Dass sich mit Affären dieser und auch geringerer Größenordnung noch bessere Geschäfte machen ließen, erwies sich, als in den Goldenen zwanziger Jahren des vergangenen Jahrhunderts die moderne Klatschpresse erblühte. In Österreich erschuf der polizeilich in Ungarn wegen Erpressung gesuchte Immigrant Imre Békessy mithilfe des Finanzmoguls Camillo Castiglioni ein populäres Skandalblatt mit dem Titel *Die Stunde.* Systematisch ausgeschlachtet wurden darin die Liebesaffären berühmter Schauspieler, Aristokraten und anderer Menschen, die sich in dieser Formationsphase des Gossenjournalismus als »Prominente« dem

Haifischhunger der Journalisten ausgeliefert sahen. Angesichts der »Wesensmarke dieses neuen Journalismus« wandelten selbst Kraus nostalgische Gefühle an, in der Erinnerung an die geringer mit Zynismus und krimineller Energie begabten Journalisten früherer Tage. Das Neue, das mit Békessys *Stunde* in die deutschsprachige Welt vorgestoßen war, hatte Kraus genau erfasst, und es lohnt sich, seine Ausführungen darüber nachzulesen: »Aus dem Blutdunst einer Epoche, die den Heldentod zum Betrug an der Menschheit gebraucht hat, ist ein Raubtiergesicht aufgestiegen, ein nachsintflutliches Ungeheuer, nur vergleichbar dem Trachodon und den anderen dinosaurischen Schiebern aus der Kreidezeit: der Castiglioni aus der Tintenzeit. Seine Züge sind die Schriftzüge einer erbarmungslosen Journalistik, die dieses Gesicht rehabilitiert und selbst dort noch erkennend verklärt, wo ein zerfleischter Kindesleichnam zum Fraß ihrer Betrachtung dient.«

An Kraus gerächt hat sich Imre Békessy 1925 mit der Veröffentlichung einer retuschierten Fotografie, die den Eindruck erweckte, dass Kraus als Knabe Klumpfüße und Segelohren besessen habe, und es fiel dem ohnehin nur von wenigen und schon gar nicht von österreichischen Amtseseln geliebten Ankläger Kraus recht schwer, juristische Schritte gegen diesen rufmörderischen Akt in die Wege zu leiten und zum Ziel zu führen. Über die böswillige Verfälschung fotografischer Aufnahmen hatten sich die Juristen bis dahin noch nicht den Kopf zerbrochen. Den Stand der Dinge fasste Kraus in einem auf die *Stunde* und die Sendung ihres Herausgebers gemünzten Gedicht zusammen:

Die Schmach, die unter die Sonne sich traut,
sie glänzt in den fettern Lettern.
Den hellen Mittag durchdringt der Laut
von den neuen Revolverblättern.

Die Sorte kennt ein Erröten nicht
auf ihren verbotenen Spuren.
Und stolz ruft sie der Scham ins Gesicht
Das Bekenntnis: Mir san Huren!

»So wild trieb ich's im Puff!« titelte *Bild* ein Menschenalter später, um die Memoiren eines Schauspielers zu bewerben, der sich
freiwillig dazu bereitgefunden hatte, die letzten Reste seines einst-
mals halbwegs guten Rufs gegen Bargeld und Publicity einzu-
tauschen. Den Revolverjournalverleger Békessy hatte Kraus noch
aus Wien verjagen können. Békessys Nachfolgern ist mit Satiren,
Glossen und Sottisen leider nicht mehr beizukommen. Im frühen
21. Jahrhundert fliegen die professionellen Rufmörder gewohn-
heitsmäßig im Jet der Bundeskanzlerin mit, und der Papst empfängt die ganze Corona im Vatikan, aus Angst vor ihrer Macht,
aus Kleinmut und Opportunismus und nicht zuletzt infolge der
Begierde, an dieser monumentalen, durch Schlagzeilen wie »So
wild trieb ich's im Puff« eroberten Macht zu partizipieren. Oder
sagen wir ruhig: zu schmarotzen. Wer sich zu so etwas herablässt,
der hat das Recht verwirkt, in einer Debatte über Werte ernst-
genommen zu werden.

Christian Schertz

Persönlichkeitsrechte und Medien

Theorie und Praxis

Das Persönlichkeitsrecht ist der natürliche Feind der Presse- und Meinungsfreiheit. Neben staatlichen Eingriffen in die Presse- und Meinungsfreiheit, die durch das hohe Gut der Pressefreiheit begrenzt werden, wie Beschlagnahme von Recherchematerial, Durchsuchung von Redaktionsräumen etc., sind es insbesondere Persönlichkeitsrechte, die die Freiheit der Presse und des Rundfunks (Hörfunk und Fernsehen) beschränken. In dieser Gemengelage stehen sich zwei Grundrechte gegenüber: Auf der einen Seite die Presse- und die Rundfunkfreiheit, die in Art. 5 des Grundgesetzes (GG) verankert sind, auf der anderen Seite das allgemeine Persönlichkeitsrecht, welches das Bundesverfassungsgericht als eigenständiges Grundrecht aus der in Art. 1.1 GG garantierten Menschenwürde und der in Art. 2.1 GG verankerten allgemeinen Handlungsfreiheit des Menschen hergeleitet hat. Auf der einen Seite steht der Mensch als selbstbestimmtes Wesen, auf der anderen Seite das Recht der anderen, sich mit seinem Tun und Wirken, ja mit seinem Leben ggf. auch kritisch auseinanderzusetzen. Mitunter ein kaum zu lösender Konflikt, mit dem sich tagtäglich Hunderte von Juristen – konkret Richter, Anwälte, Justitiare – beschäftigen müssen. Nicht selten wird die Diskussion sehr emotional geführt, gerade weil es um die Grundfesten des demokratischen Rechtsstaats geht: den Schutz und die Pflicht des Staates, den einzelnen vor Eingriffen in seine Persönlichkeitsrechte und seine Menschenwürde zu schützen, ebenso aber auch das für die Meinungsbildung schlechthin konstituierende Grundrecht der Pressefreiheit.

Gerade die Boulevardmedien nehmen gerne das hohe Gut der Pressefreiheit für sich in Anspruch, um rücksichtslose und nicht selten allein auf Gewinnerzielung und Auflage gerichtete Ver-

Ch.Links

Liebe Leserin, lieber Leser,

wir danken Ihnen für Ihr Interesse an unseren Büchern. Wenn Sie diese Karte zurücksenden, erhalten Sie jährlich kostenlos unser aktuelles Gesamtverzeichnis mit allen Neuerscheinungen. Unter den Einsendern verlosen wir zudem regelmäßig Bücher unseres Verlages.
Gern informieren wir Sie auch per E-Mail, oder Sie besuchen uns unter **www.linksverlag.de.**

Ich interessiere mich für

☐ Politik/Zeitgeschichte
☐ Geschichte in Bild und Text
☐ Erfahrungen/Lebenshilfe
☐ Literarische Publizistik
☐ Forschungen zur DDR-Gesellschaft
☐ Militärgeschichte der DDR

Aufmerksam wurde ich auf das Buch

☐ durch eine Besprechung in den Medien
☐ durch eine Anzeige in einer Zeitung/Zeitschrift
☐ durch eine Veranstaltung des Verlages
☐ durch das Internet/die Verlags-Homepage
☐ in einer Buchhandlung
☐ durch eine persönliche Empfehlung

Ich wünsche mir folgende Informationen:

Gesamtverzeichnis Sachbuch
☐ Druckausgabe ☐ digital (E-Mail)

Verzeichnis der Wissenschaftstitel
☐ Druckausgabe ☐ digital (E-Mail)

Diese Karte fand ich im Buch: _____

Kommentare, Hinweise, Kritik: _____

Absender:

☐ Frau ☐ Herr

E-Mail: _____

Alter: _____

Beruf: _____

Selbstverständlich behandeln wir alle
Ihre Angaben vertraulich und nutzen sie
ausschließlich für unsere interne Statistik.

Ch. Links Verlag
Schönhauser Allee 36
KulturBrauerei/Haus S

D - 10435 Berlin

Bitte
ausreichend
frankieren

öffentlichungen zu rechtfertigen. Zumeist ist das Persönlichkeitsrecht der Verlierer, da es nur einen regressiven Schutz ermöglicht. Zu Recht hat das Grundgesetz statuiert, dass eine Zensur nicht stattfindet, also eine vorherige Kontrolle von kulturellen oder sonstigen Inhalten nicht erfolgen darf. Die bittere Pille dieses unumstößlichen Grundsatzes im Deutschen Recht ist jedoch, dass erst nach einer Veröffentlichung der Betroffene zumeist die Möglichkeit hat, sich zur Wehr zu setzen, was im Ergebnis aber heißt, im Wesentlichen Schadenbegrenzung zu betreiben, um Zerstörungen von Lebensentwürfen zu verhindern und Traumatisierungen zu begrenzen. Dennoch haben die Auseinandersetzungen zugenommen. Nahezu täglich wird auf den Medienseiten der überregionalen Tagespresse über gerichtliche oder außergerichtliche Auseinandersetzungen von Personen mit Medien berichtet. Es gibt verschiedene Gründe für die Zunahme der Auseinandersetzungen: Zum einen hat sich die Erkenntnis durchgesetzt, dass es sinnvoll sein kann, sich zur Wehr zu setzen. Die Angst, danach umso mehr nachtretenden Kampagnen ausgesetzt zu sein, ist gesunken. Auf der anderen Seite steht aber auch die Massivität der Eingriffe in Persönlichkeitsrechte durch Boulevardmedien, die offensichtlich rapide zugenommen hat. Dies wiederum erklärt sich aus der harten Konkurrenzsituation im Medienmarkt, den veränderten Seh- und Lesegewohnheiten, aber auch der Schnelligkeit im Kommunikationsgeschäft. Das Internet ermöglicht, Falschbehauptungen innerhalb von Sekunden weltweit zu verbreiten, Fotohandys gestatten es jedem und jederzeit nahezu alles zu fotografieren. Den Medien geht es um den Kampf um die Aufmerksamkeit beim Leser und Zuschauer. Es geht auch um die Konkurrenzsituation zwischen den audiovisuellen und den Printmedien. Quote und Auflage entscheiden, wer den begehrten Werbekuchen erhält.

Die Dynamik bei der Veränderung von Seh- und Lesegewohnheiten ist beachtlich. Eben stritt man noch, ob es die Menschenwürde verletzt, Menschen in einen Container einzuschließen und durch das Fernsehen beobachten zu lassen *(Big Brother)*, da gibt es schon die Operationsshow *The Swan,* in welcher sich Kandidaten dazu bereit erklären mussten, an einem Beauty-Contest teilzunehmen und sich gleichzeitig verpflichteten, Schönheitsoperationen an sich durchführen zu lassen. Das bisher Gezeigte muss immer wieder übertroffen werden. Neue Tabubrüche sind notwendig, um für die Zukunft dieselben oder höhere Quoten sicherzustellen. Dieses erklärt, warum es zu immer schonungsloseren Eingriffen in die Privat- und Intimsphäre von Prominenten, aber auch von zuvor unbehelligt lebenden Menschen kommt, die oftmals gegen ihren Willen ins Rampenlicht gezerrt werden. Opfer der Entwicklung sind also nicht nur Prominente wie Schauspieler, Politiker oder Unternehmer. Ebenso betrifft es Menschen, die durch ein besonderes Ereignis in den Blickpunkt der Öffentlichkeit geraten sind und dann nicht selten einer unerträglichen Medienhetze ausgesetzt werden, insbesondere Entführungs-, Verbrechens- und Unglücksopfer. Während man im Mittelalter nur auf dem Marktplatz an den Pranger gestellt wurde, sind heute Informationen innerhalb weniger Minuten weltweit abrufbar. Die Zerstörung eines Lebens ist also ohne weiteres in kürzester Zeit möglich.

Neben den Eingriffen in die Privat- und Intimsphäre sind aber auch in der seriösen Politik- und Wirtschaftsberichterstattung neuerdings erhebliche Recherchefehler oder andere Fahrlässigkeiten festzustellen. Es bleibt oft nur noch wenig Zeit, seriös zu recherchieren, »da sonst der andere die Geschichte hat«. Der Wettkampf um aufregende Storys und wichtige Informationen ist härter denn je.

Einer der unausgesprochenen Skandale ist der Umstand, dass eine Vielzahl von Berichterstattung in Medien rechtlich eindeutig verboten ist. Das heißt, man kann im wahrsten Sinne mit Fug und »Recht« davon sprechen, dass der bewusste täglich wiederholte Rechtsbruch Teil des Mediengeschäfts ist, ja sogar einen nicht unerheblichen Teil von ihm ausmacht.

Ist das Recht faktisch nicht mehr in der Lage, Menschen vor Eingriffen in ihre Persönlichkeitsrechte zu schützen? Ist hier die normative Kraft des Faktischen so, dass es keinen Rechtsschutz gibt? Ist der Staat inzwischen in der Bringschuld, neue gesetzliche Rahmenbedingungen zu schaffen, die der Entwicklung Einheit gebieten?

Dazu bedarf es zunächst der Feststellung des Status quo. Welche rechtlichen Grundlagen gelten gegenwärtig, welche Rechte stehen dem Einzelnen zu, sich gegen Veröffentlichungen zur Wehr zu setzen, insbesondere solche, die geeignet sind, seinen Ruf zu beeinträchtigen und damit seine Lebensqualität erheblich einzuschränken? Wie effektiv sind diese rechtlichen Möglichkeiten? Wie reagiert die Rechtsprechung auf die Zunahme von Verletzungsfällen, wie reagiert der Gesetzgeber?

Rechtliche Ausgangslage

Die Rechtslage ist klar und eindeutig. Das allgemeine Persönlichkeitsrecht als verfassungsgerichtlich garantiertes Grundrecht setzt sich aus der im Grundgesetz verankerten Menschenwürde Art. 1 Abs. 1 GG und der allgemeinen Handlungsfreiheit Art. 2 Abs. 1 GG zusammen. Nach der Rechtsprechung des Bundesverfassungsgerichts ist das allgemeine Persönlichkeitsrecht ein von jedermann zu achtendes Recht. Es wurde von der Rechtsprechung entwickelt und ist nicht kodifiziert, also in einer klaren gesetzlichen Regelung verankert. Daher ergeben sich die Regelungen aus der Rechtsprechung der letzten 50 Jahre. Nur am Rande sei erwähnt, dass diese Urteile eine dem deutschen Recht eigentlich fremde Form des sogenannten Case-Law der angelsächsischen Länder sind.

Demnach gilt: Der Einzelne ist davor geschützt, dass über ihn Unwahrheiten verbreitet werden, also Tatsachen, die falsch sind. In der Praxis ist es nicht selten ein schwieriges Unterfangen, Tatsachenbehauptungen, die eben wahr sein müssen, von grundsätzlich zulässigen Meinungsäußerungen zu unterscheiden. Ob eine Sängerin schlecht singt, ist eine Meinung, ob sie das hohe C getroffen hat, eine überprüfbare Tatsachenbehauptung.

Zum Schutz vor Unwahrheit stehen dem Betroffenen Ansprüche auf Unterlassung, Gegendarstellung und Richtigstellung zur Verfügung. Dann kommt für die Medien erschwerend hinzu, dass sie die Beweislast für die Wahrheit der Behauptungen tragen, wenn es sich um Äußerungen handelt, die geeignet sind, die Ehre oder den Ruf einer Person zu beschädigen.

Die Meinungsäußerungsfreiheit gilt allerdings nicht unbegrenzt. Dient eine Meinungsäußerung nur noch der Diffamierung des anderen, kommt auch insofern das Persönlichkeitsrecht zum Tragen – unter dem Stichwort »Schutz vor Schmähkritik«. Die Rechtsprechung sah es daher als unzulässig an, eine Fernsehansagerin als »ausgemolkene Ziege« zu bezeichnen, einen Schriftsteller als »steindummen Autor« oder eine aus der DDR stammende Sängerin als »ostdeutsches Hormonwrack«.

Im Zusammenhang mit Medien ist besonders wichtig der Schutz des Einzelnen vor unerlaubter Indiskretion, also vor massiven Eingriffen in die Privat- und Intimsphäre, sei es durch Wort- oder auch durch Bildberichterstattung, ohne dass der Betroffene zuvor eingewilligt hat. Hergeleitet wird der Schutz vor Indiskretion aus dem Selbstbestimmungsrecht des Einzelnen, darüber zu bestimmen, inwiefern er tatsächlich öffentlich vorkommen will, etwa mit Namen und/oder Abbildung. Die Amerikaner nennen dies »The right to be let alone«.

Personen der Zeitgeschichte – das sind also die, die im öffentlichen Interesse stehen – haben einen etwas eingeschränkteren Schutz, aber auch ihnen gewährleistet das Persönlichkeitsrecht grundsätzlich den Schutz vor Eingriffen in die Privat- und Intimsphäre. Es sei denn, sie haben diese bereits zuvor umfassend selbst vermarktet. Das mediale Eigenverhalten bestimmt nämlich auch den Umfang des gewährleisteten Schutzes.

So einfach und klar die beschriebene Rechtssituation ist, so eindeutig ist auch die Feststellung, dass diese Rechtsgrundsätze von zahlreichen Medien regelmäßig bewusst verletzt werden. Insbesondere die Boulevardmedien sind in diesem sinne »Serientäter«. Auch der Gesetzgeber kam daher nicht umhin, diesen Zustand nicht nur zu konstatieren, sondern zu versuchen, den Schutz der Persönlichkeit stärker abzusichern. Genau die Zunahme von Eingriffen durch Medien, eben gerade auch aufgrund der beschriebenen Konkurrenzsituation, führte vor allem in den letzten Jahren durch mehrere Gerichtsentscheidungen und Gesetze zu einer Verschärfung des Persönlichkeitsschutzes in bisher nicht da gewesener Form:

Der Europäische Gerichtshof für Menschenrechte stärkte den Bildnisschutz von Prominenten und schrieb den deutschen Gerichten ins Stammbuch, dass Bilder aus dem privaten Alltag Prominenter allein zur Befriedigung der Sensationsgier nicht zulässig sind. Die deutschen Gerichte hatten aufgrund der Vorbildfunktion von Prominenten Bilder, die diese im privaten Alltag im öffentlichen Straßenraum zeigen – wie beim Spazierengehen, im Urlaub oder bei einem Kinobesuch –, für zulässig gehalten. Unzulässig waren bis dato zum einen Fotografien aus dem Bereich der eigenen vier Wände und zum anderen Fotos von Prominenten, die sich in der Öffentlichkeit erkennbar zurückgezogen hatten, etwa wenn sie in einem Restaurant bewusst eine dunkle Ecke gewählt hatten, um privat zu sein. Bilder von öffentlichen Auftritten auf dem roten Teppich waren dagegen rechtmäßig.

Die verbleibende Grauzone, die unter dem Stichwort »privater Alltag« in der Öffentlichkeit zusammengefasst werden kann, wurde vom Bundesverfassungsgericht als für Prominente ungeschützter Raum bewertet. Die Zunahme an Paparazzijagden, die teilweise unerträgliche Einschränkungen in der Lebensqualität, vielleicht sogar das Beispiel der Paparazziverfolgung von Lady Diana kurz vor ihrem Tod, führten auf europäischer Ebene zu einem Umdenken. Die geschilderte Abbildungsfreiheit nach deutschem Recht wurde durch den Europäischen Gerichtshof für Menschenrechte als Verstoß gegen die Europäische Menschenrechtskonvention angesehen. Der Bundesgerichtshof hat diese Rechtsprechung daraufhin im Wesentlichen übernommen und im Jahre 2007 die Rechtslage in Deutschland durch Entscheidungen verschärft, wonach es beispielsweise ein prominenter Fußballspieler nicht mehr dulden muss, dass man ihn beim Spaziergang in St. Tropez ablichtete, ohne dass ein über den Abbildungsgegenstand hinausgehender Informationswert hiermit verbunden ist. Ebenso erkannte der BGH im Falle von Spaziergehfotos des Sängers Herbert Grönemeyer und seiner Freundin in Rom. Für einen großen Teil von Boulevardmedien ist diese Einschränkung nicht unerheblich.

Das Recht hat der medialen Fehlentwicklung deutliche Grenzen gesetzt. So schuf der deutsche Gesetzgeber mit dem neuen § 201 a im Strafgesetzbuch (StGB) eine Norm, die bereits das bloße Herstellen von Fotoaufnahmen für den Bereich der Intimsphäre als strafbar erachtet. Auch das Bundesverfassungsgericht stellte in der sogenannten Stolpe-Entscheidung neue Anforderungen an die Formulierungen in der Wortberichterstattung:

Bisher gab es nach Auffassung des Bundesverfassungsgerichts das Privileg der Deutungsmehrheit. Bei streitigen Auseinandersetzungen um mehrdeutige Äußerungen wurde für die Frage der Haftung des Journalisten die für die Medien günstigste zugrundegelegt. Von diesem Rechtsgrundsatz hat das Bundesverfassungsgericht Abstand genommen. Nunmehr gilt, dass die Presse für jede mögliche Deutung einer Aussage haftet, auch wenn der zur Haftung führende Aussagegehalt gar nicht gemeint war. Sinngemäß erklärt das Bundesverfassungsgericht, dass die Journalisten die

Möglichkeit haben, hinreichend genau zu formulieren, um andere
Deutungen auszuschließen. Wie sich dieses Urteil in der Praxis
der Wortberichterstattung auswirken wird, ist gegenwärtig noch
nicht absehbar. Jedenfalls sind die Anforderungen an die journalistische Sorgfaltspflicht durch den Spruch aus Karlsruhe eindeutig gewachsen.

Im Verhältnis Persönlichkeitsrecht und Medienberichterstattung
lassen sich die Entwicklungen der letzten Jahre so zusammenfas-
sen: Trotz eindeutiger rechtlicher Situation, was den Schutz vor
Unwahrheit, Schmähkritik und Indiskretion angeht, nahmen die
Eingriffe in diese geschützten Rechtsgüter in kaum noch zu ver-
folgender Dynamik zu. Als Folge dessen kam es zu einer Verschärfung der Rahmenbedingungen für die Berichterstattung in bisher
noch nicht da gewesenem Ausmaße. Dies hat sich faktisch auf die
Praxis aller Medien ausgewirkt, obwohl die Verschärfungen vornehmlich durch die Boulevardmedien verursacht worden sind.
Betroffen ist durch die Verschärfung faktisch auch der seriöse
Journalismus, was nicht selten zu »Scheren in Köpfen« der Journalisten führt – aus Angst vor Ansprüchen, die nunmehr in weitaus mehr Fällen denkbar sind. Es bleibt abzuwarten, wie die Entwicklung hier weitergeht. So ist gar nicht auszuschließen, dass sich
die Dinge auch wieder auf ein für beide Seiten »normales Maß«
reduzieren, das heißt die Medien die persönlichkeitsrechtlichen
Mindeststandards beachten und dies wiederum zu einer Entspan-
nung im Recht führt.

Die praktische Durchsetzung von Persönlichkeitsschutz

Einer drohenden oder erfolgten Berichterstattung mit ehrverlet-
zenden Behauptungen oder Indiskretionen ist man nicht hilflos
ausgeliefert, Persönlichkeitsschutz lässt sich mit den vorhandenen
rechtlichen Mitteln durchaus erfolgreich durchsetzen. In der Praxis gibt es drei Stadien, in denen rechtliche Schritte in Betracht
kommen und auch nachgewiesenermaßen sinnvoll sind:

Der Betroffene erfährt vor einer Veröffentlichung von Recherchen, die entweder schon aufgrund der gestellten Fragen der Journalisten befürchten lassen, dass hier eine Falschdarstellung erfolgen könnte, oder auch dass massive Eingriffe in die Privatsphäre
beabsichtigt sind. Bereits in diesem Stadium ist es zu empfehlen,

durch presserechtliche Beratung und Interessenvertretung die Berichterstattung entweder zu verhindern oder zumindest so zu beeinflussen, dass eine Persönlichkeitsrechtsverletzung ausgeschlossen wird. Durch ein entsprechendes presserechtliches Informationsschreiben kann der zuständige Journalist oder auch die Rechtsabteilung des jeweiligen Verlages darauf hingewiesen werden, dass sich aus dem Gehalt der Frage ergibt, dass hier eine Falschberichterstattung droht und man davon ausgeht, dass die Stellungnahme des Betroffenen vollständig in den Bericht eingearbeitet wird oder sogar aufgrund der eindeutigen Erklärung eine Berichterstattung mangels Berichterstattungsanlass unterbleibt.

Nichts anderes gilt im Bereich der Intimsphäre. Oftmals erfährt ein Betroffener, dass beabsichtigt ist, über eine drohende Scheidung, Trennung, Krankheit zu berichten. Auch hier kann im Vorfeld durch Hinweis auf die Rechtslage das Medium dahingehend sensibilisiert werden, von einer Berichterstattung Abstand zu nehmen. Es gilt nämlich der Grundsatz, dass bereits unter dem Gesichtspunkt der sogenannten Hartnäckigkeit ein Schmerzensgeld gezahlt werden muss. Wird also das Medium bereits im Vorfeld darauf hingewiesen, dass eine Verletzung durch Indiskretion droht, und ignoriert es den Hinweis, ist nicht selten von einem Schmerzensgeldanspruch auszugehen. Die Praxis zeigt, dass die Medien durchaus bereit sind, derartige Argumente zu berücksichtigen oder auch ganz von einer Berichterstattung Abstand zu nehmen.

Die zweite Variante ist, dass der Betroffene, ohne zuvor von Recherchen Kenntnis zu erhalten, am Morgen mit einer Schlagzeile über sich konfrontiert wird. Insofern sie persönlichkeitsrechtsverletzend ist – etwa wenn eine unwahre Behauptung aufgestellt wird, eine Schmähung enthalten ist oder Informationen über das Privatleben verbreitet werden –, ist die presserechtliche Empfehlung, gegen die sogenannte Erstberichterstattung unverzüglich die notwendigen rechtlichen Schritte einzuleiten – also Unterlassung, im Falle von Unwahrheit auch Gegendarstellung und Widerruf – und Schmerzensgeldansprüche zu prüfen. Die anderen Medien sind auf die Rechtswidrigkeit der Erstberichterstattung hinzuweisen, verbunden mit der Empfehlung, von einer Übernahme der Berichterstattung Abstand zu nehmen. Durch diese presserechtliche Interessenvertretung kann zumindest verhindert werden, dass die Persönlichkeitsrechtsverletzung durch die Übernahme in anderen Medien weitergeht. Nicht selten liegt darin das Hauptproblem. Oftmals kann aber dieser Schneeball-effekt verhindert und eine bereits durch die Erstberichterstattung »angefahrene« Kampagne im Keim erstickt werden.

Presserechtliche Schritte ergeben aber auch dann Sinn, wenn »das Kind« medial bereits »in den Brunnen gefallen« ist, also die Berichterstattung schon in vielen Medien breit erfolgt ist. Solange man hiergegen nichts unternimmt, bleiben die Persönlichkeits-rechtsverletzungen im Archiv der jeweiligen Medien und sind für andere Journalisten jederzeit abrufbar. Es ist daher sinnvoll, auch wenn die Berichterstattung bereits längere Zeit zurückliegt, durch die Geltendmachung von Unterlassungsansprüchen – wohlgemerkt nur dann, wenn Persönlichkeitsrechtsverletzungen vorliegen – eine Sperrung der Berichterstattung im Archiv zu bewirken. Damit ist dann zumindest sichergestellt, dass eine weitere Übernahme in späteren Berichten nicht mehr erfolgt.

Zusammenfassung

Eines zeigt sich in den letzten Jahren: Die Betroffen setzen sich mehr und mehr zur Wehr. Die Auffassung, »man kann eh nichts dagegen machen«, ist zugunsten einer klaren »Ich-setz-mich-zur-Wehr«-Haltung gewichen, nachdem viele erlebt haben, dass man damit auch Erfolge erzielen kann. Das Recht hat sich in den letz-ten Jahren wegen der massiven Zunahme von Rechtsverstößen zugunsten der Betroffenen geändert. Die Persönlichkeitsrechte wurden gestärkt, mit dem Ergebnis, dass auch die Medien teil-weiser sensibler geworden sind und zumindest ein wenig Einsicht eingekehrt ist, dass man bereits mit wenigen Zeilen ein Leben nachhaltig verändern und mitunter auch zerstören kann, verbun-den mit der Folge, dass nicht selten erheblich rechtliche Schritte drohen. Von Entwarnung kann keine Rede sein. Allerdings haben der Wechsel in der Auffassung der Betroffenen und die Änderun-gen im Recht zu einem neuen Kräfteverhältnis geführt.

Christoph Schultheis

Nachwirkungen
der »Bild«-Berichterstattung

Wie eine große deutsche
Boulevardzeitung wirkt

Am 26. April 2007 schickte die 18-jährige Sylvia S.* ein Fax,
adressiert »an die Chefredaktion der Bremer *Bild* und besonders
an Herrn Sebastian R.*«. Am selben Tag hatte sie ein großes Foto
von sich auf Seite 3 der *Bild*-Zeitung wiedergefunden – und in
ihrem Fax hieß es dazu: »Sie haben mich vor allen absolut lächerlich gemacht und mir einfach so eine Lüge in den Mund gelegt.«
    Von außen betrachtet ist der Fall an Harmlosigkeit kaum zu
überbieten: Der *Bild*-Reporter R. war »mit einem TÜV-geprüften
Lärmmessgerät« durch Bremen gelaufen und hatte nachgemessen,
»wer in unserer Stadt am meisten Krach macht«. Aufgemacht war
der fast ganzseitige Artikel (»Hier ist Bremen am lautesten«) u. a.
mit einem Bauarbeiter mit Presslufthammer, einem kleinen Foto
des Reporters und lauter Phrasen: »Dieser verdammte Lärm! (...)
Irgendwo in unserer schönen Stadt ist immer Krach! (...) Eine
Sprecherin der Genossenschaft der Bauwirtschaft warnt (...).
Auch im Senat ist die starke Lärmbelastung ein Thema.« Domi-
niert wurde die Berichterstattung jedoch von einem großen Foto,
das eine junge Frau mit Ohrenschützern und genervtem Gesicht
zeigte: Sylvia S. – und dazu der Text: »Schülerin Sylvia (18) trägt
Ohrenschützer: ›Ich halte den Stadtlärm nicht mehr aus‹«.
    Dabei würde Sylvia S., wie sie empört an *Bild* schrieb, »vor
aller Welt schwören«, dass sie das ihr zugeschriebene Zitat, das
»nicht einmal im Ansatz« der Wahrheit entspreche, »nie gesagt«
habe. Vielmehr habe sie geantwortet, dass sie gar nicht aus Bremen komme und es in ihrem Heimatort sehr ruhig sei. Aber: »Ihr
werter Kollege R. meinte dann noch frech zu mir, dass er das, was

* Name geändert oder gekürzt

ich gesagt habe, ja gar nicht so hören wollte, sondern wohl vielmehr das Gegenteil (...), obwohl die *Bild* doch ständig damit wirbt, die Wahrheit ans Licht zu bringen, oder etwa nicht?!?«

Wie gesagt: Der Fall ist harmlos, Alltag, *Bild*-Alltag allemal. So wie *Bild* Alltag ist. Und man mag die Empörung der Schülerin belächeln wollen. Objektiv betrachtet ist ihr kein Schaden entstanden. Sie wurde wegen des *Bild*-Artikels nicht vom Unterricht beurlaubt, von ihrem Freund verlassen oder auf offener Straße angespuckt; sie muss nicht damit rechnen, keinen Ausbildungsplatz zu finden oder gar in psychiatrische Behandlung zu kommen. Anderen ging es anders. Man könnte sagen: Sylvia S. hat Glück gehabt. Sie hat mit *Bild* gesprochen, *Bild* hatte über sie berichtet – und doch wurde sie bloß, um es in ihren eigenen Worten zusammenzufassen, »vor allen absolut lächerlich gemacht«.

So wie auch Karl K. Nur ist Karl K.s Geschichte alles andere als harmlos. Sie ist nachzulesen in Günter Wallraffs zweitem *Bild*-Buch (»Zeugen der Anklage«) und, obwohl schon fast 30 Jahre alt, immer noch aktuell, *Bild*-Alltag eben – jedenfalls zunächst. Schließlich vergeht auch heute noch kaum ein Tag, an dem *Bild* nicht über private oder intimste Dinge berichtet, wenn das Blatt davon erfährt und ihnen eine gewisse Spektakularität abzugewinnen weiß. Und so kann man die Geschichte von Karl K. vielleicht gar nicht oft genug nacherzählen. Ging ohnehin schnell damals, im Frühjahr 1979.

Karl K.s Frau war, so steht es bei Wallraff, »seit 15 Jahren nach einem Kindbettfieber gemütskrank«, sie war in ständiger ärztlicher Behandlung und hatte bereits mehrfach versucht, sich das Leben zu nehmen. Und im Frühjahr 1979 dann hatte sie sich mit einem Hammer verletzt und anschließend erdrosselt.

Am 30. April stand auf der Titelseite der *Bild*-Zeitung die Schlagzeile: »Aus Angst vor Frühjahrsputz: Hausfrau erschlug sich mit Hammer«. Und im dazugehörigen Artikel, in dem *Bild* auch Karl K., den Ehemann der Toten, zitierte und ein Foto vom Wohnhaus der Familie K. zeigte, stand wenig mehr als in der Überschrift. Die wurde zwar ihrerseits weder der Tat selbst noch den Umständen auch nur annähernd gerecht, doch vier Tage nach dem *Bild*-Bericht über seine Ehefrau hatte sich Karl K. ebenfalls umgebracht – mit den Auspuffgasen seines Autos in der Garage vergiftet. Aber er hinterließ zwei Abschiedsbriefe. Über einem stand: »Meine lieben Kinder!«, der andere war adressiert: »An die Justiz!« In beiden stand der Name des *Bild*-Redakteurs G. K.*, der vier Tage zuvor den Artikel über den Tod der »Hausfrau« verfasst und laut Wallraff bei Karl K. den Eindruck erweckt hatte, »er komme von der Polizei, seine Aufgabe sei es, Selbstmordfällen nachzugehen und sich ganz allgemein damit zu befassen« bzw. »Angestellter eines Hamburger Polizei-Instituts« zu sein, »das die Hintergründe von Selbstmorden erforschte, und dass er [Karl K.] mit seinen Auskünften möglicherweise anderen Suizidgefährdeten helfen könne«. Karl K. schrieb an seine Kinder:

»Seit der Geschichte mit *Bild* bin ich total zerbrochen. Ich wollte zuerst diesen Verbrecher, der K. heißt, umbringen. Aber Ihr solltet keinen Mörder als Vater haben. Durch meinen Tod aber ist er zum Mörder geworden. Ich konnte so einfach nicht mehr unter die Leute gehen. Ich kann so einfach nicht mehr weiterleben.«

Und »an die Justiz« schrieb er: »Man darf solche skrupellosen Leute von *Bild* nicht frei herumlaufen lassen, sonst morden sie immer weiter und zerstören noch mehr Familien. Sie machen ihren Profit mit Zerstörung von Familienglück und Mord. (...) Es tut mir unsagbar leid, aber seit das mit der *Bild*-Zeitung passiert ist, weiß ich einfach keinen Ausweg mehr. Die Schande kann ich nicht überwinden. (...) Bin zum ersten Mal in meinem Leben vollkommen hilflos, hätte nie geglaubt, daß so etwas möglich ist.«

K.s Briefe sind erschütternd. Und sie sind ein seltenes Dokument. An ihrer Authentizität gibt es keine Zweifel. Und sie selbst lassen keine Zweifel an der *Bild*-Behauptung »*Bild* wirkt!«, mit der das Boulevardblatt zuweilen gern Werbung macht.

Dabei ist Karl K. leider nicht mal der einzige Fall, in dem sich ein Mensch das Leben nahm, nachdem *Bild* über ihn berichtet hatte. Allein in Wallraffs Büchern finden sich weitere. Und es gibt andere, bekanntere. Wenn man sich vor Augen führen will, wie *Bild* wirkt, kommt man um Raimund H. nicht herum.

Am 2. Mai 1998 – Raimund H. war tags zuvor aus dem Krankenhaus entlassen worden – klingelte es an seiner Haustür. Der 57-Jährige hatte sich, so jedenfalls berichtet es H.s damalige Lebensgefährtin, wegen einer Medikamentenvergiftung behandeln lassen. Ob die Vergiftung versehentlich geschah oder mit Absicht, weiß niemand. Vor der Haustür von Raimund H. jedenfalls stand ein Journalist, der ihm einen aktuellen *Bild*-Artikel zeigte. Demnach sei H. (»Ein Mann wie ein Baum, gefällt durch seine verirrte Seele«) »mit aufgeschnittenem Handgelenk von der Polizei aufgegriffen« worden. So stand es auf der Titelseite. Weiter hieß es: »Jetzt liegt er in der geschlossenen Abteilung der Psychiatrie.« Den nachweislich falschen Fakten folgte eine längere Aufzählung diverser »Schicksalsschläge« – ein Rippenbruch im Skiurlaub vor 24 Jahren etwa oder ebenfalls jahrzehntealte Autounfälle, versehentlich ausgeschlagene Zähne, ein Sturz mit dem Fahrrad, eine Insolvenz ...

Keine 24 Stunden nach Erscheinen des *Bild*-Artikels erhängte sich Raimund H. – und man kann ihn nun auch bei seinem vollen Namen, Raimund Harmstorf, nennen. Denn die Tatsache, dass es sich um den als »der Seewolf« bekannt gewordenen Schauspieler handelte, führte immerhin dazu, dass die Frage, welche Rolle die *Bild*-Zeitung bei seinem Tod spielte, in der Nachberichterstattung anderer Medien deutlicher diskutiert wurde, als wenn es sich tatsächlich um einen namenlosen »Raimund H. (57)« gehandelt hätte. So zitierten beispielsweise die Nachrichtenagenturen unmittelbar nach Bekanntwerden von Harmstorfs Selbstmord den zuständigen Polizeisprecher, der unter Bezugnahme auf die *Bild*-Zeitung sagte: »Es gibt ganz konkrete Erkenntnisse dafür, daß die Berichterstattung Mitauslöser für den Selbstmord war.«

Bedauerlicherweise muss man jedoch nicht einmal neun Jahre zurückblicken, um auf ganz ähnliche Aussagen zu stoßen. Mitten in der bundesweiten Aufregung um das sogenannte Gammelfleisch hieß es noch im September 2006 in einer Polizeimeldung zum Selbstmord des Fleischhändlers Gregor B.*: »Obwohl kein Abschiedsbrief vorhanden ist, bestehen keine Zweifel daran, dass der Suizid im Zusammenhang mit den Ereignissen der Firmenschließung steht, da laut der Ehefrau ihr Mann stark unter dem Medieninteresse in den letzten Tagen gelitten hat.«

Und auch hier war es nicht zuletzt *Bild*, die noch am Tag vor Gregor B.s Tod unter Nennung seines vollständigen Namens die Schlagzeile »So macht sich die Gammelfleisch-Mafia die Taschen voll« mit einem großen, halbherzig anonymisierten Foto von B. illustriert hatte. Doch im Fall Gregor B. entschied man sich bei *Bild* für eine andere Strategie als damals, 1998, nach Raimund Harmstorfs Tod: Bei Harmstorf glaubte *Bild* noch, die Mitschuld-

Vorwürfe im Blatt »entschieden zurückweisen« zu müssen, und versuchte in weiteren Artikeln die mögliche eigene Mitschuld zu verschleiern. *Bild* zitierte einen ungenannten »Freund« (»Raimund (...) hat die Diagnose vermutlich nicht verkraftet.«), eine Exfreundin (»Er hatte große leere Äugen, wie tot (...) Außerdem machte er sich finanzielle Sorgen«), seine Exagentin (»Wer einen suizidgefährdeten Menschen aus der Klinik entlässt, trägt Mitschuld«) und einen Vertrauten (»Am gleichen Tag kam im Fernsehen ein Bericht über seinen Suizidversuch, der ihn sehr aufregte«). Im Fall des Fleischhändlers Gregor B. wählte *Bild* die Überschrift »Chef der Gammelfleisch-Mafia erhängt sich im Keller« – und verschwieg ihren Lesern – anders als die meisten anderen Medien – einfach komplett, dass die (eigene) Berichterstattung womöglich mitverantwortlich für B.s Verzweiflungstat sein könnte. Lieber druckte die Zeitung tags darauf einen Leserbrief von Gerlinde W.*, die schrieb: »Gebt jedem, der sich an dieser Sauerei beteiligt hat, täglich eine deftige Mahlzeit mit dem Gammelfleisch. Dann erledigt sich das eine oder andere Problem von selbst.«

Doch keine Frage: Häufig handelt es sich bei solchen Extremfällen um psychisch angeschlagene Menschen, bei denen ein falscher, irreführender oder ohne Not maßlos übertriebener Medienbericht auch nach eigenen Aussagen »das Fass zum Überlaufen gebracht« hat. Dennoch muss man nach ähnlichen Fällen in anderen Medien, auch Boulevardmedien, lange (und oft sogar erfolglos) suchen. Bei *Bild* nicht.

Vielleicht liegt es aber auch daran, dass es für *Bild* offenbar kein letztlich entscheidendes Kriterium für die Berichterstattung zu sein scheint, einem Sachverhalt gerecht zu werden, dass die aufsehenerregende Story in vielen Fällen wichtiger wirkt als die Frage, ob sie auch stimmt. Ist das gemeint, wenn der derzeitige *Bild*-Chefredakteur und -Herausgeber Kai Diekmann davon spricht, seine Zeitung wolle vor allem »die ›innere Wahrheit‹ eines Sachverhalts, also den Kern der Geschichte, richtig wiedergeben«? Was heißt es, wenn Diekmann öffentlich behauptet: »Massenmedien – und das gilt nicht nur für die *Bild* – haben großen Einfluss. Daher tragen wir Tag für Tag besondere Verantwortung, nicht nur gegenüber unseren (...) Lesern. Das gilt aber nicht nur für den Chefredaktor, sondern für das ganze Team. In unserer Redaktion arbeiten viele gestandene Journalisten, die (...) sich dieser Verantwortung bewusst sind. (...) Wir berücksichtigen (...) immer die persönlichen oder politischen Konsequenzen, die sich aus Schlagzeilen ergeben können.«

»Wir berücksichtigen (...)«, sagt Diekmann. »Wir nehmen Rücksicht«, sagt er nicht. Und so liegt für Menschen wie Sylvia S., Karl K. oder Raimund Harmstorf die vermutlich größte Gefahr von *Bild* in dem, was Diekmann »Konsequenzen« nennt – in ihrer Verbreitung also. Obwohl Auflagen- und Leserzahl der *Bild*-Zeitung seit Jahren drastisch sinken: Bei derzeit immer noch über elf Millionen Lesern und einer Bevölkerung von 80 Millionen liest hierzulande täglich ungefähr jeder Siebte *Bild*. Die Zeitung weiß um ihre Meinungsmacht, wirbt damit, dass sie »täglich ein Publikum [erreicht], das sich aus allen Bevölkerungsschichten zusammensetzt«, und nennt sich gern »Europas größte Tageszeitung«.

Wer aus dem Haus geht, muss also meist nicht lange warten, bis ihm ein *Bild*-Leser begegnet.

Und auch wenn man nicht unnötig vor die Tür geht, ist man vorm *Bild*-Leser nicht sicher. Im Zweifelsfall sorgt *Bild* selbst dafür – und sei es nur aus Sorglosigkeit. So misslingt *Bild* immer wieder das Anonymisieren, mithin eine Maßnahme, die ausschließlich dem Schutz der Persönlichkeit dienen dürfte – und sollte. Zumindest dann, wenn man es gewissenhaft tut. Doch als das Blatt beispielsweise im Frühsommer 2007 in seiner Online-Ausgabe – abermals im Zusammenhang mit »Gammelfleisch«-Vorwürfen – über ein »Urteil im Prozess um den schlimmen Gammelfleisch-Skandal« und den verurteilten Fleischhändler Alfons B. berichtete, wurde der Name des »Gammelfleisch-Händlers« (der laut späterem Gerichtsurteil übrigens gar nicht mit »Gammelfleisch« gehandelt haben soll) zwar anonymisiert. Der Bericht selbst jedoch mit einem Foto seines Betriebs illustriert, auf dem nicht nur der vollständige Nachname, sondern auch Adresse, Telefon- und Faxnummer gut lesbar abgebildet waren.

Und wie sehr »*Bild* wirkt«, weiß auch *Bild*. Auf ihre Leser ist Verlass. Immerhin gelingt es den Leserbriefschreibern tagtäglich fast mühelos, jeden mit noch so großer Geschicklichkeit und Suggestion geschriebenen Artikel auf wenige, grobe Zeilen zu reduzieren, die *Bild* dann abdruckt. Und immer wieder wird man den Eindruck nicht los, *Bild* hetze manchem ganz bewusst die *Bild*-Trolle auf den Hals. Das Satiremagazin *Titanic* vertreibt sogar eine

CD, die dokumentiert, was *Bild*-Leser so alles zu sagen haben, wenn sie von *Bild* dazu aufgefordert werden. Wir erinnern uns:

Unter der Überschrift »Gefälschte Bestechungsbriefe bei der WM-Entscheidung – Böses Spiel gegen Franz« berichtet *Bild* am 8. Juli 2000 auf der Titelseite: »Deutschland freute sich über die Fußball-WM 2006 – dann der Schock. Plötzlich stand Franz Beckenbauer, der so aufopferungsvoll um die WM gekämpft hat, im Brennpunkt. Bestechungsbriefe waren aufgetaucht. Ein ganz böses Spiel gegen Kaiser Franz! Die üble Briefattacke – alles Fälschungen. Ein geschmackloser Schwindel des Satire-Magazins *Titanic* unter Chefredakteur Martin Sonneborn. Das hätte uns die WM kosten können.« Illustriert wurde das Ganze mit einem großen Foto des *Bild*-Freundes und -Kolumnisten Beckenbauer – und auch mit einem Sonneborns. Weil *Titanic* vor der FIFA-Entscheidung über den WM-Standort 2006 spaßeshalber (aber womöglich erfolgreich) versucht hatte, die Mitglieder des Exekutivkomitees mit Kuckucksuhren und Schwarzwälder Schinken für Deutschland zu gewinnen, zitierte *Bild* den DFB-Generalsekretär Horst R. Schmidt mit der Aussage: »Die Grenze der Satire ist weit überschritten worden.«

Und direkt im Anschluss hieß es: »Liebe *Bild*-Leser, meinen Sie das auch? Rufen Sie doch unter der Nummer 069/XXXXX die *Titanic*-Redaktion an und sagen Sie Ihre Meinung. Oder schicken Sie ein Fax: 069/XXXXX.«

Mit zum Teil hasserfüllter Stimme durften sich die *Titanic*-Redakteure daraufhin als »ganz große Schweine«, »Arschlöcher« und »Bastarde« beschimpfen lassen – oder sich Sätze anhören wie: »Im Rechtsstaat gehören Leute wie Sie ins KZ!« oder »Sie können bloß froh sein, dass Sie weiter weg wohnen, sonst könnten Sie was erleben!« *Titanic* nahm's mit Humor.

Arno Frank hingegen, Redakteur der Tageszeitung *taz,* hatte weniger gut lachen. Frank hatte am 7. März 2006 in einer *taz*-Kolumne ein traumatisches Urlaubserlebnis im Himalaja beschrieben. »Die folgende Kolumne würde, wenn's nach mir ginge, niemals geschrieben werden. Manche Geschichten aber wollen sich selbst erzählen. Sie quengeln so beharrlich, bis man sich ihrem Willen beugt«, schrieb Frank und erzählte im Anschluss, wie er mal einen offenbar schwer verletzten Hund getötet hatte, um dessen Leid zu beenden.

Bild nahm das zum Anlass, fast eine komplette Zeitungsseite freizuräumen, um den Inhalt von Franks Kolumne – zum Teil sinnentstellend verkürzt, dafür aber um ein (ungenehmigt abgedrucktes) Foto des *taz*-Redakteurs ergänzt – auch der eigenen Leserschaft bekannt zu machen. Unter der Überschrift »Das bizarre Protokoll einer Hunde-Tötung« hieß es dann am Schluss des Artikels: »*Bild* fragte den Journalisten: Was hat er empfunden? ›Ich habe Rotz und Wasser um das Tier geheult. Ich liebe Hunde, bin mit ihnen aufgewachsen‹, sagte Arno Frank. Ob dies die Hundefreunde versöhnt? Er gab seine E-Mail-Adresse an: xxxxx@taz.de. Keinen Computer? Hier ist die Telefonnummer: 030/XXX XX XX«.

Am Tag des *Bild*-Berichts klingelte das *taz*-Telefon über Stunden fast ununterbrochen, über 1000 E-Mails gingen auf der angegebenen Adresse ein – darunter die folgenden zwei:

»Sehr geehrter perverser Tierquäler, (...) Ich werde ihnen das gleiche antun, was sie dem wehrlosen Hund angetan haben. Und auch ich werde keine Skrupel haben, wenn sie mich wimmernd und voller Angst anblicken. Ich werde, wie sie, eiskalt sein, und mitten zwischen die Augen zielen. Ich werde sie so zurichten, dass sie nicht mehr wissen wo oben oder unten ist. Mit meiner ganzer Kraft auf sie einschlagen, einmal, zweimal, dreimal (...) Doch töten werde ich sie nicht, ich werde sie qualvoll leiden lassen. Ich will dass sie leiden wie dieser Hund (...) Sie werden Qualen aushalten müssen, die sie sich in ihren schlimmsten Träumen nicht erhofft hätten. Ich werde ihrer Seele einen tiefen Einschnitt verpassen, den sie ihr Lebtag nicht mehr vergessen (...) Und vergessen sie nicht (...) Man sieht sich im Leben immer zwei Mal ...«

»Ich kann ihnen versichern, daß ich ihnen mit vergnügen und ohne mit der wimper zu zucken, mit einem holzprügel zwischen die augen schlagen könnte – und selbst ihr gewimmer könnte mich davon nicht abhalten. eher würde mir dadurch ihre erbärmlichkeit verdeutlicht werden, und ich würde noch einen freudigen schlag gegen ihr unterkiefer vollziehen, so das dieses von ihrer schädelbasis getrennt würde. (...) mit grüßen, die ihnen den tod, die pest oder krebs an den hals wünscht.«

»*Bild* wirkt!« ist mehr als nur ein PR-Spruch. »*Bild* hilft!« ist ein anderer. Denn natürlich sind nicht alle *Bild*-Berichte aufwiegelnd oder zerstörerisch. Dass die Zeitung sich im Zweifelsfall jedoch entscheidet, demjenigen, der sich hilfesuchend an *Bild* wendet, nicht zu helfen, sondern die Geschichte, von der sie sonst nie erfahren hätte, unversehens gegen den Hilfesuchenden dreht – geschenkt. Denn immerhin: Nach wie vor gelingt es *Bild* immer wieder mühelos, Bücher auf Platz 1 der Bestsellerlisten zu hieven, und sie ist (warum auch immer) gern dabei behilflich, Popsongs und -bands ganz oben in die Charts zu befördern. Zudem verhilft *Bild* Prominenten, die gern mit *Bild* zusammenarbeiten, Homestorys über sich machen lassen und jederzeit für passende O-Töne zur Verfügung stehen, im Gegenzug stets gern zu größerer Popularität. Und wer weiß schon, welchen Eindruck es macht, wenn *Bild* beispielsweise kurz vor der letzten Bundestagswahl in großen Lettern titelte: »Merkel wird eine exzellente Kanzlerin!«.

Zyniker würden vermutlich behaupten, auch Marcel M.* müsste *Bild* eigentlich dankbar sein. Schließlich hatte *Bild* aus dem Wertpapieranalysten, der im Spartensender n-tv gelegentlich als zugeschalteter Gast zu sehen war, einen »Börsenstar« gemacht. Und *Bild* hatte seinen vollständigen Namen gedruckt, ein Foto von ihm gezeigt und am 18. April 2007 groß über ihn berichtet – wenngleich ausgerechnet einen Tag, bevor er wegen »exhibitionistischer Handlungen« (die *Bild* ausführlich schilderte) vor Gericht stand. »Jetzt droht ihm ein Jahr Haft!« schrieb *Bild*.

Und zwei Tage später berichtete *Bild* wieder, zeigte wieder ein Foto von M. (sowie ein zweites, auf dem sein Gesicht verpixelt war, und eine Zeichnung: »So sieht der *Bild*-Zeichner die ›privaten‹ Auftritte von TV-Experte Marcel M. – mit heruntergelassener Hose«). *Bild* nannte ihn wieder »Börsenstar«, in der Überschrift aber den »Onanierer aus dem Börsen-TV«, zitierte ansonsten jedoch vor allem, was sein Verteidiger, der Staatsanwalt und die Richterin während des Prozesses sagten, und das Urteil: 100 Tagessätze von je 20 Euro, 800 Euro Geldbuße, Bewährung, Therapie. Was *Bild* verschwieg: Nicht nur M.s Anwalt und der Staatsanwalt hatten – auch wegen des *Bild*-Artikels – für eine besonders milde Strafe plädiert, das Gericht berücksichtigte ebenfalls ausdrücklich die Vorverurteilung durch *Bild* bei der Bemessung des Strafmaßes.

Dazu, wie »nützlich« es für Marcel M. gewesen sein mag, dass *Bild* zwei Wochen später noch ein drittes Mal über ihn berichtete, diesmal unter der Überschrift »Der Onanierer aus dem Börsen-

TV heiratet«, muss man vielleicht M. selbst befragen. Gewehrt hat M. sich gegen die infamen *Bild*-Berichte nicht. Wie auch? *Bild* mag sein Berufs- und Privatleben auf den Kopf gestellt und seinem Ansehen nachhaltig geschadet haben. Aber falsch oder zumindest gegendarstellungsfähig war am »Onanierer aus dem Börsen-TV« (fast) nichts.

Am »Kinder-Fänger in Unterhosen« hingegen schon. Nachdem *Bild* am 15. und 16. März 2007 in großer Aufmachung (»*Bild*-Exklusiv-Story«) über den 28-jährigen Horst Z. berichtet und dies mit einem großen, nicht anonymisierten Foto von Z. illustriert und dabei behauptet hatte, er sei »wegen Kindesmissbrauchs vorbestraft«, erschien zwei Wochen später eine Gegendarstellung. Die war deutlich kleiner als die ursprünglichen Artikel, enthielt aber u. a. die entscheidende Aussage, dass Horst Z. »nicht vorbestraft« sei. *Bild* gab Z. in einer Anmerkung der Redaktion Recht, betonte jedoch, dass der Vorstrafenvorwurf einer falschen Polizeimeldung entstammte. Was *Bild* hingegen nicht anmerkte: Die Polizei hatte die falsche Information bereits am Tag vor den *Bild*-Veröffentlichungen zurückgezogen und die Medien darüber informiert. Was Horst Z. in den zwei Wochen widerfahren ist, in denen sich der »Kindesmissbrauch«-Vorwurf unwidersprochen verbreiten konnte, war *Bild* kein entschuldigendes Wort wert, keine Zeile – und auch sonst niemandem.

Zudem sind *Bild*-Opfer ein scheues Volk. Nur selten – meist dann, wenn sie sich juristisch wehren, wenn sie (oder ihr Anwalt) sich anderen Medien anvertrauen oder vor Gericht mit *Bild* um Schmerzensgelder feilschen müssen – erfährt man von der Tragweite dessen, was passiert, wenn *Bild* mal wieder »ohne Not jemanden individualisierbar gemacht« hat, wie es im Fall Solveig D.* ein Gericht formulierte. Solveig D. war im September 2005 in einem *Bild*-Bericht (Überschrift: »Münchnerin heiratete diesen eiskalten Killer«) mit ihrem ungewöhnlichen Vornamen, Beruf und Wohnviertel bezeichnet worden – und wurde sowohl von ihrer Putzfrau als auch von Kollegen sofort erkannt. Zuvor hätten ihr Reporter im Hausflur aufgelauert und an der Wohnung Sturm geläutet, bis sie die Polizei gerufen habe, berichtete sie später. Öffentlich wurde der Fall erst, als ihr 15 Monate (!) nach dem *Bild*-Bericht gerichtlich Schadensersatz und Schmerzensgeld zugesprochen wurden und die *Süddeutsche Zeitung* über den »Leidensweg« der Betroffenen berichtete, »der seither dauernde psychologische Betreuung notwendig macht, der aber auch ins berufliche Aus zu führen droht«.

Die verbreitetste Nachwirkung von *Bild* (und die mit der vermutlich größten Dunkelziffer) aber ist die Angst. Man kann sie auch Realitätssinn nennen – oder schlicht Wegducken. Deshalb müsste man, um beispielsweise die Geschichten von O.* (wir nennen ihn einfach O. wie Opfer) zu erzählen, alle Fakten derart anonymisieren, dass kaum noch etwas übrig bliebe. Vielen geht es wie O.: Von *Bild* ausgestellt, verfolgt und öffentlich gedemütigt, wollen sie zwar ihre Geschichte erzählen, wie sie wirklich war – und welche Folgen die *Bild*-Darstellungen für sie hatten und haben. Aber veröffentlicht wissen wollen sie ihre Geschichte nicht, kein Wort. Schließlich könnte *Bild* sie erneut in die Öffentlichkeit zerren. Und die Erfahrung zeigt: Unbegründet ist diese Sorge nicht.

Prominente wie Stefan Raab verweigern seit Jahren die Zusammenarbeit mit *Bild* und bestimmen mit ihrer Verweigerung den (in *Bild* fast durchweg negativen) Tenor der Berichterstattung über sie. Oder sie müssen sich immer wieder gegen persönlichkeitsrechtsverletzende und schlicht falsche Berichte wehren. Aber nicht jeder hat ein Management und einen guten Anwalt. Und auch dem Unbescholtensten dürfte schon die Vorstellung unangenehm sein, was für den *Bild*-Reporter Alltag ist: dass jemand im Hausflur steht und bei den Nachbarn klingelt, sich am Arbeitsplatz, bei Behörden, im Bekanntenkreis oder in der Verwandtschaft erkundigt – also (wie das Landgericht Berlin mal die Tätigkeit des *Bild*-Chef zusammenfasste) »bewusst seinen wirtschaftlichen Vorteil aus der Persönlichkeitsrechtsverletzung anderer sucht«.

Aber zurück zu O., dessen Geschichte wir *nicht* erzählen. Über O. hatte *Bild* bereits in mehreren Artikeln identifizierend und verantwortungslos berichtet. Zum Zeitpunkt der Berichterstattung ohnehin in privaten und beruflichen Schwierigkeiten, die durch die *Bild*-Berichte quasi über Nacht um ein Vielfaches wuchsen, unternahm er jedoch nichts gegen *Bild*. Im Gegenteil: Über einen mit *Bild* befreundeten Mittelsmann gelingt es *Bild*, sich trotz der verheerenden Artikel in O.s Vertrauen zu schleichen. Ihm sei

öffentliche Rehabilitation versprochen worden, quasi als Wiedergutmachung, sagt er. O. fällt auf das falsche Spiel herein – und
wenig später aus allen Wolken, als er die *Bild*-Zeitung aufschlägt.
Bild berichtet, was O. zuvor treuherzig und beiläufig aus seinem
Privatleben erzählt hatte, verdreht dabei, so jedenfalls erzählt es
O., wieder Fakten und Aussagen und druckt das alles unter einer
fast unfassbar entwürdigenden Überschrift. Dieser Artikel habe
ihm den Todesstoß versetzt, sagt der Mann. Seine berufliche Zukunft sei ruiniert. Wie lange die berufliche Achtung dauern werde,
wisse er nicht. Er sucht Rat beim Anwalt, der ihm jedoch für eine
erfolgreiche Gegenwehr wenig Hoffnung macht. Angebote verschiedener Medien, die ihm die Gelegenheit geben wollen, sich
seiner Geschichte anzunehmen, schlägt er aus. Er traut keinem
mehr. Verbrannte Erde. Kein Einzelfall. Morgen erscheint wieder
eine neue *Bild*. Und über elf Millionen werden sie lesen.

Dominik Höch

Rufmord an einem Polizisten
Die langen Schatten eines harmlosen Vorfalls

»Verfehlungen und Missstände aufzuzeigen gehört zu den legitimen Aufgaben der Medien. (…) Sie können Vorgänge (…) von sich aus aufgreifen, auch in einem Stadium, in dem zunächst lediglich ein Verdacht besteht (…). Sie haben aber die journalistische Sorgfaltspflicht zu beachten. Dabei sind die Anforderungen an die Sorgfaltspflicht umso höher anzusetzen, je schwerer und nachhaltiger das Ansehen des Betroffenen durch die Veröffentlichung beeinträchtigt wird (…) Auch darf nicht der Eindruck erweckt werden, der Betroffene sei der strafbaren Handlung bereits überführt. Eine Vorverurteilung durch die Medien ist auszuschließen. (…) Die Nennung von Namen bedarf besonderer Zurückhaltung.«

(Wenzel: Das Recht der Wort- und Bildberichterstattung, Kap. 10, Rn. 154.169)

»Hier war das dann« – Frank Gerber* deutet matt auf eine unscheinbare dunkle Ecke der Volkshochschule in seiner Heimatstadt. Hier – das ist ein kleiner Mauervorsprung, daneben die Hintertür zu irgendeinem Versorgungseingang des Hauses. Unscheinbar, abgelegen und direkt am Stadtpark gelegen – eine »Pinkelecke«, wie Frank Gerber sie nennt. Diese Ecke, seine schwache Blase, seine fehlende Kontrolle in einem einzigen Moment wurden zu seinem Verhängnis. Doch das stimmt nur teilweise. Eine kleine Lebensepisode wären die Ereignisse an der Pinkelecke am 7. Dezember 2005 gewesen, die Gerber selbst vorsichtig als »Vorfall« bezeichnet, wenn ihn nicht irgendjemand bei der Presse denunziert hätte: als Sexmonster, als Angst und Schrecken verbreitender Serienexhibitionist. Und wenn die Presse nicht bereitwillig darauf angesprungen wäre – und genau dies vor Hunderttausenden Lesern so verbreitet hätte.

Der Polizist

Es fällt Gerber nicht schwer, seine Geschichte zu erzählen, die so abstrus anmutet – wäre sie nicht so bitterernst, man könnte über den ersten Teil fast lächeln. Der 46-jährige Gerber ist ein mittelgroßer, schwerer Mann, Polizist seit 30 Jahren – durch sämtliche Stationen der Polizeikarriere gegangen, Streifendienst, SEK-Einsätze, Büroarbeit als Kripobeamter. Heute im Range eines Kriminalhauptkommissars. Landeskriminalamt, Abteilung Organisierte Kriminalität. Bis vor zwei Jahren war er Jugendbeauftragter der Polizei in seiner Stadt mit viel Kontakt zu Eltern, Kindern und Jugendlichen. Gerber nennt dies »seine schönste Zeit bei der Polizei«. Arbeit mit jungen Leuten eben. Gerber hat mit seiner Frau ja selbst einen heute 15-jährigen Sohn. Dann der Ruf der Macht: Gerber wurde auf einmal nah an die hohe Politik gerufen. Abordnung ans Ministerium. Dunstkreis des Ministers. Reden schreiben, Termine koordinieren, Verantwortung. Aber im Ministerium durfte Gerber nicht bleiben. Auch das ist Teil seiner Geschichte, die mit einer Pinkelecke begann.

Der Streit

Er zeigt den Weg, den er am frühen Abend des 7. Dezember 2005 von seiner Wohnung aus nahm. Gerber ist ein angenehmer Typ, stets leicht gebräunt, das braune Haar zum Kranz reduziert. Jeansträger, Polo-Shirt, einer für den netten Grillabend ohne Stress. Stets jovial, freundlich im Umgang, ein guter, verbindlicher Typ. Doch die Beziehung zu seiner Frau kriselte: Immer mehr Arbeit im Ministerium, keine Zeit mehr für ein Glas Wein am Abend, einen der geliebten Ausflüge mit dem Sohn. Gerber beschreibt es so: »Mich hatte eine schleichende Passivität erfasst. Warnzeichen wollte ich nicht sehen.« Und die gab es. Seine Frau hatte ihm vor Monaten schon gesagt, dass sie mit einem Mann, der nur für die Arbeit lebt, nicht mehr lange unter einem Dach wohnen wolle.

Am 7. Dezember 2005 brach dann nach einem wieder mal langen Tag im Büro auch noch der Stress zu Hause aus. »Meine Frau sagte mir an jenem Abend: ›Es ist so weit, ich hatte es dir gesagt – so möchte ich nicht mehr weiterleben, das ist keine Beziehung mehr! Bitte such' dir eine kleine Wohnung in der Nähe, ich möchte, dass wir uns erst mal trennen, damit du dir in Ruhe klarmachen kannst, was du eigentlich willst und was dir im Leben wichtig ist!‹«

Das saß: »Ich hatte mich nach einem Stresstag im Büro auf einen heißen Tee mit meiner Familie gefreut – und dann quasi der Rausschmiss. Ich war völlig von Sinnen«, erzählt Gerber jetzt auf dem Weg durch die stille Straße, an der seine Wohnung liegt. Er musste raus, rief seiner Frau noch zu: »Muss ein wenig frische Luft schnappen, bin gleich wieder da.« Weg war er, raus auf die Straße, erst mal durchatmen. Einfach die Straße runter, ziellos, kopflos.

Die Schwäche

Gleich links, ein paar hundert Meter entfernt, liegt der Stadtwald. Ziellos stromert Gerber an jenem Dezemberabend in diese Richtung durch den Regen. Trennung von seiner Frau? Nach so vielen Ehejahren, nein! Gerbers Mantel ist schnell durchnässt, aber er spürt nichts, bis auf eines: Er muss dringend auf die Toilette. »Ich hatte an dem Tag im Büro jede Menge Tee getrunken – und ich habe eine Blasenschwäche, seit Jahren«, sagt er – fast entschuldigend – beim Weg zum »Tatort Pinkelecke«. »Meine Frau hat immer gesagt: ›Irgendwann kriegst du mit deinem ständigen Harndrang noch einmal Riesenärger‹«. Gerber zitiert öfter das, was seine resolute Frau sagt. Wahrscheinlich deshalb, weil er weiß, dass sie ziemlich oft ins Schwarze trifft.

Die Ehefrau

Am Esstisch der Familie Gerber: Häufig hört sie ihrem Mann still zu, wenn er seine Geschichte erzählt, und schüttelt dann den Kopf, um ihrem impulsiven, intuitiven Mann auf die Sprünge der richtigen Sicht der Dinge zu helfen. Sie, wie Gerber Mitte vierzig, patenter Pagenkopf mit wachen braunen Augen, ist die Vernunftbegabte in der Ehe, er der Sprunghafte. Sie ergänzen sich gut. »Ja, der Frank«, sagt sie, ein bisschen seufzend, »der sucht sich immer das nächste Fettnäpfchen. War schon immer so.«

Der Stadtwald

Gerber läuft und läuft Richtung Stadtwald – weggetrieben von zu
Hause und gleichzeitig gedrängt, der Blase Erleichterung zu ver-
schaffen. Am Rande des Stadtwalds liegt das städtische Gebäude,
die Volkshochschule. Irgendeine Veranstaltung läuft dort an jenem
Abend. Warum ist er nicht einfach dort auf Toilette gegangen?
Gerber schüttelt den Kopf. »Da war ich noch nie drin, kannte
mich nicht aus.« Man merkt schnell, dass sich Gerber diese Frage
auch schon hundertmal gestellt hat. Vor dem Gebäude stehen
zwar auch Bäume, doch da sind die Besucher des Hauses, strö-
men zur Veranstaltung. Also links seitlich vorbei, Richtung Bäume
des Stadtwalds. Auf einmal – zehn, fünfzehn Meter weiter rechts
der Mauervorsprung und die dunkle Türecke – ein toter Winkel.
Gerber blickt sich um: Hier ist keine Menschenseele, nur da hinten, knapp außer Rufweite steht eine Frau in dunkler Abendgar-
derobe. »Ist zwar nicht die feine Art, aber ich muss«, denkt Gerber und macht sich daran, mühsam die zahlreichen Knöpfe seiner
Anzughose zu öffnen, um sich zu erleichtern. Während der Polizist also umständlich an der Hose nestelt, stürmt auf einmal die
Frau im feinen Zwirn auf ihn zu: »Was machen Sie denn da?«
ruft sie. Von der Gebäudevorderseite nähern sich gleichzeitig halb
rennend, ziemlich bedrohlich, zwei weitere Gestalten, die ebenfalls auf ihn einschreien, in gebrochenem Deutsch. Gerber weiß
nicht, warum er die Situation nicht aufklärt oder auch nur einfach die Hose zumacht und weitergeht. Er schüttelt heute den
Kopf: »Ich habe eigentlich gar nichts gedacht. Ich wollte nur weg.
Die Situation war ja auch peinlich.« Statt sich der Situation zu
stellen, also zu deeskalieren – wie man im Polizeideutsch sagt –,
haut er einfach ab.

Die Flucht

Gerber nimmt die Beine in die Hand und macht sich ab durch die
Mitte – weg vom Gebäude. Er sprintet quer durch den Stadtpark,
in dem er schon so oft mit seinem Sohn Nachmittage verbracht
und gespielt hat, Fahrrad gefahren ist. Er kommt an der vorbei-
führenden großen Straße zum Stehen, schnappt nach Luft. Doch
er wird weiter verfolgt. Die junge Frau hastet ihm hinterher,

genauso wie die jungen Männer, die dauernd rufen: »Stehen bleiben!« Gerber rennt weiter, in Richtung nach Hause, in die kleinen Seitenstraßen. Was wollen die von ihm? Nach ein paar Sekunden Rennen besinnt er sich an einer Kreuzung, bleibt stehen und sagt zu den jungen Männern, die ihm folgen: »Was wollen Sie eigentlich von mir?« Erst jetzt – so schwört Gerber Stein und Bein – ruft die junge Verfolgerin erstmals »Polizei! Bleiben Sie endlich stehen!« Das werden später auch die beiden männlichen Verfolger – einfache Passanten, die glaubten, Gerber habe die junge Frau beraubt – bestätigen.

Dann geht alles blitzschnell. Auf einmal sind überall uniformierte Polizisten, zwei stoßen Gerber brutal nieder. Hinterher stellt sich heraus, dass er dabei eine Schultereckgelenksprengung davonträgt. Dann, als er schon gefesselt daliegt, benutzt die junge Frau auch noch Pfefferspray, was zu einer zusätzlichen Verletzung am Auge Gerbers führt. Und das, obwohl der sich – wie er versichert – gar nicht wehrt! Gerber liegt mit dem Gesicht nach unten, voller Schmerzen, halb auf der Straße, halb auf dem Bordstein. Um die Hände bekommt er die stählerne Acht. Festgenommen. Da tritt ein Kollege in Zivil, ein Bekannter aus dem Polizeidienst, heran. Gerber heute: »Da hatte ich noch die leise Hoffnung, dass der jetzt alles aufklären wird.« Doch der Kollege sagt nur: »Die junge Frau ist eine verdeckte Ermittlerin. Die Kollegin bestätigt, dass du ihr gegenüber dein Geschlechtsteil entblößt hast. Sie bleibt dabei, du warst es! Wir werfen dir außerdem noch eine Serie von weiteren exhibitionistischen Straftaten an der Volkshochschule vor – die Täterbeschreibung trifft auf dich zu: 30 bis 50 Jahre alt, Haarkranzträger. Da kommst du nicht mehr raus, da kommst du nicht mehr raus!« Gerber glaubt, seinen Ohren nicht zu trauen. Immer und immer wieder klingt es in ihm nach: »Da kommst du nicht mehr raus!«

Die Wache

Es folgt die polizeiliche Routine: Gerber kommt aufs Revier. Erkennungsdienstliche Maßnahmen, Fingerabdrücke, Fotos, Untersuchung der Unterwäsche auf Spermaspuren, erste Befragung noch am Abend. Die Kollegen sind höflich, aber Gerber sagt auch:

»Da war keiner, der auch nur daran gezweifelt hätte, dass ich der Täter bin.« Gerber will unbedingt aussagen und erklärt, wie es war. Auf viel Glauben stößt er nicht, die Kollegen raten, zum Anwalt zu gehen. Tatsächlich – das weiß auch Gerber – lagen damals rund 30 ungeklärte Exhibitionistenfälle in der Stadt vor.

Später am Abend: Gerber darf gehen, läuft völlig verzweifelt nach Hause – »ich lief sieben Kilometer zu Fuß, wie ich nach Hause gekommen bin, weiß ich heute nicht mehr«. Seine Frau hatte schon längst die Polizei angerufen, ob ihr Mann einen Unfall hatte. Der Streit ist der Sorge gewichen. Gerber erzählt ihr alles, murmelt vor sich hin: »Da komme ich nicht mehr raus. Ich muss gestehen, muss gestehen.« Seine Frau wird heute noch wütend, wenn sie das erzählt. Mit blitzenden Augen sagt die resolute Mittvierzigerin: »Ich habe ihn angefaucht: ›Was willst Du denn gestehen? Du hast doch nichts gemacht. Das kriegen wir schon hin. Die Wahrheit wird sich schon durchsetzen.‹« Frau Gerber holt tief Luft, schaut auf ihre Kaffeetasse und sagt dann: »So dachte ich damals – aber es kam viel schlimmer.«

All das ist schlimm, niemand möchte eine solche Situation der unschuldigen Verdächtigung erleben. Gerber weiß auch, dass er wegen seines seltsamen Verhaltens nicht ganz unschuldig daran ist, dass es überhaupt so weit kam. Doch alles hätte sich rasch geklärt, hätte Gerber den Verdacht in Ruhe und ohne Beteiligung der Öffentlichkeit aufklären können.

Die Zusage

Die Festnahme war am Mittwoch, noch an jenem Abend telefonierte Gerber mit dem Vorgesetzten. Gerber: »Für den stand im Prinzip auch fest, dass ich Exhibitionist war – die Anzeichen waren ja auch handfest. Aber er war fair und versprach, die Sache intern zu halten. Also: keine Information an die Presse, die auf meine Person hindeutete.« Man wollte am Montag reden – Gerber sollte dann die Sache beim Vorgesetzten aufklären.

Die Verleumdung

Durch den nächsten Tag, einen Donnerstag, schleppte sich Gerber mehr schlecht als recht. Behandlung im Krankenhaus, weiter zum Hausarzt, erste Telefonate mit dem Anwalt. Am Samstag dann wurde Gerber zur öffentlichen Figur, zum Schrecken der Stadt. Er hatte sich schon gedacht, dass vielleicht doch etwas berichtet wird. Darum blätterte er die abonnierte Heimatzeitung morgens mit zitternden Fingern durch: »Gott sei Dank, nichts drin!« Gegen 10 Uhr dann der Anruf vom Assistenten des Chefs: Die ganze Geschichte steht in der Boulevardzeitung. Den Termin am Montag im Ministerium soll Gerber vergessen. Der »Tipp« des Assis: »Jetzt nur noch schnell zum Anwalt.« Gerber schüttelt heute noch den Kopf: »Aber sie hatten mir doch Diskretion zugesagt ...«. Der Bericht ist heftig: In großen Lettern heißt es: »Exhibitionismus: Polizist unter Verdacht – Er war Jugendbeauftragter der Polizei«.

Viel schlimmer noch: Die Presse hat ein offizielles Polizeifoto von Gerber ergattert – kaum gepixelt steht es groß wie eine Postkarte neben dem Bericht. Also hat jemand bei der »Truppe« – wie Gerber sagt – gequatscht, vielleicht für ein paar Euro Informantenhonorar die »Geschichte« und das Foto an die Zeitung gegeben. Irgendeiner, der sein viel zu knappes Gehalt bei der Polizei aufbessern wollte ...

Jeder, der Gerber ein bisschen kennt, weiß, dass er auf dem Foto zu sehen ist, dass er der Täter sein soll, dass er ein Serienexhibitionist sein soll. Dabei ist nichts bewiesen. Es gibt nur die angebliche Wahrnehmung der jungen Polizistin im Halbdunkel. Gerber sagt heute: »Ich fühlte nur noch absolute Leere.« Er muss an seine Frau denken, die in der Dienstleistungsbranche arbeitet, heute wieder mit Hunderten Menschen, ihren Kolleginnen und Kollegen Kontakt hat – sie alle werden an diesem Tag über ihren Mann, den Verdächtigen, lesen. Natürlich erkennen die Kollegen ihren Mann; man kennt sich ja, man weiß, dass ihr Mann bei der Polizei ist, wie er aussieht, dass er Jugendbeauftragter war. Entsprechend bleich kommt die Ehefrau nach Hause – es ist genauso gekommen, wie Gerber es sich ausgemalt hat. Jetzt ist er drin, in der Medienmaschinerie.

Wäre Gerber schon damals juristisch beraten gewesen: er hätte sich wehren können. Die identifizierende Berichterstattung über den Verdacht gegen ihn war unzulässig und rechtswidrig, genauso wie die Fotoveröffentlichung. Gerichte hätten weitere Veröffentlichungen mit sehr hoher Wahrscheinlichkeit untersagt. Denn der Verdacht war sehr vage, es bestand keinerlei Berichterstattungsinteresse, den Polizisten öffentlich vorzuführen. Doch Gerber hatte damals ganz andere Sorgen. Und so wurde alles nur noch schlimmer ...

Die Vorverurteilung

Jetzt ist die Geschichte draußen, jetzt gibt es auch für die Lokalzeitung kein Halten mehr. Die will offenbar die Boulevardkollegen noch überbieten, bringt zwar kein Foto, titelt aber in daumengroßen Lettern: »Jugendbeauftragter der Polizei als Exhibitionist enttarnt« – und begeht damit den Kardinalfehler von Journalisten bei der Berichterstattung über Verdachtsmomente. Die Zeitung berichtet einfach so, als stehe die Schuld von Gerber fest – der war es. Die Zeitung bringt darüber hinaus Details aus dem Leben Gerbers, fast wie ein Steckbrief: »mehrere Jahre Jugendbeauftragter, 46 Jahre alt, ein Kind, verheiratet« etc. Wer jetzt in Gerbers Stadt noch nicht weiß, um wen es sich handelt, dem ist nicht mehr zu helfen.

Der Polizist macht sich grausige Gedanken: »Ich habe mit zig Familien, Kindern, Jugendlichen als Jugendbeauftragter der Polizei zu tun gehabt, zig Seminare geleitet. Wie viele Eltern mögen sich denken: ›Wie konnte dieser Sextäter auf unsere Kinder losgelassen werden?‹«

Gerber ruft einen alten Freund bei der Justiz an, um vielleicht die ein oder andere Information zu »seinem« Fall herauszubekommen. Früher hat man sogar Urlaube zusammen verbracht, vielleicht weiß der alte Kumpel noch was. Doch die Stimme des Freundes klingt merkwürdig kalt und abweisend: »Ich hab' schon alles in der Zeitung gelesen. Ich rate dir zu gestehen. Ich will nichts mehr mit dir zu tun haben.« Danach ist Stille in der Leitung, der »gute Freund« hat aufgelegt. Gerber hat nie wieder etwas von ihm gehört. Er selbst bleibt krankgeschrieben. An Arbeit ist nicht zu denken. Im Ministerium will auch niemand Gerber sehen. Anders-

wo auch nicht. Erst ein paar Tage nach der Festnahme traut sich
Gerber mit seinem Sohn mal wieder vor die Tür zum gemeinsamen Spaziergang. Gerber sagt heute: »In der Zeit hatte ich immer
das Gefühl, ich werde von allen angestarrt und erkannt. Allein
das Gefühl war schrecklich.« Als Vater und Sohn am nahe gele-
genen Hauptbahnhof vorbeikommen, steht dort ein großes Poli-
zeiaufgebot. Hundertschaften in Erwartung der Fußballfans zum
Bundesligaspiel der Heimatmannschaft. In der grün uniformier-
ten Menge der Polizeitruppe entdeckt Gerber einen früheren Kollegen. Er kennt ihn vom Sondereinsatzkommando. Doch der ihn
offenbar nicht mehr. Als er die markante Halbglatze von Frank
Gerber entdeckt, schaut er rasch zur Seite. Auch er hat Zeitung
gelesen.

Die Klinik

Die Tage vor Weihnachten vergehen, und die Zeitungen schreiben
weiter. Es erscheinen immer neue Artikel zu Gerber, immer neue
Details über den Verdacht – und immer wieder tauchen alle
Gerber identifizierenden Merkmale auf: ehemaliger Jugendbeauftragter, Alter, Familienstand etc. Die Geschichte ist »rund« in Gerbers Stadt. Erst durch massive Telefonate von Gerbers Strafverteidiger geben die Medien vorerst Ruhe. Doch da ist es schon zu
spät.

Die Wochen ziehen sich hin, ohne dass die Polizei die Ermittlungen wirklich vorantreibt. Gerber heute: »Es waren zwölf Zeugen zu vernehmen. Das schaffe ich – wenn es gut läuft – in drei
Tagen. Hier vergingen Wochen ... mit vier ermittelnden Beamten.«
Neben den Erfahrungen mit den Medien vielleicht die Schlimmste für den langjährigen Polizeibeamten: Dass die Kollegen offenbar unter dem Druck der Medienberichte gezielt in Richtung
»schuldig« ermittelten und – als sie nichts fanden – die Sache
verschleppten.

Die unerträgliche Belastung zeigt auch bei seinem Sohn Folgen:
Die Leistungen in der Schule werden rapide schlechter, die Eltern
nehmen den verstörten Jungen für einige Wochen aus dem Unterricht. Noch heute zuckt der Junge zusammen, wenn er Polizei-
streifen sieht. Gerber: »Er hatte damals solche Angst, dass die
Kollegen mich ›holen‹ und ins Gefängnis stecken.«

Es wird Februar, und Gerber sitzt noch immer zu Hause – als Verdächtiger einer Seriensexualstraftat, als von der Öffentlichkeit Geächteter. Die Stimmung in der stillen Wohnung der Gerbers wird zunehmend gereizt. Die Ehefrau will, dass der Spuk endlich vorbei ist, doch die Ermittlungen ziehen sich hin. Es wird März – der Hausarzt schickt Gerber in eine Rehaklinik, sehr weit weg von der Heimat – ins tiefste Bayern. Die Ärzte dort sehen die Gefahr für Gerber – Suizidgedanken, Depressionen. Gerber sagt heute leise: »Ich war schon manchmal so weit. Ich habe recherchiert: Wie kann ich für meine Familie das Beste bei meinem Tod rausholen? Das habe ich auch auf dem Rechner aufgeschrieben – in einer Datei, die meine Frau nicht lesen konnte ...«. Besonders schlimm waren für ihn die Wochen rund um Weihnachten. Gerber heute: »Ich wollte damals mein Vorhaben auf Gran Canaria, unserer langjährigen Ferieninsel, in die Tat umsetzen; Tabletten en masse hatte ich mir bereits besorgt – der Reisetermin stand fest, Anfang Januar 2006 ...«. Wie er durchgehalten hat, weiß er heute nicht mehr.

Antidepressiva der Ärzte in der süddeutschen Klinik in hoher Dosis lindern, helfen aber aus dem Tief nicht wirklich heraus. Gerber beginnt mit Lauftraining, immer in der Hoffnung auf eine befreiende Nachricht aus der Heimat. Mitte März dann das erste gute Zeichen vom Strafverteidiger: Die Ermittlungen haben den Verdacht nicht erhärtet. Keines der Opfer des oder der Exhibitionisten hat Gerber auf Fotos und Videos erkannt. Im Mai wird das Verfahren eingestellt. Der wahre Täter wurde trotz weiterer intensiver Ermittlungen nie gefasst. Die Polizei ist sich nicht einmal sicher, ob es sich nur um einen Täter gehandelt hat oder ob es um mehrere Personen ging, die bis heute unbestraft sind. Die Beschreibungen der Opfer haben von Anfang an eigentlich nicht auf Gerber gepasst. Doch der hatte den zum Teil beschriebenen »Haarkranz« – und der war weggelaufen, als er beim Pinkeln erwischt wurde ...

Die Zeitungen melden das Ermittlungsergebnis: »Polizist unschuldig« heißt es, klein, unten in der Ecke einer Innenseite. Ein eingestelltes, erfolgloses Verfahren ist eben keine Schlagzeile wert, sondern nur eine Mini-Meldung. Gerber aber archiviert auch das: »Ich habe mir die Meldung immer und immer wieder angesehen und gedacht: Vielleicht wird doch noch alles gut?«

Noch nicht ganz: Mitte Juni tritt Gerber seinen Dienst im Ministerium wieder an: Die Vorgesetzten bitten sofort zum Gespräch, räuspern sich, sind freundlich, aber bestimmt. »Man sagte mir, dass ich meine Arbeit im Umfeld des Ministers nicht mehr ausüben könne. Ich müsse das verstehen: der Minister und sein Ruf.« Das war der nächste Tiefschlag. »Ich hatte überhaupt nichts gemacht und durfte die Arbeit, die mir Spaß machte, einfach nicht weitermachen.« Immerhin: Man versprach, sich um etwas Adäquates zu kümmern. Der neue Job fand sich im Landeskriminalamt. »Natürlich weiß von meinen Kollegen jeder, was mit mir war. Aber die allermeisten gehen damit professionell um – und stellen keine Fragen.« Eigentlich abstrus – denn Gerber hat ja gar keinen »schwarzen Fleck« zu verbergen, über den man nicht sprechen könnte. Und doch wird das Thema totgeschwiegen.

Der Rechtsweg

Gerber sucht Gerechtigkeit, will die größtmögliche Genugtuung für das, was er erleben musste. Die Polizei führt ihn immer noch in einer Sextäter-Datei, obwohl seine Unschuld feststeht! Gerber klagt vor dem Verwaltungsgericht. Ausgang offen. Er verklagt auch die Zeitungen auf Schmerzensgeld. Der Weg ist langwierig, kostet Zeit und Kraft. Doch es gibt erste Erfolge: Mit der Boulevardzeitung kommt schließlich ein Vergleich zustande, nachdem das von Gerber bemühte Gericht den deutlichen Hinweis gegeben hat, dass es im Fall der streitigen Entscheidung ein Schmerzensgeld für gegeben ansieht. Heraus kommt eine niedrige fünfstellige Summe. Nicht viel für einen verpfuschten Teil des Lebens, für die berufliche Versetzung, für »Freunde«, die einen plötzlich nicht mehr kennen. Doch Gerber sagt auch: »Mir geht es nicht um die Höhe der Summe, mir geht es um das Beispiel, dass man sich diese Berichte nicht gefallen lässt.« Die Heimatzeitung zeigt sich weniger einsichtig als das Boulevardblatt. Das zuständige Oberlandesgericht verurteilt in letzter Instanz den Verlag zu einem fünfstelligen Schmerzensgeld.

Der Weg zurück

Welche Folgen bleiben vom »Fehltritt in die Pinkelecke« und der Medienjagd? Gerber wirkt mittlerweile aufgeräumt. Er hat einen neuen Job, der ihm inzwischen auch Spaß macht. Das Ehepaar Gerber wirkt gefestigt, als sie beide stolz den gemeinsamen Garten zeigen. Doch die Schatten bleiben. Gerber sieht es noch als glückliche Fügung, dass er bei der Polizei ist: »Was wäre eigentlich einem ganz normalen Bürger – ohne polizeiliche Erfahrungen – nach solchen Ereignissen widerfahren? Ich bin sicher: etwas ganz Schreckliches.« Gerber legt die gebräunten Hände flach auf seinen Esstisch und sagt nur halb lächelnd: »Ich habe heute noch die Heimatzeitung abonniert, weil ich nach wie vor ein bisschen fürchte, dass die noch mal was bringen.« Dann sagt er mit einer Mischung aus Verbitterung und Hoffnung: »Uns sind sehr wenige Freunde geblieben. Kollegen schauen mich nach wie vor schief an. Dass die Vorwürfe komplett ausgeräumt sind, haben nur wenige mitbekommen. Ich musste mir eine neue Dienststelle suchen, bin immer noch in psychologischer Betreuung. Aber wir schauen nach vorne, weglaufen gilt nicht.«

Lang sind die Schatten des »Vorfalls«, wie Gerber es nennt. Vor ein paar Wochen war der Pastor der Gemeinde zu Besuch bei Gerbers. Der Sohn soll konfirmiert werden. Die übliche Vorbesprechung mit Eltern und Konfirmand. Die Gerbers erzählen dem Geistlichen nach ein bisschen Drucksen von ihrem Schicksal der letzten Monate. Der hört aufmerksam zu und sagt dann: »Also doch! Dann waren tatsächlich Sie gemeint, als sich damals eine Handvoll Gemeindemitglieder bei mir beschwerten, wie so ein Straftäter in unserer Gemeinde leben kann.«

Martin Kölbel

Doppelmoral als Showgeschäft

Der Medienskandal um Günter Grass im August 2006

I.

Zuletzt blieb nur ein Rekordverdacht. So spektakulär wie dieser war wohl kaum ein Skandal gewesen. Fast hunderttausend Zeitungsartikel – annähernd zwei Höhenmeter Papier – wurden im August 2006 geschrieben. Zwar blieb der ungeheure Papierberg wie gewöhnlich unsichtbar, was ihn jedoch nicht weniger wirksam machte. Er bildete den Stoff, an dem die öffentliche Aufmerksamkeit kleben blieb, und bestätigte eine für die Massenkommunikation leitende Maxime: Über Wert und Wucht einer Neuigkeit entscheidet die sie reproduzierende Beitragsmasse. Je mehr über eine Sache geschrieben wird, je mehr Raum sie okkupieren kann, desto wichtiger und unumgänglicher wird sie gewesen sein.

So gesehen musste im Sommer 2006 eine hochbrisante Sache erkenntnisreich verhandelt worden sein. Doch die Bilanz fällt ernüchternd anders aus. In der Beitragsmasse blieb merkwürdig unbestimmt, was genau der Streitfall war und vor allem, woher der hohe Streitwert kam.[1] Nur über das Einfachste, das Thema nämlich, herrschte Einvernehmen. Der 17-jährige Günter Grass war die letzten drei Kriegsmonate 1944/45 bei der 10. SS-Panzerdivision Jörg von Frundsberg gewesen – und erst der 78-Jährige hatte dieses biografische Detail mitgeteilt. Doch nicht an dem Detail selbst entzündete sich der Streit. Dass der Adoleszent für die NS-Propaganda empfänglich, von Parolen wie »Jugend muss von Jugend geführt werden«, vom Glauben an den »Endsieg« verleitet gewesen war, wurde Grass mehrheitlich nicht vorgehalten. Ohnehin hatte er sich schon recht früh, so im Jahr 1966, darüber geäußert. In einem offenen Brief an Peter Handke nannte er sich ein »gebranntes Kind« und einen »Knaben«, der »beim Onkel das offen zutage liegende ›Schwarze Korps‹ lüstern gelesen hat, bis es ihm heiß wurde«. Auch die NS-Organisationen, denen

Grass angehörte, die Art, wie er in Nationalsozialismus und Krieg verstrickt war, waren in Grundzügen bekannt: »Jungvolk«, »Hitlerjunge«, »Panzerschütze«.[2] Neu war der präzisierende Zusatz, den der Panzerschütze erhalten hatte: Waffen-SS. Doch sogar darüber soll Günter Grass, zumindest im kleinen Kreis, gesprochen haben, wie es Robert Schindel am 15. August 2006 in *Spiegel Online* und Klaus Wagenbach am 26. April 2007 in *Die Zeit* bezeugten. Wagenbach zitierte dafür aus eigenen, 1963 angefertigten Notizen: »G. kam zur Sturmgeschützabteilung eines Panzerregiments. (...) Januar/Febr. 45 Marschbefehl zur Kompanie zuerst Schlesien, dann Berlin (Gruppe Steiner, SS.) erster Einsatz, März/April.« Gewiss lassen sich diese Aussagen nicht verifizieren; die Vorgeschichte bleibt davon ohnehin unberührt: Günter Grass hatte zwar das Detail »Waffen-SS«, nicht aber seine NS-Verstrickungen verschwiegen. Darüber kann man durchaus enttäuscht sein. Doch rechtfertigt solche Enttäuschung einen so hohen Streitwert, wie ihn der Medienskandal veranschlagte?

Der späte Zeitpunkt des Bekenntnisses jedenfalls gibt von sich aus nichts Skandalöses zu erkennen. Dafür musste er schon mit den Merk- und Markenzeichen vermengt werden, unter denen der Kulturbetrieb Günter Grass zu führen pflegt: »Gewissen der Nation«, »moralische Instanz«, »praeceptor germaniae«, »Moralapostel« oder »Moralprediger«. Im Fadenkreuz stand also ein politisches Engagement, zu dem es auch gehört hatte, Mitläufer und Verstrickte des NS-Regimes öffentlich anzuprangern. Dieser Punkt erregte das Ärgernis: Günter Grass habe andere aufgefordert, sich ihrer NS-Vergangenheit zu stellen, dies aber zu lange bei sich selbst unterlassen; er habe von anderen moralische Werte abverlangt, von denen er sich selbst ausgenommen habe. Deshalb sei seine Art, sich politisch zu engagieren, unglaubwürdig, verlogen – als Doppelmoral zu kritisieren. Zudem habe der Schriftsteller das Bekenntnis als PR für sein Erinnerungsbuch »Beim Häuten der Zwiebel« missbraucht und es nicht einmal aus freien Stücken abgelegt, sondern nur, um seiner Enttarnung durch freiwerdende Akten zuvorzukommen. An diesen drei Vorwürfen entzündete und sättigte sich die ganze Erregung.

Für den Medienskandal selbst hat die *Frankfurter Allgemeine Zeitung* den Boden bereitet (mit ihrer Samstagsausgabe vom 12. August). Günter Grass hatte sich im Interview ausführlich über die Zeit von Kriegsbeginn 1939 bis zum Welterfolg mit »Die Blechtrommel« 1959 geäußert, was die *FAZ* schließlich auf ein Detail und seine Bewertung reduzierte. Dem Interview schrieb sie titularisch eine einzige Zielsetzung vor: »Warum ich nach sechzig Jahren mein Schweigen breche.« Den Aufmacher konzentrierte sie auf das eine Detail, das sie zudem auf Platz eins, noch vor der Meldung zum Libanon-Krieg, rangieren ließ: »Günter Grass: Ich war Mitglied bei der Waffen-SS.« Der zugehörige Leitartikel »Das Geständnis« fällte das zu erartende Urteil, das zwar rhetorisch verkleidet war, aber im Klartext wohl lauten sollte: Der Ruf des Bürgers Grass sei durch Doppelmoral ruiniert.

»Geständnis im Sommerloch« titelte montags die regionale *Märkische Oderzeitung*, »Geständnis einer Schnecke« die überregionale *Süddeutsche Zeitung* und »Das Geständnis als Selbstinszenierung« die Schweizer *Neue Zürcher Zeitung*. Doch nicht nur im Titel, auch im Tenor zeigten sich die Zeitungen auf einer Linie mit der *FAZ*: Grass sei als moralische Instanz beschädigt. Eigentlich schien damit auch schon alles zu Sagende gesagt, der zu Richtende gerichtet und die Story ausgereizt – doch die stimulierte oder simulierte Empörung blieb und reizte zu weiteren Showeinlagen, dazu, dasselbe Urteil in stetig steigender Härte erneut zu fällen.

Zunächst legte die *tageszeitung* fein ironisch die moralische Frage offen, die bei der *FAZ* noch rhetorisch verhüllt gewesen war: »Hat Günter Grass uns betrogen?« (15. August). Der *Stern* griff den Betrugsverdacht auf und wendete ein Grass-Zitat nicht ohne Schadenfreude gegen seinen Autor: »Die Scheiße kommt hoch« (17. August). Die *Financial Times Deutschland* strafte Grass für dessen Kritik am Neoliberalismus ab und titulierte ihn kurzerhand als »unerträgliche Persönlichkeit des öffentlichen Lebens« (15. August). Andere Zeitungen, die erst nach Wochenfrist zum Zuge kamen, veranstalteten sogar eine Art Schauprozess. Der *Spiegel* bestellte ein 15-köpfiges Autorenkollektiv, welches das Detail als Generalschlüssel für Grass' Lebenswerk nutzte. Dadurch offenbarte es einen negativen Wert – mit »Größenwahn«, Feigheit und »Lebenslüge« als maßgebliche Komponenten (21. August). Die *Welt am Sonntag* fragte: »Was bleibt von Günter Grass?« und antwortete nach der Art eines Großinquisitors: so gut wie gar nichts. Als »Nationaldichter« sei Grass ebenso diskreditiert wie als Vergangenheitsbewältigter. Allenfalls zwei Werke hätten Bestand: »Die Blechtrommel« und »Katz und Maus« (20. August).

Schon am ersten Tag hatten die Boulevardblätter eine Kampagne gestartet, die offen ersichtlich machte, wovon auch die anderen Medien mehr oder minder profitierten, nämlich von dem Spektakel, das sich dem Sturz eines Prominenten abgewinnen lässt. Am 12. August bestimmte *Bild* sogleich die Fallhöhe, indem sie Grass die letzte Ehre erwies: »Warum hat der große Dichter und Nobelpreisträger so lange geschwiegen?« Die fette Schlagzeile darunter nannte den Grund für den jähen Sturz: »GRASS Ich war bei der Waffen-SS« (12. August). Am zweiten Tag startete *Bild* eine Serie über die Waffen-SS und zapfte mit Titeln wie »Die gefährlichsten Männer der Waffen-SS« oder »Ich war der letzte Kommandeur von Günter Grass« die Dämonie der SS als weitere Energiequelle neben der Doppelmoral an. Mit dem Artikel »Muss man sich schämen, wenn man in der Waffen-SS war?« wusch *Bild* zudem alle geständigen Waffen-SS-Soldaten rein und präsentierte Günter Grass als den letzten verbliebenen Sünder.

In seiner Kernzeit zog sich der Skandal über fünf Wochen hin, obgleich das Thema schon nach fünf Tagen ausgezehrt gewesen war. Sicherlich hatte das Sommerloch dabei lebensverlängernd gewirkt, doch vor allem hatte eine medieneigene Dramaturgie für den nötigen Vorschub gesorgt. Stetig tauchten neue Aspekte oder Faktoren auf, die den Skandal, gerade im Erlöschen begriffen, wieder aufflackern ließen. Am 16. August publizierte zum Beispiel der *Kölner Stadtanzeiger* die »Prisoner of War«-Akten des Günter Grass. Sie beglaubigten jetzt auch amtlich die »SS-Pz.-Div. Frundsberg« als dessen Truppenteil und lieferten objektiv belastendes Material. Es wurde dann auch als Faksimile in vielen Medien abgedruckt *(Süddeutsche Zeitung, Spiegel Online* oder *Thüringer Allgemeine)*. Zusammen mit Grass' Fingerabdrücken ergab der Personalerfassungsbogen ein eminent symbolträchtiges Bild: Der Verdachtsfall war nun auch aktenkundig, und Günter Grass sah, zumindest symbolisch, wie ein Krimineller aus.

Ferner sprangen die Ressentiments, mit der die Partei Recht und Gerechtigkeit (PIS) in Danzig Kommunalwahlkampf machte, auf die deutschen Medien über. Nicht nur der *Stern* sah sich veranlasst, eine ehrabschneiderische »Spurensuche« unter dem Titel »Wo Günter Grass zum Nazi wurde« zu verfassen. Vor allem lag

das Betreiben der PIS, Günter Grass die Ehrenbürgerwürde abzu-
erkennen, in der Konsequenz des Medienskandals. In dem Maße,
wie er Ruf und Ehre von Grass zur Disposition stellte, suchte er
nach symbolischen Strafen, um dessen (vermeintlich) normenver-
letzendes Verhalten zu sanktionieren.

Kurz nach Joachim Fests Tod am 11. September erschien dessen Autobiografie: »Ich nicht – Erinnerungen an eine Kindheit
und Jugend«. *FAZ* und *Spiegel* nahmen sie zum Anlass, zwei Typen von Bürgern scharf zu kontrastieren. Der frühere Mitheraus-
geber der *FAZ* und Hitler-Biograf Joachim Fest, der *Bild* am
14. August noch anvertraut hatte, er würde »nicht mal mehr einen Gebrauchtwagen von diesem Mann kaufen«, wurde zum guten Bürger ohne Fehl und Tadel stilisiert; in dessen Schatten blieb
für Günter Grass nur die Rolle des bösen Bürgers mit der schmut-
zigen Weste.

Solcher Manichäismus lässt darauf schließen, dass die alte La-
gerlogik rechts und links dabei nicht zum Tragen kam. Nicht einmal die beiden Volksparteien ließen sich von ihr leiten. Die CDU
verteidigte aus Gründen der Parteiräson Konrad Adenauer gegen
einen seiner schärfsten Kritiker; die SPD hielt ihrem einstigen Wahl-
kämpfer die Treue. Der Medienskandal lebte vielmehr von den
Ressentiments der Grass-Gegner und den Sympathien der Grass-
Freunde. Peter Handke zum Beispiel unterstellte Grass »50 Jahre
Selbstgerechtigkeit«; Rolf Hochhuth bekannte, den »Propagan-
disten seiner Memoiren« nur noch »widerlich« und »ekelhaft« zu
finden. Ralph Giordano huldigte ihm hingegen als »einer der großen auch moralischen Figuren unseres Zeitalters«. Hans Momm-
sen sah Grass durch heuchlerische Empörung in ein »Spießruten-
laufen« gestoßen. *Focus* und *Abendzeitung* spürten die Freund-/
Feindlinie sogleich auf und platzierten die Stellungnahmen in einer Pro- und einer Kontraspalte. So konnte aller Ärger direkt und
persönlich, ohne von politischen oder gesellschaftlichen Belangen
gebrochen zu sein, auf die Person Grass projiziert werden.

Diese Skizze der Vorfälle vom Sommer 2006 kann einen Verdacht erhärten: Der Skandal ist stets Folge von medienbetriebli-
chen Eigendynamiken. Entsprechend wird er auch mehr über die
Medien aussagen, die ihn betreiben, als über die Person, die sie
skandalisieren. So kollektiv und hausgemacht, wie sich die Medien ihren Beißreflexen überlassen, könnte man den Skandal für

ein Gespenst halten, das sie durch ihre Betriebskanäle scheuchen. Doch dafür greifen Skandale gewöhnlich viel zu tief ins öffentliche Leben hinein: Dank ihrer können Karrieren kippen, der Handlungsdruck für die Politik extrem gesteigert oder eben Rufmorde angezettelt werden, da sich oft gar nicht oder erst im Nachhinein klären lässt, ob die Angriffe überhaupt berechtigt waren. Der Skandal um Günter Grass jedenfalls sprang auch auf sein Publikum über, wofür die zahlreichen Leserbriefe und Stellungnahmen ein starkes Indiz abgeben. Eben dieses Gemisch aus betriebsbedingtem Spektakel und einschneidender Wirkung macht Medienskandale zu einem bedeutenden Symptom massenmedialer Öffentlichkeit, das es verdient, kritisch analysiert zu werden: Wie kommt es betrieblich, wie kulturgeschichtlich zustande? Welche Pathologien werden bedient, aus welchen sozialen Energien speist es sich?

II.

Keine Neuigkeit, mag ihre Sprengkraft noch so groß erscheinen, wird verlässlich von selbst zünden. Einer jeden droht zunächst einerlei Schicksal: in der Flut von ihresgleichen unterzugehen. Soll eine Neuigkeit auffällig werden, ja sogar Sprengkraft entladen, muss eine Dynamik greifen, die für sie zündelnd wirksam werden kann. Es bedarf eines professionellen Netzwerkertums, das die Neuigkeit massiv multipliziert und den Streitwert in markante Höhen treibt. Im Fall »Günter Grass bei der Waffen-SS« lassen sich diese betrieblichen Verstärkereffekte unschwer rekonstruieren. Dafür ist nicht einmal eine investigative Recherche vonnöten, es genügt ein minimales detektivisches Gespür, stehen doch bloß alltägliche Abläufe zur Diagnose.

Die fragliche Ausgabe der *Frankfurter Allgemeinen Zeitung* vom 12. August lag ARD, ZDF, der *Bild*-Zeitung und der Deutschen Presseagentur bereits am Tag vor ihrem Erscheinen vor. Die Spätjournale von ARD und ZDF präsentierten sie sogar in Großaufnahme – und machten so die Schlagzeilen »Das Geständnis« und »Warum ich nach sechzig Jahren mein Schweigen breche« unumgänglich. Zudem wurde die *FAZ* als am Markt etablierte Enthüllerin konsultiert, die schon viele Empörungsdebatten hat auslösen können und deshalb das Vorrecht eingeräumt bekommt, das Enthüllte exklusiv, wenn nicht verbindlich zu deuten. Frank Schirrmacher, der Günter Grass zusammen mit Hubert Spiegel befragt hatte, sprach nunmehr von der »bitteren, bösen Pointe«, die das »Geständnis« einem politisch aktiven Bürgerleben zugefügt habe.

Doch erst ein zweiter Effekt ließ das Detail mithin zum Medienereignis werden. Der Skandal begann nämlich mit einer »selffulfilling prophecy«. Indem er als Möglichkeit verkündet wurde, fand er in Wirklichkeit auch schon statt. ARD und ZDF prophezeiten in ihren Journalen eine große, nachhaltige Kontroverse – und lieferten den Beweis für ihre Prophetie gleich mit.[3] Denn in beiden Berichten hatten sich bereits prominente Stimmen kontrovers zu Wort gemeldet. Der Skandal hatte also begonnen, bevor das *FAZ*-Interview oder Grass' Erinnerungsbuch erschienen waren.

Allerdings macht selbst ein Leitartikel der *FAZ* noch keinen Medienskandal. Für ihn mussten schon die medialen Reproduktivkräfte entfesselt und das Detail, gestützt auf die Presseagenturen, nahezu industriell vervielfältigt werden. Erst dadurch erhielt es eine monströse Präsenz, die es skandaltauglich machte. Gleichzeitig schien es ob der ungeheuren Beitragsmasse so, als hätten die Zeitungen im Dienste des Ereignisses ihre (selbst-)kritischen Kräfte ausgesetzt und sich zu einem Meinungskartell zusammengeschlossen. Dieser Anschein kann verwundern, hat doch die Zeitungen gerade ihre kritische Kraft zu einer wichtigen Kontrollinstanz, zur vierten Gewalt im demokratischen Staat werden lassen. Doch auch die Medien sind von der jüngeren Zeitgeschichte nicht verschont geblieben; auch sie hat die starke Tendenz zur Deregulierung aller Gesellschaftsbereiche erfasst. Von 2000 an, ihrem ersten Krisenjahr, erlitten sie feindliche Übernahmen, Konzentrationen am Markt, einen hohen existentiellen Druck durch eingebrochene Werbeeinnahmen und Auflagenstärken. Aus der Krise gingen sie gestärkt als Dienstleistungsbetriebe mit Kapitalstock und Renditeerwartungen hervor. In der Folge bedienten sie ihre Leserschaft zunehmend als Endkunden und Konsumenten, die nicht nur sachgerecht zu informieren, sondern auch gefühlsmäßig zu animieren wären. Jeder Artikel sollte im Grunde Dienst am Kunden, PR in eigener Sache und Imagepflege betreiben. Endkunden drohen ja ständig, sich mit anderen Dingen zu beschäftigen, daher müssen sie stark umworben werden, nur so werden sie – so abgelenkt oder übersättigt, wie sie sind – ihrer Zeitung als Leser, Mitspieler oder Richter erhalten bleiben. Skandale kommen dabei sehr gelegen. In ihnen steckt eine starke mobilisierende Kraft. Schlägt also eine Zeitung vielversprechend Alarm, so werden die anderen nicht hintanstehen können, sondern ins Alarmschlagen einstimmen müssen – und diese Dynamik führt dann zur Bildung jenes skandaltypischen Meinungskartells.

Welche Stärke und Kondition dem Zugpferd »Skandal« eigen ist, dafür sind die Boulevardzeitungen beispielgebend. Seit jeher erzielen sie mit dem Ruf »Alarm!« – was, beim Wort genommen, eben heißt: »zu den Waffen!« – ihre Auflagenstärken. Für sie ist das soziale Leben eine fortwährende Entrüstung über die verletzte Sexualmoral, die Untugend der Promis, die Tierquälerei etc. Beim Skandal um Günter Grass war es nicht anders: Als Klaus-Rainer Röhl in der *Welt am Sonntag* zu Grass' Jugend Stellung bezog (20. August), pickte *Bild* das eine pikante Detail heraus (»Grass und die von ihm angeführte Clique sollen ein hübsches Mädchen (...) mit Chloroform betäubt und dann nackt ausgezogen und irgendwie durchgegrabbelt haben«) und wertete es, obgleich unüberprüfbar, zur Schlagzeile auf: »Verschwieg Günter Grass eine Sex-Attacke?«

Die *Dresdner Morgenpost* vom 20. August suchte unter der reißerischen Schlagzeile »Hitlers Bluthunde« die Faszination auszubeuten, die sich mit dem zur Schau gestellten Bösen, dem Anrüchigen, Verwerflichen gewöhnlich auslösen lässt – eine Faszination, die Verhaltensbiologen gern im Überlebenswillen des Menschen verankert sehen wollen. Das Unmoralische wirke deshalb fesselnd, weil es fühlbar werden lasse, wogegen der Mensch Vorkehrungen treffen müsse, um die Erhaltung der Art zu sichern. In jedem Fall nutzte (nicht nur) der Boulevard das Pathologische aus, das der Moral eigen ist. Diese macht sich in der Regel erst bemerkbar, wenn sie gekränkt oder hintergangen wurde; lässt sie sich, einem (scheinbar) etablierten Wertempfinden folgend, als hintergangen oder gekränkt behaupten, so wird diese Behauptung meist von moralischen Affekten wie Zorn, Wut, Empörung begleitet, und diese Affekte lassen sich bestens instrumentalisieren, um die eigene Leserschaft zu mobilisieren und zu binden. Empirisch gesehen ist auch dem Vorwurf Doppelmoral ein verlässlich

hoher Reizfaktor und eine stark Bindekraft eigen. Diese auszunutzen, darauf zielte der Skandal schon ab, bevor er zur Königs-
disziplin der Massenmedien avancieren konnte.

III.

Seit es Zeitungen gibt, pflegen sie, ob offenkundig oder verdeckt,
ein enges Verhältnis zur Moral. Zwar treten sie nicht per se als
Hüter oder Verfechter bestimmter Werte oder Normen auf, aber
das Moralische prägte von Anfang an ihren Begriff von Öffentlichkeit. Etwas öffentlich zu machen, das motivierte sich aus dem
Glauben, das »Böse« dürfe nicht privat und verborgen bleiben,
sondern müsse ans Licht gebracht, dingfest gemacht und gerichtet
werden. Erst wenn es Namen und Gesicht erhalten habe, könne
es seiner zerstörerischen Kräfte beraubt werden.[4] Mag diese sakrale
Triebfeder an Spannkraft verloren haben – moderne Medienskandale ziehen sie stets von neuem auf. In diesem Sinne lassen sie
sich als Spätfolge der Aufklärung begreifen und als ein Verfahren,
das öffentlich wider »bittere, böse Pointen« angestrengt wird.

Dafür waren moralische Wochenzeitungen wie Richard Selles
The Guardian (1712) oder Johann Christoph Gottscheds *Die ver-
nünftigen Tadlerinnen* (1725) wegbereitend. Beide einte dieselbe
aufklärerische Sendung: Das moralisch »Gute« sollte mit dem
sachlich Richtigen ausgesöhnt und die Leserschaft auf bürgerli-
che Werte wie Fleiß, Sparsamkeit, Ordnung oder Ehrlichkeit ein-
geschworen werden. Das »Böse« blieb dabei allerdings noch ein
Fall für die häusliche Hygiene. Auf die öffentliche Bühne wurde
es erst von jenen *Chroniques scandaleuses* geholt, die im spätauf-
klärerischen Frankreich im Umlauf waren. Auch sie pflegten Bür-
gerstolz und -tugend, doch gingen sie zur direkten Herrschafts-
kritik über und etablierten den für Skandale leitenden Gedanken:
Was die Herrschenden privat und geheim betrieben – nämlich das
Herrschen selbst –, erhoben sie zur öffentlichen Angelegenheit.[5]
Die Makel der Regenten gingen alle Bürger etwas an, drohten sie
doch, das Gemeinwesen insgesamt zu ruinieren. Für ihre Herr-
schaftskritik spielten sie das ganze Repertoire öffentlicher Untu-
genden aus, das bis heute aktuell geblieben ist: Korruption, Mit-
telverschwendung, sexuelle Affären – nicht selten pornografisch
exakt beschrieben – oder eben die Doppelmoral.

Von den *Chroniques* erbte der Medienskandal demnach seinen politischen Leitgedanken. Wie jene reizen auch diese den Bürgerzorn und wiegeln ihnen öffentlich gegen die »Zuchtmeister« der Moral auf, gegen Personen also, die durch Ansehen oder Amt über die Autorität verfügen, moralische Ansprüche durchzusetzen, aber ihnen selbst nicht mehr gerecht zu werden scheinen und die als moralische Instanz versagt haben. Mit bürgerlicher Solidarität und dem fixen Klassenschema haben Medienskandale nichts mehr zu schaffen. Sie verfahren egalitär und zeigen sich, was ihre Kandidaten anbelangt, alles andere als klassenbewusst: Im Grunde kommt für sie jede Person in Frage, sofern ihre Fallhöhe, ihr soziales Kapital, hinreichend hoch bemessbar ist.

Beim Medienskandal um Günter Grass lässt sich diese funktionelle Willkür gut beobachten. Gerade Kritiker, die gegen ihn eingenommen waren, bescheinigten ihm nun, ironischerweise durch sein spätes Bekenntnis animiert, ein hohes Renommee und ließen es sogar glanzvoll erstrahlen – allerdings nur, um es umso theatralischer zerstören zu können. Die Erstmeldung von *Bild* kann dabei als gutes Beispiel dienen. Sie suchte mit jenem Zirkelschluss einen Grundzug aller Prominenz auszunutzen. Zur Prominenz gehört nämlich ein basaler Zwiespalt, eine Art Schizophrenie. Da ist zum einen die natürliche Person, wie sie leibt und lebt, die eine rechtlich geschützte Privatsphäre hat und über sogenanntes Humankapital verfügt. Zum anderen besitzt sie ein soziales Kapital, das sie durch eine besondere Teilhabe am sozialen Netz, am öffentlichen Betrieb hat erwerben können und das sein Prestige, seinen Ruhm oder Ruf ausmacht. Sogar ihre Biografie kann hier mit eingemengt werden, doch erscheint sie immer durch den Reizwert, den die Person im Öffentlichen hat, gefiltert. Diese Schauseite hat nun die Tendenz, ein Eigenleben zu führen und sich zur Institution zu verfestigen (»Gewissen der Nation«). Aus aktuellem Anlass können öffentliche Personen ebenso schnell gefeiert wie gerichtet, erhaben wie lächerlich gemacht werden. An Schnelligkeit unübertroffen erweist sich dabei der Medienskandal. Quasi über Nacht plakatiert er einen bisher geheimen, privaten Makel auf der Schauseite, um, was das soziale Kapital betrifft, einen Börsensturz herbeizuführen.

IV.

Der starke Fokus auf Personen und ihr soziales Kapital kennzeichnet nicht erst den Skandal, sondern bereits das mediale Alltagsgeschäft. Dies lässt sich am gewachsenen Infotainment, an der Auslagerung der Politik in die TV-Talkrunden oder der Neigung auch der seriösen Presse zum Boulevard ersehen. Diese Tendenz setzt allerdings Medien voraus, die sich weder an eine Partei noch an eine Weltanschauung gebunden fühlen, was nicht heißt, dass sie nicht auch parteilich oder weltanschaulich berichten würden. Doch Partei oder Weltanschauung bilden keinen vorrangigen Konfliktherd mehr, wie sie es noch im Kalten Krieg gewesen sind. Dort zehrten Medienskandale irgendwie auch von der Polarität der Systeme Sozialismus und Kapitalismus, was häufig die gesellschaftlichen Verhältnisse mit in den Blick brachte und, zumindest theoretisch, den Personenbezug relativieren konnte.

Mit dem Fall dieser Polarität machte sich jedoch ein mächtiger liberalistischer Konsens breit, dessen extremistischer Freiheitsbegriff das Individuum in volle Eigenverantwortung zu drängen sucht. Er schlug sich zudem in journalistischen Verfahren nieder, die zwar nicht grundlegend neu gewesen, aber stark raumgreifend geworden sind. Zeitungsberichte reicherten sich verstärkt mit narrativen Sequenzen an, die von Limousinen, Kleidern und Affären erzählten, ohne einen direkten thematischen Bezug erkennen zu lassen. Sie sollten ja auch nur das Atmosphärische und Gefühlsmäßige erschaffen, damit aus ihm die Person als eigenverantwortliche hervortreten konnte.

Der Medienskandal wertet nun die personenbezogenen Verfahren normativ um. Er huldigt keiner Person, sondern prangert sie an, wobei ihm weniger an einer guten Moral als an schlechten Personen gelegen ist. Für die Medien attraktiv ist dies Verfahren aus einem massenpsychologischen Grund: Indem ein für kollektiv erklärtes Moralempfinden als verletzt unterstellt wird, sind die Leser als Gruppe und in ihren Werten herausgefordert, was wiederum die Blattbindung erhöht. Im Erfolgsfall wird damit jenen Energien ein Ventil geboten, deren öffentliche Entfaltung durch die Tendenz zur Individualisierung zunehmend gehemmt wird. Der Skandal macht also dafür empfindlich, ein der Gemeinschaft bedürftiges Wesen zu sein. Mittels einer Moral, die vertreten und als übertreten behauptet wird, werden an sie gekoppelte Herden-instinkte ausgelöst. Der Skandal offeriert einen Intimfeind, einen Sündenbock, der verfolgt werden und die Verfolger temporär zur Gemeinschaft verschweißen soll. (Kulturgeschichtlich wurde solcher Intimfeind im Übrigen nicht selten als Brunnenvergifter diffamiert: Er verkörperte eine fundamentale Bösartigkeit, die nicht irgendeinen sozialen Aspekt, sondern die eine Gemeinschaft erhaltenden Ressourcen unbrauchbar machte.)

In der Mediendebatte um Günter Grass wurde diese Dynamik durch die Rivalisierung von Pro- und Kontra-Gruppen forciert. Der vorteilhafte Eindruck, hier werde ein fairer Meinungsstreit ausgetragen, lässt sich als medientechnische Täuschung kritisieren. So ernst es dem Einzelnen mit seiner Meinung auch gewesen sein mag – in der allgemeinen Erregung geriet jeder in denselben inquisitorischen Strudel. Spätestens die Schlagzeile belehrte über das Gebot der Stunde: Ein Normenverletzter müsse gerichtet werden.[6] Archaische Zeiten hätten dabei vom Menschenopfer gesprochen. Medienskandale zeigen sich dagegen humanistisch geläutert und erheben bloß Rücktrittsforderungen, zielen also nicht auf den physischen, sondern auf den sozialen Leib. Beim ämterlosen Günter Grass hieß es analog: Er möge den Nobelpreis zurückgeben (so der CDU-Kulturexperte Wolfgang Börsen), sein Buchhonorar spenden (so Erika Steinbach vom Bund der Vertriebenen) oder seine Ehrenbürgerwürde abtreten (so die polnische PIS).

Elias Canetti hat, in sachdienlicher Zuspitzung, die Presse überhaupt in die Tradition öffentlicher Hinrichtungen gestellt. Medienskandale der beschrieben Art bestätigen diese kulturgeschichtliche Spekulation: »Auch heute nimmt jeder an öffentlichen Hinrichtungen teil, durch die Zeitung. Man sitzt in Ruhe bei sich und kann unter hundert Einzelheiten bei denen verweilen, die einen besonders erregen. Man akklamiert erst, wenn alles vorüber ist, nicht die leiseste Spur von Mitschuld trübt den Genuß. Man ist für nichts verantwortlich, nicht fürs Urteil, nicht für den Augenzeugen, nicht für seinen Bericht und auch nicht für die Zeitung, die den Bericht gedruckt hat. (…) Im Publikum der Zeitungsleser hat sich eine gemilderte, aber durch ihre Distanz von den Ereignissen um so verantwortungslosere Hetzmasse am Leben erhalten, man wäre versucht zu sagen, ihre verächtlichste und zugleich stabilste Form.«[7]

Tiefere gesellschaftliche Zusammenhänge lassen Medienskandale in der Regel unangetastet. Nur wer sich die Mühe macht, möglichst viele Zeitungen möglichst lange zu studieren, oder wer das seltene Glück des Untüchtigen hat, der wird auch auf Zeitungsartikel stoßen, die eine tiefgreifende Analyse anzubieten haben.[8] Doch sie gehen in der Masse zumeist unter, und der Skandal zeigt sich in seiner Haupttendenz davon ungerührt und reduziert gesellschaftliche Missstände auf das Problem eines schlechten Charakters. Diese Personalisierung wirkt vor allem entpolitisierend, macht zuletzt politikverdrossen. Alles darf ja so bleiben wie bisher, sobald der Kopf des Bösen gefallen ist. Die animierten Lesermassen dürfen sich über das Vergnügen freuen und sich darüber ärgern, einem inszenierten Fall ebenso ungefährdet wie ausgeschlossen beigewohnt zu haben, bis sie seiner zuletzt überdrüssig werden – doch flugs finden sie sich in den Wartestand versetzt, wo sie eines neuen sozialen Menschenopfers harren dürfen: Nach dem Skandal ist immer vor dem Skandal.

Anmerkungen

1 Einen Überblick über die Debatte bietet die Dokumentation: Ein Buch, ein Bekenntnis. Die Debatte um Günter Grass' »Beim Häuten der Zwiebel«, hg. von Martin Kölbel, Göttingen 2007.

2 Günter Grass: Freundliche Bitte um bessere Feinde, in: Ders., Werke, Band 14, Göttingen 1997, S. 175–177; hier: S. 176; bzw.: Rede an einen jungen Wähler, der sich versucht fühlt, die NPD zu wählen, ebenda, S. 182–187; hier: S. 183.

3 »Und so regt Grass durch sein Bekenntnis zur eigenen Geschichte in der Geschichte erneut eine Diskussion an, die über die Literatur hinausführen wird«, verkündete die ARD; und Frank Schirrmacher im ZDF: »Die Frage, warum er es nie gesagt hat, wird sicherlich jetzt die Schriftsteller, die Kollegen und die Öffentlichkeit über einen ganzen Zeitraum beschäftigen.«

4 »Bis zum 17. Jahrhundert kann das Böse in allen seinen gemeinsten und unmenschlichsten Ausmaßen nur aufgehoben und bestraft werden, wenn es an die Öffentlichkeit gebracht wird. Allein das Licht der Öffentlichkeit, in dem das Geständnis gemacht und die Strafe ausgeführt wird, kann die Dunkelheit ausgleichen, aus der das Böse kommt.« Michel Foucault: Wahnsinn und Gesellschaft, Frankfurt am Main 1973, S. 136. Diese Tradition belebte der *FAZ*-Leitartikel »Das Geständnis« mit voller, titularischer Kraft.

5 Die *Chronique scandaleuse, ou mémoires pour servir à l'histore de la génération présente,* erstmals 1783 erschienen und dem ehemaligen Benediktinermönch Imbert de Boudeaux zugeschrieben, enthält auf der Titelseite den bezeichnenden Zusatz:»A Paris. Dans un coin d'où l'on voie tout.« (In Paris. In einer Ecke, aus der man alles sieht).

6 Der Historiker Hans-Ulrich Wehler äußerte sich z. B. differenziert zu den Vorwürfen und zur Geschichte der Waffen-SS. Seinen Beitrag ließ die *FAZ* aber unter der Flagge:»Für die Zukunft ist er beschädigt« segeln (14. August).

7 Elias Canetti: Masse und Macht, Hamburg 1960, S. 58.

8 Auch der Medienskandal um Günter Grass lässt sich durchaus als Seismograf oder Symptom begreifen, denn er machte merklich, was in der heutigen Gesellschaft moralisch strittig ist: Wie hält sie es mit dem bürgerlichen Engagement oder der Gesellschaftskritik, dem Erbe ihrer Vergangenheit, der sie prägenden Moral oder mit der Urteilsmacht der Medien? Doch auch dieser Medienskandal hatte den Nachteil aller auf Masse bezogenen inquisitorischen Verfahren. Zwar können sie auch den Richtigen oder Richtiges treffen, aber das geschieht eher zufällig: Die Urteile werden ja gefällt, bevor die Beweisaufnahme abgeschlossen ist, und der Prozess der Meinungsbildung überhaupt von einem Ärgernis her aufgerollt, von dem (zunächst) ungeklärt bleibt, ob es nun berechtigt ist oder nicht.

Sabine Sasse

Die Justiz und die Medien

Die Berichterstattung im Prozess
gegen den TV-Moderator Andreas Türck

Am Ende gab es nur Verlierer: eine junge Frau, deren Privatleben über Wochen hinweg bis ins letzte Detail ausgeleuchtet und durch die Gazetten geschleift worden war und die nun als neurotisches, essgestörtes, psychisch labiles Mädchen mit einem Hang zu schnellem Sex und Drogen dastand; einen jungen Mann, der eine verheißungsvolle Zukunft als Moderator vor sich hatte, der beliebt und umschwärmt war und dem nun das Etikett »möglicher Vergewaltiger, arroganter Aufreißer und zynischer Frauenverachter« anhaftete und dessen Karriere ruiniert war; eine Presse, die mehr urteilte als berichtete, kübelweise Schmutz über die beiden ausgoss und ihnen den letzten Rest von Würde nahm; sowie eine Justiz, deren Motivation, diesen Fall zur Anklage zu bringen, bis heute im Dunkeln liegt.

Es geht um den Prozess gegen Andreas Türck, der im Jahr 2005 angeklagt worden war, eine junge Frau vergewaltigt zu haben. Türck, geboren 1968, hat von 1998 bis 2002 auf ProSieben den täglichen Nachmittagstalk *Andreas Türck* moderiert und danach auf demselben Sender die *Chart-Show*. Im Jahr 2000 hatten ihn die Leserinnen des Frauenmagazins *Amica* zum »Erotischsten TV-Entertainer Deutschlands« gewählt. In der Nacht vom 24. auf den 25. August 2002 soll er Katharina B., eine junge Bankangestellte, die er kurz zuvor in einer Bar kennengelernt hatte, auf der Frankfurter Honsell-Brücke unter Gewaltanwendung zum Oralverkehr gezwungen haben. Der Vorfall passierte in Gegenwart eines damaligen Freundes von Türck und einer Freundin von B., die in Sichtweite standen und zwar den Akt beobachten konnten, aber nichts von einer Gewaltanwendung bemerkten. Auch kurz nach dem Tête-à-Tête deutete nichts im Verhalten von B. auf eine Vergewaltigung hin. B. wirkte laut späteren Aussagen der Betei-

ligten aufgekratzt, Türck eher peinlich berührt. Danach trennte
man sich. Noch in derselben Nacht erzählte B. telefonisch einem
Freund, sie sei von Türck vergewaltigt worden, was der allerdings
nicht glaubte, weil Katharina B. – das sagte er später vor Gericht
aus – erst zwei Wochen vorher behauptet hatte, von zwei Jugosla-
wen vergewaltigt worden zu sein, was sich später als Lüge erwies.
Was die beiden nicht wussten, war, dass B.s Bekannter wegen des
Verdachts des Drogenhandels von der Polizei abgehört wurde, die
auf diesem Wege Kenntnis von der Vergewaltigung erhielt. Um
den Einsatz gegen den Dealer nicht zu gefährden, unternahmen
die Beamten jedoch erst einmal nichts. Erst ein halbes Jahr später,
nachdem der Mann dingfest gemacht worden war, tauchten Polizisten am Arbeitsplatz von Katharina B., einer Bank, auf und setz-
ten sie unter Druck, Anzeige gegen Türck zu erstatten. Sie weigerte sich erst, brach dann aber ein und tat, wie ihr geheißen. Der
Psychologin, die vor Gericht als Sachverständige auftrat, soll sie
gesagt haben: »Ich muss ja jetzt mitmachen, sonst habe ich selbst
noch ein Strafverfahren am Hals.«[1]

Am 3. April 2003 morgens um halb acht stand die Polizei vor
Türcks Wohnung. Hausdurchsuchung wegen des Verdachts der
Vergewaltigung in einem besonders schweren Fall. Türck beteuerte, dass er keinerlei Gewalt angewendet habe und die Initiative von Katharina B. ausgegangen sei.

Über ein Jahr lang zogen sich die Ermittlungen hin, ohne dass
irgendjemand Wind von der Sache bekam. Anfang 2004 zeichnete
sich dann ab, dass der Prozess für die Staatsanwaltschaft nicht zu
gewinnen war. Ein von ihr in Auftrag gegebenes Sachverständigen-
Gutachten hatte auf schwere Auffälligkeiten des angeblichen Ver-
gewaltigungsopfers Katharina B. hingewiesen, die von massiver
Einschränkung der Aussagezuverlässigkeit, einer »Neigung, sich
sozial erwünscht zu präsentieren«, von Drogenkonsum, Essstörungen und psychischer Labilität bis hin zu schweren Wahrneh-
mungsstörungen reichten. Trotzdem hielt die Staatsanwaltschaft
an der Eröffnung des Prozesses fest. Und dann geschah etwas
Seltsames: Plötzlich, geradezu aus heiterem Himmel, erfuhren die
Medien von den Ermittlungen. Aber es waren weder *Bild* noch der
Spiegel oder die *Süddeutsche Zeitung,* die die Sache aufdeckten,
sondern *Maintower,* ein Regionalmagazin im Dritten Programm
des Hessischen Rundfunks, dessen Rubriken wie »Ich und mein

Garten« oder »Neues von der IAA« nicht gerade auf ausgeklügelte investigative Recherchetätigkeiten schließen lassen.

Die Sendung am 22. März 2004, in der die Vorwürfe gegen Türck publik gemacht wurden, trat eine mediale Lawine los. Am nächsten Tag berichteten Zeitungen, Onlineplattformen, Radio- und Fernsehsender flächendeckend vom mutmaßlichen Vergewaltiger Türck, der eine junge Frau, die er gerade kennengelernt hatte, »brutal vor einer Gaststätte vergewaltigt« haben sollte. *Bild* phantasierte unter »Berufung auf die Polizei«, es bestehe der Verdacht, dass Türck die Frau »in einer Seitenstraße« zu Boden geworfen und vergewaltigt habe, und startete einen regelrechten Diffamierungsfeldzug gegen Türck, in dem auch gleich die unfreiwillige Nebenklägerin Katharina B. schwer beschädigt wurde. ProSieben ließ zwar verkünden, dass sie an die Unschuld seines Moderators glaube, beurlaubte ihn aber noch am selben Tag.

Wer die Redaktion informiert hat, ist bis heute ungeklärt. Die beiden damals mit dem Fall beauftragten HR-Reporter geben unter Hinweis auf Informantenschutz ihre Quelle erwartungsgemäß nicht preis. Auch die Staatsanwaltschaft bestritt auf telefonische Anfrage vehement, irgendwelche Hinweise an die Medien gegeben zu haben. Erstens, so die Begründung, wäre das ein schwerer Fall von Amtspflichtverletzung, und zweitens: Was hätte sie davon gehabt?

Nach Faktenlage eine ganze Menge. Denn ab dem Zeitpunkt der Veröffentlichung war ein möglicher Schaden für den Angeklagten Türck nicht durch den Prozess verursacht, sondern durch die Berichterstattung in den Medien. Ein schöner Nebeneffekt, der durchaus geeignet ist, das Land Hessen vor einem Schadensersatzanspruch des Angeklagten zu bewahren.

Bereits vor Beginn des Prozesses und auch während dessen konnte man immer wieder lesen, dass, egal wie das Urteil ausgeht, die Fernsehkarriere von Andreas Türck vorbei sei. So orakelte die *Bunte*: »Unabhängig davon, wie das Urteil (voraussichtlich am 8. September) ausfallen wird – seinen TV-Job hat er bereits 2003 verloren. Und selbst bei einem Freispruch wird ein Makel vermutlich ewig haften bleiben.« »Das Kopfkino der meisten Menschen ist darauf programmiert, sich negative Dinge zu merken, auch wenn sie unwahr sind«, weiß Psychologin Christine Baumanns. Und: »Andreas Türck ist selbst nach einem Freispruch auf ewig stigmatisiert. Man wird in Zukunft ganz genau beobachten, wie er sich zu Frauen verhält.«[2] Und die *Zeit* schrieb: »Andreas Türck hat von jetzt an ein düsteres Kapitel in seiner öffentlichen Biografie. Was einmal in den Medien und den Archiven ist, das lässt sich nicht ungeschehen machen in einer Gesellschaft, in der das Private auf so viel Interesse unter Zuschauern und Lesern stößt.«[3] Das ist wohl war. Googelt man Andreas Türck, findet man auf den ersten Seiten der 47 600 Einträge fast ausschließlich Meldungen und Berichte über die Anklage und den Prozess.

Andererseits hat – ebenfalls im Jahr 2003, als Türck noch vor der Kamera stand – der Anwalt, Politiker, Moderator und Stellvertretende Vorsitzende des Zentralrats der Juden, Michel Friedman, ebenfalls seinen Job beim Fernsehen sowie all seine politischen Ämter verloren. Er war im Zuge von Ermittlungen wegen Menschenhandels im Rotlichtmilieu in das Visier der Fahnder geraten, weil er sich, wie es hieß, mit illegal aus der Ukraine nach Deutschland gebrachten und zur Prostitution gezwungenen Frauen vergnügt und dabei auch Kokain konsumiert und den Prostituierten angeboten hat. Am 8. Juli 2003 war er wegen Kokainbesitzes zu einer Geldstrafe verurteilt worden. Er entschuldigte sich dafür öffentlich, zahlte ein Bußgeld von 17 500 Euro und heiratete ein Jahr später seine Freundin Bärbel Schäfer, die auf RTL bis 2002 ein ähnliches Format moderiert hatte wie Andreas Türck. Schon vor der Hochzeit kehrte Friedman wieder auf den Bildschirm zurück. Seit Februar 2004 moderiert er auf dem Premierekanal *13th Street* die Sendung *Im Zweifel für … Friedmans Talk*, im Oktober kam auf N24 die wöchentliche Talkshow *Studio Friedman* dazu. Außerdem ist er Kolumnist bei der *Welt,* war vorübergehend Aufsichtsratsvorsitzender der Wall AG und ist Herausgeber der Reihe »Politisches Buch« im Berliner Aufbau-Verlag.

Trotz der gerade erlebten schnellen Rehabilitation eines Mannes, der sich eindeutig schuldig bekannt hatte, war landauf, landab zu lesen, dass Türcks TV-Karriere selbst im Falle eines Freispruchs zu Ende sei, vor allem deshalb, weil er ein Moderator von Sendungen mit überwiegend jugendlichem Publikum sei. Eine interessante Begründung für eine Gesellschaft, in der sich zwar alles um Sex dreht und selbst Teenager im Fernsehen mit ihren sexuellen Erfahrungen prahlen, in der aber offenbar ein 36-Jähriger, der zum »Sexiest Man« gewählt worden ist, nicht mit schnellem Sex in Verbindung gebracht werden darf. Er könnte ja womöglich die Jugend verderben.

Und noch etwas passierte: Obwohl Andreas Türck nur einer von vielen Daily-Talk-Moderatoren war, in deren Sendungen die Leute aufeinander losgingen und peinliche Dinge aus ihrem Privatleben enthüllten, und obwohl er diese Sendung schon längst nicht mehr moderierte, wurde er nicht nur der Vergewaltigung angeklagt, sondern stand auch gleich als Vertreter des gesamten sogenannten Unterschichtenfernsehens vor Gericht.

»Es ist nicht die Prominenz des Angeklagten allein, die den Fall zum Medienereignis gemacht hat, zum öffentlichen Porno, den die Boulevardpresse genüsslich vorführt«, schrieb Jörg Burger am 1. September 2005 in der *Zeit*. »Allen voran *Bild* weidet sich an kleinsten Details, mit Tatortskizzen und einer Sex-Akte Türck«. Darin schmähen ihn ehemalige Kollegen als gewaltbereiten Schnösel. Es ist seine Vergangenheit als einer, der in den Niederungen des »Affektfernsehens« wühlte, der dafür sorgte, dass Menschen sich anbrüllten, aufeinander losgingen. Der Saubermann als Sexverbrecher, der Richter über andere Menschen nun selbst als Angeklagter – aus diesem Rollentausch bezieht das Drama Attraktion.

Über mehr als vier Wochen hinweg konnten Türck und mit ihm elf Millionen *Bild*-Konsumenten täglich lesen, was für ein mieser, verachtenswerter Charakter er doch sei. Beobachteten *Bild*-Reporter, wie Türck beim Betreten des Gerichtssaals einen Blick auf den Block der Gerichtszeichnerin warf, wurde er sogleich der Eitelkeit bezichtigt, als einer, den selbst angesichts dieser ernsten Situation nichts brennender interessierte als die Frage, ob er gut getroffen sei. Egal, was Türck auch tat, wie er sich anzog, wie er schaute, ob er lächelte oder nicht: Für *Bild* war er schuldig, und wenn er auch kein Vergewaltiger war, so war er doch zumindest »ein Verachter«: ein Verachter von Frauen, einer, der es zugelassen hat, dass ihn nachts auf einer Frankfurter Brücke eine Zufallsbekanntschaft oral befriedigt. Wenn dafür schon keine jahrelange Gefängnisstrafe möglich ist, dann doch wenigstens gesellschaftliche Ächtung. Um das zu erreichen, haben *Bild* und *Bild am Sonntag (BamS)* ordentlich am Rad gedreht.

Zur selben Zeit wie Türck mussten sich die Eltern der in Hamburg elendiglich verhungerten Jessica sowie die Mutter aus Frankfurt / Oder, die neun ihrer Babys kurz nach der Geburt getötet und in Blumentöpfen und Eimern verscharrt hatte, vor Gericht verantworten. Auch über diese Fälle wurde groß aufgemacht berichtet, doch zum »Prozess des Jahres« bauschte *Bild* das Verfahren gegen Andreas Türck auf.

»*Bild* sollte nie irgendein Boulevard-Blatt, sondern eine Volkszeitung sein«, erklärte *Bild*-Chefredakteur Kai Diekmann am 15. September 2005 in der *FAZ* »Also Anwalt der Leser, Zuhörer, Ratgeber, Verteidiger, Helfer. Übersetzt heißt das: *Bild* sagt nicht nur, was passiert. *Bild* sagt auch, was die Republik fühlt. Die Schlagzeile ›Wir sind Papst‹ ist dafür ein Beispiel: Hier wurde die nationale Euphorie unbefangen auf den Punkt gebracht. Das ist unser Anliegen: zu dokumentieren, was die Menschen beschäftigt, was sie emotional umtreibt. *Bild* ist, um es mit einer Metapher aus der eher linken Ecke zu formulieren, die gedruckte Barrikade der Straße. Das ist ihre Macht.« Auf die Frage zur Berichterstattung über den Prozess gegen Andreas Türck antwortete Diekmann: »Dass wir nach der Eröffnung den Prozessverlauf mit allen be- und entlastenden Entwicklungen dokumentierten, ist bei einem Fernsehstar wie Türck so selbstverständlich wie bei O. J. Simpson oder Michael Jackson. Dafür sind Medien schließlich da.«
Die Berichterstattung von *Bild* und *BamS* ging über die reine Dokumentation jedoch weit hinaus. Es wurde Stimmung gemacht, besonders gegen Türck. *Bild* berichtete über den Prozess (Aktenzeichen AZ 6350JS207691/2003), vorwiegend groß bebildert auf der ersten Seite, unter anderem so: »Protokoll der Sex-Nacht« (4. 8.), »Sex im Drogenrausch? Sensationeller erster Tag im Prozess« (10.8.), »Die Sex-Akte Türck. Er braucht 6 Minuten, um eine Frau aufzureißen« (11.8.), »Heute wird sie gefragt, ob sie Unterwäsche trug« (16.8.), »Katharina (29) weinte gestern vor Gericht. So hat Türck mich vergewaltigt« (17.8.), »Sie hat mir die Hose aufgeknöpft« (19.8.), »Neuer Zeuge belastet das angebliche Opfer. Wollte SIE Türck ›aufreißen‹?« (24.8.), »Neue Sex-Enthüllung. Wenige Tage nach Türck hatte sie schon wieder Sex« (26.8.), »Hat sie sich alles nur eingebildet?« (31.8.), »Gutachter glauben angeblichem Opfer nicht« (2.9.), »Sieger Türck. Aber wird er jemals wieder glücklich?« (7.9.).
Damit bei Türck ein Gefühl von Glück gar nicht erst aufkommen konnte, veröffentlichte die *BamS* am 14. August 2005, als

bereits erhebliche Zweifel an seiner Schuld bestanden und ein Freispruch mehr als möglich war, ein abstoßendes Pamphlet mit der Überschrift: »Hier steht Andreas Türck ein letztes Mal im Licht«. In dem arbeitet sich der Autor mit besorgniserregender Wut an dem TV-Moderator ab, »der vor Gericht plötzlich von seinem erbärmlichen Leben eingeholt wird«. In dem Text wird über Türcks »Krawallsendungen« hergezogen, in der Themen behandelt wurden wie »Andreas, meine Brüste machen dich verrückt!«, aber dasselbe Blatt lebt u. a. davon, dass nackte Mädchen lasziv ihre »Hupen« und »Möpse« darbieten und Semiprominente sich über ihr Sexleben und ihre Beziehungsprobleme auslassen.

Türck wird vorgehalten, dass er ein Mensch sei, der nur wenige Begabungen vorzuweisen habe, dessen Aktivitäten niemanden interessieren und dessen »Rückweg in die vorhersehbare Bedeutungslosigkeit« nur dadurch kurz gestoppt worden sei, dass er »etwas Unvorhersehbares tat«. Nur deshalb sitze er nicht im »Dschungelcamp«, »sondern als Angeklagter auf einem blauen Polsterstuhl im Saal 165 C des Frankfurter Landgerichts«, und niemand müsse also Mitleid mit ihm empfinden. Obwohl dem Berichterstatter zu diesem Zeitpunkt eigentlich hätte klar sein müssen, dass »am Ende dieses schäbigen kleinen Prozesses, der in einem schäbigen kleinen Saal stattfindet« (in Wirklichkeit war es der größte Gerichtssaal, den der Frankfurter Justizkomplex zu bieten hat), Türck mit höchster Wahrscheinlichkeit aufgrund widersprüchlicher Aussagen und mangelnder Beweise freigesprochen wird, ist der Mann für die *BamS* schuldig und verdient es nicht, jemals wieder auf die Beine oder eben »ins Licht« zu kommen. Und obwohl das alles »so schäbig, so klein« war, berichteten *Bild* und *BamS* an jedem Verhandlungstag und darüber hinaus in groß aufgemachten Artikeln über den Prozess und seine Beteiligten. Andreas Türck stand »gleichsam mit offener Hose vor der ganzen Nation«[4], wie Gisela Friedrichsen im *Spiegel* treffend schrieb.

»Wir haben mit einer durchaus starken Berichterstattung gerechnet«, sagt Friederike Vilmar, Fachanwältin für Strafrecht und Nebenklagevertreterin,[5] »aber das hat das, was wir erwartet haben, noch übertroffen. Auch in der Dauerhaftigkeit.« Frau B. sei durchaus auf den Medienansturm vorbereitet gewesen, sie sei »eine intelligente, arbeitende Mandantin. Natürlich kann man niemanden bewusst auf jede einzelne Situation vorbereiten, aber Frau B. war sich durchaus bewusst, was dort passieren kann.«

War sie das wirklich? Obwohl Andreas Türck im Mittelpunkt des Verfahrens stand und Anlass für das große Interesse war, war es im Endeffekt Katharina B., die zur tragischen Hauptperson mutierte. Jeden Tag war sie im Gerichtssaal und setzte sich den Blicken, den Fragen und den Kameras aus, was selbst die Vorsitzende Richterin Bärbel Stock verwunderte. Während Türck auf Anraten seiner Verteidiger Dr. Susanne Wagner und Rüdiger Weidhaas konsequent schwieg, wurde vor allem ihr Leben ausgebreitet, von der Presse penibel dokumentiert und unters Volk gebracht: ihre sexuellen Ausschweifungen, ihr Hang zu Alkohol und Drogen, ihre Essstörungen, ihre Stimmungsschwankungen, ihre aufreizende Art Männern gegenüber, ihr Hang, Geschichten zu erfinden. Katharina B. wohnte nicht nur jeden Tag dem Prozess bei, sie lehnte sogar den Ausschluss der Öffentlichkeit ab, als es ihr die Vorsitzende Richterin anbot.

Bild gab die Vernehmung der Nebenklägerin im Wortlaut wieder, ihr Schluchzen und Weinen, den angeblichen Tathergang bis hin zu Fragen, ob sein Glied erigiert war und es zum Samenerguss kam. Für die Nebenklagevertreterin Friederike Vilmar war das »der Moment der Richtigstellung. Sie hatte überhaupt keine Chance mehr, weil die Presse vorher so viel Mist und Dreck geschrieben hat, dass sie dachte, dadurch vielleicht einiges korrigieren zu können. Schreiben tun sie sowieso. Dann sollen sie es auch hören«. *Bild,* die die Aussage als Wortlautprotokoll wiedergab, habe das dann auch »einigermaßen vernünftig dargestellt«. Ein Wortlautprotokoll sei ihr »allemal lieber, als wenn irgendeiner hingeht und etwas schreibt, was nicht so gesagt worden ist«. Sie glaubt aber auch, »dass die Medien ihren Teil dazu beigetragen haben, dass von Anfang an eine ganz klare Parteinahme in der Berichterstattung war, die uns sehr, sehr geschadet hat«.

Vor allem von der Berichterstattung der *Spiegel*-Reporterin Gisela Friedrichsen war sie enttäuscht. »Da haben wir gedacht, das kann ja wohl nicht wahr sein.« Nach dem Prozess hat sie Chefredakteur Stefan Aust einen langen Brief geschrieben, in dem sie sich über die Art der Darstellung ihrer Mandantin, u. a. als »armes Hascherl«, verwahrte. Es habe sie verwundert, schrieb sie, dass bereits Frau Friedrichsens Artikel zum Prozessauftakt »eine klare Stellung gegen meine Mandantin und für Herrn Türck erkennen ließen. Diese Art der Verletzung des Neutralitätsgebots der Presse hatte ich von einer *Spiegel*-Mitarbeiterin, die sich selbst als Deutschlands bekannteste Gerichtsreporterin bezeichnet, nicht erwartet«.

In diesem Prozess nicht Partei zu ergreifen und sachlich zu bleiben, fiel jedoch auch anderen Medienvertretern schwer. Und so teilte sich die Berichterstattung frühzeitig in zwei Lager, in denen die Emotionen zeitweise so hochkochten, als gelte es, einen aus ihren Reihen zu verteidigen und den anderen möglichst bloßzustellen. Auffallend dabei ist, dass oft die weiblichen Reporter für Türck waren und Frau B. niedermachten, während sich einige männliche Kollegen – wie Andreas Hauck in der *BamS* – schützend vor Frau B. stellten und auf Türck eindroschen, als hätten sie noch eine persönliche Rechnung mit ihm offen.

Dieses interessante Verhalten erinnert an den Fall von Lisa Gier King, die 1999 angab, in einem Studentenwohnheim in Florida während einer Party, für die sie als Stripperin angeheuert worden war, vergewaltigt worden zu sein. Obwohl der gesamte, vier Stunden dauernde Abend mit zwei Kameras aufgezeichnet worden war (das Material wurde schließlich von dem US-Filmemacher Billy Corben zu dem Dokumentarfilm »Raw Deal – A Question of Consent« verarbeitet und man alles sehen konnte, schieden sich am Ende die Geister darüber, ob das Gesehene eine Vergewaltigung war oder ob die Frau den Sex provoziert und freiwillig mitgemacht hatte. »Bei Vorführungen von ›Raw Deal‹ auf dem Sundance-Festival oder in Edinburgh war das Publikum jeweils tief gespalten: Die meisten Männer sagten hinterher, was sie gesehen hatten, sei eine Vergewaltigung gewesen. Die weiblichen Zuschauer fanden, Lisa Gier King habe sich alles selbst zuzuschreiben. Es ist, als würde jeder sich für die Rolle schämen, die sein Geschlecht in dem Stück spielt.«[6]

Nach zehn Verhandlungstagen sah sich die Staatsanwaltschaft – wie von Türcks Anwälten prophezeit – gezwungen, mangels Beweisen den Antrag auf Freispruch des Angeklagten Türck zu stellen. »Wir mussten ermitteln«, rechtfertigte sich Oberstaatsanwalt Hubert Harth daraufhin in *Bild,* »sonst hätten wir uns strafbar gemacht.« Und er wehrte sich mit einer entblößenden Erklärung gegen den Vorwurf, Türcks Prominenz könne ein Grund für die

Anklage gewesen sein: »Ich kannte ihn überhaupt nicht. Und die anderen Kollegen sehen auch kein Unterschichts-TV.«

Doch auch nach dem am 7. September angekündigten und am 9. September erfolgten Freispruch hatte Andreas Türck keinen Grund zum Jubeln. Während sich der Großteil der Medien zu diesem Zeitpunkt mit der Fragwürdigkeit des Prozesses beschäftigte und Kritik an Staatsanwaltschaft und Richterin übte, verging sich *Bild* unter einem durchsichtigen Deckmäntelchen der Empörung weiter an ihm. Das Blatt wies darauf hin, dass dieser Freispruch ja eigentlich nur ein Freispruch zweiter Klasse sei, weil man Türck die Vergewaltigung nicht beweisen könne – was beim Leser die Schlussfolgerung ermöglichte, er könne die Tat doch begangen haben. Marion Horn, damals Stellvertretende Chefredakteurin von *Bild,* schrieb einen seltsamen Kommentar, in dem sie Andreas Türck und Katharina B. als Opfer einer Justiz beklagte, »die diesen Prozess zuließ und vier Wochen lang ein schmutziges Gerichtsspektakel inszenierte«. Dann kommt ein interessantes Eingeständnis: »Von Anfang an war klar, dass die Staatsanwältin keinerlei Beweise hat. Von Anfang an war durch Gutachten bekannt, dass die Aussagen von Katharina B. nicht belastend sind. War die Staatsanwältin so naiv zu glauben, dass Türck im Prozess unter Tränen gestehen würde? Oder wollte sie berühmt werden? Der Türck-Prozess wirft ein miserables Licht auf unsere Justiz.«

Das Licht, das dieser Prozess auf *Bild* und *BamS* wirft, ist allerdings nicht besser, denn aus dem Kommentar wird deutlich, dass auch *Bild* offenbar frühzeitig klar war, dass gegen Türck wenig Glaubhaftes vorlag. Trotzdem brachte sie eine Titelgeschichte nach der anderen, in der er als möglicher Vergewaltiger angeprangert wurde. Marion Horn, die Türck als »abgehalfterten Ex-Moderator« bezeichnet, versteigt sich dann noch zu dem Satz: »Was aber das schlimmste ist: Frauen, denen sexuell Gewalt angetan wird (und das sind täglich 400!) werden sich in Zukunft fünfmal überlegen, ob sie dies zur Anzeige bringen.« Im Umkehrschluss könnte das heißen, dass ein Mann auch dann verurteilt werden sollte, wenn alles für seine Unschuld spricht, damit sich Frauen auch in Zukunft trauen, Vergewaltigungen anzuzeigen. Eine gefährliche Argumentation.

Auch in dem Bericht über das Prozessende im Innenteil des Blatts wird Türck weiter runtergemacht. Er habe »– soviel Schmutz bleibt hängen – eine Frau, die er gerade kennengelernt hat, irgendwie auf die Knie sinken und sich von ihr oral befriedigen lassen. Danach hat er sie an einer Tankstelle einfach abgesetzt. Kein Anstand, keine Achtung, die Frau als billiger Wegwerfartikel«.

Bild-Kolumnist Franz-Josef Wagner beschreibt die beiden abschließend als »Romeo und Julia durchgedreht«, »die sich wie Hunde nachts auf einer Brücke oral befriedigen«. Er findet, »dass die Liebe in dieser Nacht vergewaltigt wurde und die Liebe nicht zwischen den Beinen sitzt. Wie wollt ihr jemals lieben?«.[7] Eine Seite zuvor räkelt »Top-Modell Maria« ihren nackten Luxuskörper und bringt »Männer zum Weinen«. Ist das die Liebe, von der Wagner spricht? Lernt man hier den Anstand, den die *Bild*-Redaktion so vehement von Türck fordert?

Heribert Prantl, innenpolitischer Redakteur der *Süddeutschen Zeitung* und ehemaliger Richter und Staatsanwalt, sagte in einem Interview mit SWF 3,[8] dass Türck nicht hätte angeklagt werden dürfen und wenn doch, dass dieser Prozess in dem Fall nie hätte öffentlich verhandelt werden dürfen: »Diese Art des Voyeurismus, die Türcks Sendungen eigen war, jetzt in einem Strafprozess, einem öffentlichen Verfahren zu inszenieren, das geht zu weit. (...) Wenn das Strafverfahren diese Absicht ins Gegenteil verdreht, dass die Menschenwürde des echten oder angeblichen Opfers mit Füßen getreten wird und dann noch die Menschenwürde des Beschuldigten, in dem Fall des Moderators Andreas Türck, dann hat der Strafprozess nicht nur seinen Sinn nicht erreicht, sondern dann war er höchst schädlich.«

Andreas Türck und Katharina B. sind – und das macht den Fall so besonders – keine reinen Medienopfer. Sie sind ebenso Opfer einer Justiz, die mit allen Mitteln einen Prozess eröffnen wollte, der für sie von Anfang an nicht zu gewinnen war und den selbst die Nebenklägerin nicht wollte. Ohne die tendenziöse und vernichtende Berichterstattung der Boulevardpresse, allen voran *Bild* und *Bild am Sonntag*, wäre der Schaden für die beiden möglicherweise nicht ganz so groß geworden. So ist beides, die Art der Berichterstattung und die Pflichtwidrigkeit der Staatsanwaltschaft, kausal für die Katastrophe verantwortlich, die mit dem Prozess eingetreten ist.

»Mit den Folgen des Prozesses werden Katharina B. und Andreas Türck noch lange zu kämpfen haben«, vermutete auch Detlef Esslinger in der *Südeutschen Zeitung*.⁹ »Der Kammer wird auch klar gewesen sein, dass sie mit der Zulassung der Anklage die Karriere des Fernsehmoderators Türck zerstören würde. ProSieben nahm ihn sofort aus dem Programm, und vom Freispruch wird der Mann wenig haben, im Urteil der Öffentlichkeit wird er der Typ bleiben, der wegen Vergewaltigung vor Gericht stand. Warum ist nur dieses Verfahren jemals eröffnet worden?« Diese Frage wurde nie geklärt.

Katharina B. soll nach Aussagen ihrer Anwältin heute wieder ein normales Leben führen und auch noch immer bei der Bank beschäftigt sein. Andreas Türck zog sich nach dem Prozess aus der Öffentlichkeit zurück und lehnte Interviews zu seinem Fall und seiner beruflichen Zukunft konsequent ab. Im September 2007, fast auf den Tag genau zwei Jahre nach dem Urteil, tauchte er wieder auf und verkündete, gemeinsam mit der Mediaagentur »Pilot« den Ableger »Pilot Entertainment« gegründet zu haben, mit dem er in Zukunft »zielgruppengenaue Web-TV-Formate einschließlich der dazugehörigen Plattform« entwickeln und vermarkten wolle. Das Unternehmen erprobe seit einem Jahr Entertainment und Serviceformate, die den Anforderungen des Webs und Nutzerdialogs gerecht werden. »Meine Moderatorentätigkeit«, so Türck bei medienhandbuch.de am 29. September 2007, »steht dabei nicht an erster Stelle. Dennoch: Sag niemals nie.«

Anmerkungen

1 *Bunte* vom 1.9.2005.
2 *Bunte* vom 25.8.2005.
3 *Zeit* vom 8.9.2005.
4 *Spiegel* vom 22.8.2005.
5 Telefoninterview, geführt am 18.6.2007.
6 Ansbert Kneip in: *Der Spiegel*, 13. September 2005.
7 Alle Zitate aus *Bild* vom 8.9.2005.
8 *Südwestfunk*, 3. Programm, 15.9.2005.
9 *Süddeutsche Zeitung* vom 6.9.2005.

Karl-Otto Saur

Kalter Krieg und warme Brüder

Homosexualität als Mittel des Rufmords

Der Gegensatz hätte kaum größer sein können. Die *Augsburger Post* war eine traditionsreiche Provinzpostille, die stark im konservativ katholischen Milieu verbunden war. Der Berliner *Vorwärts* war zu Beginn des 20. Jahrhunderts bereits die etablierte Parteizeitung der SPD. Wie die Partei selbst, trat die Zeitung vehement für die Abschaffung des berüchtigten Paragraphen 175 des Strafgesetzbuches ein, mit dem seit 1871 Homosexualität unter Männern unter Strafe gestellt worden war.

Ausgerechnet diese beiden so unterschiedlichen Zeitungen lösten einen der größten politischen Skandale der Kaiserzeit aus. Am 8. November 1902 veröffentlichte die *Augsburger Post* einen langen Bericht aus Italien, in dem von einem hochstehenden deutschen Industriellen berichtet wurde, den die Behörden der Inselverwaltung von Capri aufgefordert hatten, das Land Italien zu verlassen. Der Vorwurf: homosexuelle Umtriebe in einer dem Industriellen gehörenden Villa. Genau eine Woche später veröffentlichte die SPD-Parteizeitung einen Artikel, der schon in der Überschrift deutlicher wurde. Sie lautete knapp: »Krupp auf Capri«.

Friedrich Alfred Krupp, genannt Fritz, der seit dem Tod seines Vaters Alfred 1887 dem größten deutschen Industrieunternehmen vorstand und es bis zur weltweiten Bedeutung geführt hatte, war ein Opfer seiner sexuellen Neigungen geworden. Und ausgerechnet der juristisch und moralisch sonst so liberal denkende *Vorwärts* sollte dieses Beben auslösen. Offensichtlich war es den Redakteuren wichtiger, den größten Waffenfabrikanten des Reiches und engen Vertrauten des Kaisers mit seinen sexuellen Neigungen bloßzustellen, als der eigenen liberalen Haltung zu folgen. Eine Woche später nahm sich Fritz Krupp das Leben, die offizielle Todesursache wurde allerdings mit einem Schlaganfall angegeben,

was dem Kaiser ermöglichte, an der Spitze des langen Beerdigungs-
zuges in Essen hinter dem Sarg von Fritz Krupp zu marschieren.

Der Fall Fritz Krupp zeigt die ganze Verlogenheit der Herrschenden im Zusammenhang mit der Homosexualität und mit
der Pressefreiheit – und auch, wie leicht sie dazu dienen konnte,
Beteiligte unter Druck zu setzen. Krupp hatte seine Neigung vor
allem zu jungen Italienern so offen ausgelebt, dass es zahlreiche
Zeugen dafür gab. Für seine Berliner Aufenthalte hatte er sich eine
Suite im Hotel »Bristol« gemietet, die ihm immer zur Verfügung
stand. Den Hoteldirektor hatte er genötigt, eine Schar junger
italienischer Burschen einzustellen, deren Gehalt Krupp ständig
zahlte. Die einzige Bedingung war, sie bei jedem seiner Aufenthalte nur ihm zur Verfügung zu halten. Allerdings trieb Krupp es
mit den Jungen so offen – und so laut –, dass der Hoteldirektor
Bedenken bekam. Er befürchtete, als Kuppler für verbotene Lie-
besspiele angeklagt zu werden. Aus diesem Grund wurde er beim
Berliner Polizeipräsidenten vorstellig, um dort seine Beobachtun-
gen mitzuteilen. Doch Polizeipräsident von Treskow winkte nur
müde ab. Wenn er jeden Homosexuellen aus der besseren Berliner Gesellschaft verfolgen wolle, könne er die sonstige Polizei-
arbeit bald ganz einstellen. Allerdings hatte die Berliner Polizei
die ganze Szene gut im Blick, rund vierzig einschlägige Lokale
zählte sie, in denen Interessierten für jeden Geschmack und jeden
Geldbeutel etwas geboten wurde. Es gab in den entsprechenden
Kreisen berühmte Bälle, zu denen Gäste auch aus Paris und London anreisten, um sich in irgendwelchen Galafummeln dort zu
präsentieren. Über Berlin hinaus bekannt war der sogenannte
Schwule Weg im Berliner Tiergarten, den vor allem Auswärtige
gern nutzten, um Kontakte zu knüpfen. Irgendwann hatte der Polizeipräsident von Berlin die Idee, dass Treiben dort zu erschwe-
ren, indem er für eine bessere Beleuchtung plädierte. Der Plan
wurde aber schnell fallen gelassen, weil man zu der Auffassung
gelangt war, dass es besser sei, den Überblick – auch wenn er ein
wenig im Dunkeln lag – zu behalten.

Aber es gab auch einen anderen Weg, einen Weg, der Fritz Krupp
zum Verhängnis werden sollte. Viele hochgestellte Homosexuelle
fuhren häufig nach Italien, weil sich herumgesprochen hatte, dass
man dort vor allem der Knabenliebe leichter nachgehen konnte.
Und so hatte sich Fritz Krupp auf Capri ein feudales Haus einge-

richtet, in dem er nicht nur der Knabenliebe frönen, sondern auch seiner zweiten Leidenschaft nachgehen konnte. Sie galt vor allem der Meeresbiologie und dem Tiefseetauchen. Dazu ließ er sich auf Capri ein eigenes Boot konstruieren und brach damit regelmäßig zu Expeditionen auf. So war es kein Wunder, dass er immer mehr Zeit auf Capri verbrachte – natürlich ohne Begleitung seiner Ehefrau. Doch irgendwann 1902 war es in Italien mit der Diskretion vorbei, und mehrere Zeitungen stürzten sich auf den vermeintlichen Skandal mit den jungen Männern in der Capri-Villa. Das war vor allem eine Reaktion der Einheimischen, denen die »Überfremdung« ihrer Insel durch reiche Ausländer zu viel geworden war.

Das war dann auch die Quelle, aus der die *Augsburger Post* ihre Informationen bezog, auch Marga, die Ehefrau von Fritz Krupp, erhielt entsprechende Hinweise aus Italien. Sie war darüber so empört, dass sie bei Kaiser Wilhelm II., mit dem man ja familiären Umgang pflegte, um eine Audienz bat, um die Bitte vorzutragen, ihren Ehemann zur Ordnung zu rufen. Davon wussten die Journalisten allerdings nichts, aber in Wirklichkeit war dies der Anlass für die gesamte Tragödie. Wilhelm II. war so empört über diesen Besuch, dass er Friedrich Krupp bat, dafür zu sorgen, dass er mit so etwas nie mehr belästigt würde. Friedrich Krupp reagierte sofort und ließ seine Frau per Polizeigewalt in eine Nervenheilanstalt schaffen. Eine Woche später platzte die Bombe mit der Veröffentlichung in der *Augsburger Post*. Nach der Veröffentlichung im *Vorwärts* dauerte es nur mehr sechs Tage, bis Friedrich Krupp seinem Leben ein Ende setzte. Nun ging es darum, möglichst viel zu vertuschen, um einerseits die Geschäfte der Firma Krupp nicht zu stören und andererseits das Verhältnis der Staatsführung zu Krupp nicht in Frage stellen zu müssen.

War die Affäre um Friedrich Krupp eher eine zeitlich begrenzte Episode, die man mit mehr oder weniger drastischen Mitteln vergessen lassen mochte, so war die nächste homosexuelle Affäre rund um das Kaiserhaus sehr viel schwieriger in den Griff zu bekommen. Und sie hatte weit größere Auswirkungen auf die Weltpolitik: die legendäre Eulenburg-Affäre (siehe Beitrag von Gerhard Henschel in diesem Buch). Danach sollten im einflussreichen Beraterstab von Wilhelm II. »ungesunde Spätromantiker« versammelt sein, wodurch der Kaiser eine Belastung für seine Amtsführung befürchtete. Er verlangte eine Suspendierung der Betroffenen um Philipp zu Eulenburg und eine gerichtliche Klärung. Tatsächlich aber löste das den Skandal erst aus. Es begann eine jahrelang dauernde Schlacht zwischen Maximilian Harden, dem Herausgeber der Zeitschrift *Die Zukunft,* und Eulenburg vor den verschiedenen Gerichten, die zwar damit endete, dass Harden zu einer kurzen Gefängnisstrafe verurteilt wurde, womit Eulenburg aber keineswegs rehabilitiert war. Die Öffentlichkeit nahm immer regen Anteil an diesen Auseinandersetzungen, zumal bereits im Jahr der ersten Veröffentlichung Hardens sechs jüngere Offiziere Selbstmord begangen hatten, die offensichtlich Angst hegten, vor Gericht über ihr Sexualleben Auskunft geben zu müssen.

Dass Harden diese Folgen seines Rufmords moralisch belastet hätten, hat er nie zu erkennen gegeben. Nach dem Ende des Ersten Weltkriegs räumte er allerdings ein, dass das Auslösen der Eulenburg-Affäre sein größter politischer Fehler gewesen sei. Zwar hatte Kaiser Wilhelm II., wie von Harden gewünscht, die wichtigsten Berater aus seinem Umkreis verbannt, nicht vorherzusehen war aber, dass Wilhelm II. nun eine härtere Politik gegenüber den europäischen Staaten einschlagen würde und zwar unter dem Einfluss der neuen, stärker militärisch ausgerichteten Berater.

Harden hatte zudem unbeabsichtigt dafür gesorgt, dass die Homosexualität noch für Jahrzehnte weiter unter Strafe gestellt blieb und damit auch immer Anlass zu Erpressung und sonstigen Kriminaltaten blieb. Doch die Homosexualität verschwand deshalb keineswegs. In Berlin wurde sie immer deutlicher präsentiert, vor allem in Künstlerkreisen zeigte man sie wie selbstverständlich. Das galt besonders für die linke politische Szene, aber auch bei den Nationalsozialisten gab es von Anfang an eine starke homoerotische Komponente, auch wenn viele der führenden Nationalsozialisten nicht wagten, diese auszuleben.

Nur der Führer der SA, Ernst Röhm, ließ zu, dass die Homosexualität in dieser Schlägertruppe der Nazis auch gelebt wurde. Und es sollte ihm selbst und vielen anderen zum Verhängnis werden, als sie glaubten, unangreifbar zu sein. Röhm hatte mit seinen Gewaltaktionen in der Kampfzeit dafür gesorgt, dass sich viele Nazigegner nicht mehr trauten, öffentlich gegen die Partei aufzutreten. Er wusste, dass er damit Hitler den Weg zur Macht bereitet hatte, und wollte nun nach der Machtübernahme auch den Lohn dafür. So verlangt er von Hitler, dass die Reichswehr seiner SA angegliedert werden sollte. Anderthalb Jahre nach seiner Ernennung zum Reichskanzler wird Hitler der rüde Rabauke Röhm zu lästig. In einer bisher nicht gekannten Aktion, »der Nacht der langen Messer«, werden Röhm und seine Entourage am 30. Juni 1934 bei einer Feier in einem Wirtshaus in Bad Wiessee am Tegernsee überfallen und die meisten sofort erschossen. Röhm wird verhaftet und einen Tag später im Münchener Gefängnis Stadelheim hingerichtet.

»Die Nacht der langen Messer« wurde auch noch zu einer politischen Säuberungsaktion genutzt. In Berlin und München nahmen SS-Truppen zahlreiche Menschen fest und ermordeten auch die, die nicht unmittelbar mit Röhm zu tun hatten. Dabei gab es eine Reihe von Namensverwechslungen, doch die Täter wurden niemals zur Rechenschaft gezogen.

Der Bevölkerung wird mitgeteilt, dass es Hitler mit seiner Anordnung, gegen Röhm und seine Begleiter vorzugehen, gelungen sei, einem Putsch in der letzten Minute zuvorzukommen. Gern lassen die Behörden durchsickern, dass man die SA-Führung bei einem homosexuellen Gelage überrascht habe. Indirekt drückt man damit aus, dass man auch »moralisch« im Recht gewesen sei, als man Röhm, von dem viele wussten, dass er schwul war, auf »frischer Tat« ertappt habe. Von da an begann die systematische Verfolgung der Homosexuellen im Dritten Reich, die in den KZs mit dem sogenannten Rosa Winkel extra gekennzeichnet wurden.

Doch wer glaubte, dass all das Unrecht an den Homosexuellen mit dem Ende des Dritten Reiches endgültig vorbei sei, sah sich bald getäuscht. Der Paragraph 175 StGB bestand uneingeschränkt weiter, und zahlreiche Verfahren gegen Homosexuelle wurden durchgeführt. Der Autor dieser Zeilen wurde Anfang der fünfziger Jahre Zeuge, wie im Friseursalon in Pullach die Polizei vorfuhr und einen Gesellen festnahm, da er »unzüchtige« Handlungen vorgenommen hätte. Die Verhaftung war lange Zeit Tagesgespräch in dem Dorf.

Gleichzeitig gab es aber einen Fraktionsvorsitzenden der Unionspartei im Bundestag, der wenig später von Konrad Adenauer zum Außenminister ernannt wurde. Heinrich von Brentano bestimmte wesentlich die Politik in den fünfziger und sechziger Jahren. Adenauer, der irgendwann auf die homosexuelle Neigung seines Ministers angesprochen wurde, quittierte dies nur mit dem lapidaren Satz, dass er ihn, Adenauer, noch nicht angefasst hätte. Es war aber die gleiche Zeit, in der Franz Josef Strauß als Verteidigungsminister den Vorwurf, den Kalten Krieg zwischen den Machtblöcken anzuheizen, mit dem Bonmot konterte: »Lieber ein kalter Krieger als ein ›warmer Bruder‹«.

Gerade die Bundeswehr hielt lange an der Überzeugung fest, dass Homosexuelle »Verderber« seien. Der erste Wehrbeauftragte der Bundeswehr war Hans Grolmann, ein ehemaliger Wehrmachtsoffizier. Über ihn, der sich sehr für ein neues Demokratieverständnis in der Bundeswehr einsetzte, womit er alten Wehrmachtstraditionalisten ein Dorn im Auge war, wurden bald gezielt Gerüchte gestreut, dass er »vom anderen Ufer« sei. Als sich daran auch die Presse beteiligte, trat er entnervt zurück.

Und rund 25 Jahre später, als der Paragraph 175 StGB endlich gefallen war, reichte es dem Bundesverteidigungsminister Manfred Wörner aus, ein Gerücht zu hören, dass einer der obersten Generale in einem Kölner Schwulenlokal verkehre, um ihn zu entlassen. Doch hier waren es weniger gezielte Indiskretionen, als viemehr das hartnäckige Recherchieren der Presse, das dafür sorgte, dass zum Schluss Wörner als der Blamierte dastand und der Vier-Sterne-General Günter Kießling rehabilitiert wurde. Kießling hatte nämlich weder in Schwulenlokalen verkehrt noch war er homosexuell. Ein wirklicher Erfolg für liberales Denken wäre es allerdings gewesen, wenn er im Fall des Falles auch als Schwuler rehabilitiert worden wäre.

Thomas Schuler

Bayerns schwarze Schatten

Rufmord in der Politik der CSU

Franz Josef Strauß wuchs in München auf und trat als Jugendlicher dem Schützenverein bei. Im Zweiten Weltkrieg war er Soldat. Legendär sind die Berichte von seiner Jagdleidenschaft, die er als bayerischer Ministerpräsident und CSU-Chef mit Spezis aus Politik und Wirtschaft in Bayern und Österreich ebenso auslebte wie mit Erich Honecker und Staatschefs in Osteuropa oder Persien. Es war nichts Ungewöhnliches, dass Strauß im Alter seine Freundin Renate Piller ohne Leibwächter überraschte, und sie beruhigte, er führe eine Waffe in seiner Herrentasche mit sich. Strauß starb auf dem Weg zur Jagd. Man darf davon ausgehen, dass er mit einer Waffe umgehen konnte. Aber traut man ihm zu, einen Menschen auf der Flucht zu erschießen?

Ich ahnte nicht, dass diese Frage auf mich zukommen würde, als ich mich im Herbst 2004 entschloss, eine Biografie über Franz Josef Strauß und seine Kinder zu schreiben. Strauß war seit 16 Jahren tot, die politische Macht der Freunde und der Kinder ging spürbar zurück. Die CSU war eine andere geworden – und vermisste ihn kaum. In seinem umfangreichen Nachlass – 300 Meter Dokumente, die im Parteiarchiv der Hanns-Seidel-Stiftung in München liegen – las ich wochenlang in Protokollen, Vermerken, Briefen, Reden und Zeitungsausschnitten. Eines Tages geriet ich an eine Mappe über Angriffe und Verleumdungen gegen ihn. Darin befand sich ein mehrseitiges Memo, geschrieben von seinem ehemaligen Münchener Büroleiter Holger Pfahls, der 20 Jahre später als meistgesuchter Flüchtling Deutschlands Berühmtheit erlangte.

Pfahls hatte darin ausführlich einen Sachverhalt aus der Nachkriegszeit aufgeschrieben, mit dem ihn ein Journalist der britischen BBC konfrontiert hatte. Es ging um die Zeit, in der Strauß seine politische Karriere als Mitarbeiter des Landratsamts in Schongau begann. Laut Pfahls hatte damals eine amerikanische Polizeieinheit angeblich die Spur von vier polnischen Flüchtlingen aufgenommen. Die Polen standen im Verdacht, drei Frauen vergewaltigt und ermordet zu haben. Sie »hatten sich in einer Scheune verbarrikadiert und eröffneten das Gewehrfeuer auf die Amerikaner, als diese das Gebäude umstellten«, wie Pfahls notierte: »Bei dem folgenden Schusswechsel wurden drei (der Polen, Anm. des Autors) erschossen, der vierte entkam zunächst, wurde jedoch nach kurzer Zeit gestellt und aufgefordert, sich zu ergeben. Nachdem er zunächst vortäuschte, sich tatsächlich verhaften zu lassen, rannte er jedoch plötzlich davon, als sich die Amerikaner ihm nähern wollten. Ein bei dieser Aktion angeblich anwesender deutscher Vertreter des Landrats soll in diesem Augenblick einem amerikanischen Offizier die Pistole aus der Tasche gezogen und damit den Flüchtenden erschossen haben. Bei dem Offizier soll es sich (...) um den damaligen Leutnant der Sicherheitskräfte und späteren CIC-Angehörigen Ernest Hauser gehandelt haben. Der Vertreter des Landrats sei angeblich Strauß gewesen.«

Was tun? Wie mit dem anonymen Vorwurf umgehen? Das Archiv hatte das Schreiben unter dem Stichwort Verleumdung abgelegt. Sollte wirklich ein Ereignis wie diese Tat unentdeckt geblieben sein, obwohl Gegner und Journalisten jahrelang alles versuchten, um Strauß mit seiner Vergangenheit zu belasten? Doch selbst wenn der Vorwurf nicht zutraf: Musste man den Vorgang, den Pfahls notiert hatte, nicht irgendwie in einer Biografie erwähnen, und sei es als Versuch, Strauß zu belasten? Klar ist immerhin, dass die Tat, ließe sie sich belegen, das Bild von Franz Josef Strauß fast 20 Jahre nach seinem Tod erheblich verdüstern würde. Strauß ein Täter, der einen Menschen erschoss? Müsste man sein Zögern und Zaudern, wenn es galt, politische Ämter anzugehen, nun nicht ganz anders als bisher – nämlich als stete Angst vor der Entdeckung oder Enthüllung – deuten? Der recherchierende BBC-Journalist, schrieb Pfahls, habe den entsprechenden Hinweis angeblich von einem Mitarbeiter des *Spiegel* erhalten. Müsse man deshalb nicht davon ausgehen, dass der *Spiegel* hinter der Recherche stecke?

Pfahls schreibt diesen letzten Satz nicht auf, aber es musste allen in der bayerischen Staatskanzlei klar sein, was das bedeutet: Die legendäre *Spiegel*-Affäre von 1962 prägte das politische Leben von Strauß. Damals hatte er als Verteidigungsminister den *Spiegel* durchsuchen und seinen Chef, Rudolf Augstein, mit fragwürdigen Beschuldigungen festnehmen lassen, woraufhin er von seinem Amt zurücktreten musste und die Chance der Nachfolgerschaft von Adenauer verspielt war. Der Zeitpunkt, zu dem Pfahls das Memo verfasst hat, ist aus dem Schreiben nicht ersichtlich. Vermutlich irgendwann vor der Bundestagswahl 1980, also dem letzten Versuch von Strauß, Kanzler zu werden. Würde Rudolf Augstein, der Verleger und Chefredakteur des *Spiegel,* ihn nun ein zweites Mal davon abhalten? Wie knapp standen Journalisten davor, Rufmord an Strauß zu begehen? Oder ist an dem Vorwurf vielleicht sogar etwas dran?

Ich legte das Protokoll von Pfahls zur Seite und recherchierte in den nächsten Wochen und Monaten zunächst viele andere Fragen über Strauß. Seine Herkunft und der Beginn seiner politischen Karriere in Schongau interessierten mich besonders. Das berührte die Frage, ob Strauß ein Sympathisant der Nazis gewesen war, wie ihm vorgeworfen wurde. Was hatte ihn geprägt? Und wie kam er nach oben? Die Amerikaner ernannten ihn wegen seiner englischen Sprachkenntnisse zum »assistant« Landrat. Er hielt Verbindung zu den amerikanischen Militärs und war als Stellvertreter des Landrats für Polizei und Sicherheit zuständig. Besonders gut verstand er sich mit dem amerikanischen Sicherheitchef Ernest Hauser, dessen Trauzeuge er wurde. Ja, er war mit Hauser, dem »Schrecken von Schongau«, wie dieser landläufig genannt wurde, befreundet. Später überwarf er sich mit ihm. Hat Hauser ihn wirklich belastet, wie Pfahls in dem Memo nahelegt? Es wäre das Beste, Hauser selbst zu fragen. Aber er ist leider tot.

Die Geschichte der CSU ist durchtränkt von Rufmord. Nehmen wir Josef Baumgartner und die Vernichtung der Bayernpartei. Baumgartners Redetalent und sein resolutes Auftreten, nicht zuletzt seine weiße Mähne, verliehen ihm den respektvollen Rufnamen »der bayerische Löwe«. Baumgartner war Gründungsmitglied der CSU und saß in den Aufbaujahren als Landwirtschaftsminister in der Regierung. Er hatte Ambitionen, bundesweit Politik zu bestimmen – und überwarf sich im Kampf um Einfluss mit seinem Parteifreund Josef Müller, genannt Ochsensepp, und dessen politischem Zögling Franz Josef Strauß. Baumgartner kehrte der

CSU den Rücken und trat in die Bayernpartei ein, die nach dem Krieg eine ernstzunehmende politische Kraft war. Für sie saß er im Bundestag und im Landtag und erlebte 1954 eine Genugtuung sondergleichen, als er mit seiner Partei die CSU in Bayern in die Opposition drängte – aus heutiger Sicht ein unerhörter Vorgang. Damals bildete die Bayernpartei mit der SPD, dem Bund der Vertriebenen und der FDP eine Viererkoalition. Baumgartner wurde erneut Landwirtschaftsminister – und zugleich Stellvertretender Ministerpräsident.

Als die bayerische Regierung Spielbanken lizenzierte, suchte die Opposition (also die CSU) in einem Untersuchungsausschuss nach Interessenkonflikten bei der Lizenzvergabe. Sie beschuldigte führende Politiker der Bayernpartei der Bestechung. Die Regierung der Viererkoalition musste zurücktreten. Doch der Untersuchungsausschuss brachte zunächst keine Belege. Die Überprüfung ergab sogar, dass ein CSU-Mann bestochen worden war. Eine Blamage für die CSU. Die Wende kam, als CSU-Generalsekretär Fritz Zimmermann einen Geschäftsmann einer Spielbank dazu brachte, sich selbst zu belasten, er habe die Regierung (u. a. Baumgartner) bestochen. Ein Gericht verurteilte Baumgartner und zwei weitere Parteifreunde wegen Meineids zu Gefängnis und erließ umgehend Haftbefehl. Den Vorwurf der Bestechung ließ das Gericht fallen, weil Schriftsachverständige angebliche Unterschriften von Baumgartner auf Quittungen für wahrscheinlich gefälscht erklärt hatten. Auf Beobachter wirkten die Verurteilungen wegen Meineids konstruiert. Die Bilanz für die Bayernpartei war verheerend: Die Partei, einst der gefährlichste Gegner der CSU in Bayern, konnte sich von diesem Schlag nie mehr erholen und versank in der Bedeutungslosigkeit. Der ehemalige bayerische Ministerpräsident Wilhelm Hoegner (SPD), dessen Koalition damit auch zerbrochen war, urteilte später: »Erst 1959 wurde mir klar, dass die Spielbankaffäre dazu gemacht war, um die Bayernpartei zu vernichten.«

Man könnte die Geschichte vom Rufmord in der CSU auch mit Alois Hundhammer beginnen, ebenfalls Gründungsmitglied der Partei. Hundhammer war berühmt-berüchtigt in der CSU. Der zweifache Doktor der Philosophie und Volkswirtschaft war geachtet und gefürchtet wegen seines großen Gedächtnisses. Er war ein Sprachentalent. Vor allem aber galt er als Gewissen der Partei.

Seit seiner Haft in Dachau trug er einen Spitzbart, der zum Symbol für Bayern wurde – zum Symbol eines sehr konservativen Bayerns. Hundhammer fahre regelmäßig nach Rom, um zu kontrollieren, ob der Papst noch katholisch sei, witzelte man über ihn. Hundhammer favorisierte eine katholische Partei nach dem Vorbild der Bayerischen Volkspartei, dem Vorläufer der CSU. Er wollte festlegen, wie Politiker und Wähler zu leben haben – im öffentlichen Leben und privat.

Zwei seiner innerparteilichen Gegner waren Josef Müller und Franz Josef Strauß, denn beide befürworteten keine katholische Konfessionspartei, sondern eine Einheitspartei für ganz Bayern. Und schlimmer noch: Müller und Strauß hatten sich durchgesetzt. Während Müller in München Justizminister wurde und Strauß in Bonn aufstieg, war Hundhammer in München nur Landwirtschaftsminister geworden, und sein Einfluss in der Partei war am Schwinden. Strauß dagegen stieg Ende der fünfziger Jahre immer weiter nach oben. Er war Verteidigungsminister, dem man zutraute, Konrad Adenauer als Kanzler nachzufolgen. Als Strauß im Juni 1957 die Brauerstochter Marianne Zwicknagl heiratete, war Adenauer immerhin sein Trauzeuge.

Eine Woche nach der Hochzeit sah Hundhammer eine Chance gekommen, Strauß anzugreifen. Anlass war ein propagandistischer Bericht aus Ost-Berlin über das Privatleben von Strauß, in dem viele Dinge standen, ohne dass sie belegt wurden. Die *Berliner Zeitung* druckte diese Gerüchte am 12. Juni 1957 und beging ihren Rufmord im Dienste der Propaganda. Angeblich sollte Strauß mehreren Frauen die Ehe versprochen haben, eine Frau hätte seinetwegen fast Selbstmord begangen; außerdem sei er ein notorischer Bordellbesucher. »Skrupellos und moralisch verkommen: Kriegsminister als Heiratsschwindler«, hieß es in der Schlagzeile. Und darunter: »CSU-Journalistin an den Rand des Selbstmords getrieben / Fünf Frauen blieben sitzen / Franz Josef Strauß – der Bordell-Stammgast / Wer bezahlt die Liebes- und Alkoholtouren des Mannes, der die UdSSR ›von der Landkarte streichen‹ möchte? / Ein feines Vorbild für die westdeutsche Jugend.« Als Quelle nannte die *Berliner Zeitung* die »Umgebung« von Adenauers Staatssekretär Hans Globke. Im Zuge seiner Dossiers über exponierte Mitglieder der Regierung erhielten Adenauer und Geheimdienstchef Reinhard Gehlen ständig detaillierte Informationen von ihm über »die vielfältigen Eskapaden des hemmungslosen« Strauß, schrieb das SED-Blatt. Dieser Hinweis war geschickt gewählt, weil die erwähnten Männer ihn kaum dementieren konnten, ohne den Bericht durch das Dementi aufzuwerten und zu einer Nachricht zu machen.

Weiter hieß es in der *Berliner Zeitung,* Strauß sei schon seit seiner Zeit als Generalsekretär »ein alter Bekannter der Münchner Sittenpolizei«. In München »macht seit langem das Wort die Runde: der Strauß ist mehr im Bordell als am Arbeitsplatz zu finden«. Das Geld dafür stamme aus denselben »trüben Quellen«, die den Wahlkampf finanzierten: beispielsweise von der Volkswirtschaftlichen Gesellschaft Bayern e.V., deren Vorsitzender Balke zugleich Aufsichtsratschef der Wacker Chemie-Werke und Adenauers Atomminister ist. Seit 1952 erhalte Strauß von dem Verein 5000 Mark monatlich. Auch dieser Hinweis war geschickt gewählt, weil Strauß tatsächlich Geld von dem Verein erhielt und die angeblich intimen Details der DDR-Propaganda Glaubwürdigkeit verleihen sollten. Die Zeitung machte seine Sekretärin ebenso zur Geliebten wie die Anwältin der CSU. Dass beide viel mit Strauß zu tun hatten, ließ sich nicht abstreiten. Selbst Eingeweihte konnten Wahrheit und Dichtung des »Sonderberichts« nur schwer auseinanderhalten.

In einem Kommentar heuchelte die Zeitung, sie berichte aus Sorge um die Moral und aus einem Gefühl der Verantwortung gegenüber allen Deutschen: »Lange haben wir uns gefragt, ob wir diese nebenstehenden Tatsachen veröffentlichen sollen. So widerlich und gemein ist das alles. Aber der Mann, von dem die Rede ist, betätigt sich nicht nur als gewissenloser Heiratsschwindler, Bordellbesucher und korrupter Politiker. Dieser Mann ist Adenauers Kriegsminister! Wir können einfach nicht schweigen, denn diesem ›leuchtenden Vorbild‹ ist die westdeutsche Jugend ausgeliefert! Dieser Mann leitet die Wiederbewaffnung des deutschen Militarismus. Dieser Mann will die westdeutsche Nato-Armee mit Atomwaffen ausrüsten. Dieser Mann hielt es nicht für nötig, seine Hochzeitsfeier auch nur um eine Woche, sein Festgelage um einen Tag zu verschieben, nachdem ihm der furchtbare Tod der 15 Rekruten (beim Unglück, den Fluß Iller zu überqueren) gemeldet worden war! Alles das sind doch keine Zufälle. Ein schmutziges Regime spült den Abfall nach oben. Solche in jeder Beziehung gewissenlosen Ehrgeizlinge werden stets gebraucht, wenn es gilt, das deutsche Volk erneut ›herrlichen Zeiten‹ entgegenzuführen.«

Die Zeitung verglich Strauß mit Hitler. Den Größenwahn habe er mit ihm bereits gemeinsam, und als Beleg führt das Blatt Zitate von Strauß und ihre Bewertung durch den *Spiegel* an. Wie Hitler sei er drauf und dran, einen Krieg anzuzetteln, der ganz Deutschland erneut ins Verderben stürze. »Wir sagen es ganz offen: Dieser Mann ist ebenso eine Gefahr für Westdeutschland wie das ganze korrupte, militaristische System, das er vertritt. Es ist bitter nötig, Westdeutschland von diesem Schmutz zu säubern. Ist das geschehen, dann wird es kaum ein ernstliches Hindernis für die Wiedervereinigung geben.«

Strauß sei von Adenauer zu der übereilten Hochzeit gedrängt worden, um für den anstehenden Wahlkampf einen moralisch rechtschaffenen Mann präsentieren zu können und die Gerüchte über Alkoholexzesse und Bordellbesuche zu verdecken. So sehr habe Adenauer an der Bindung gelegen, dass er selbst darüber wachte. Hinterher habe der Kanzler im engsten Kreise erklärt: »Jott sei Dank, dat er nu jeheiratet hat!« Ganz falsch war das nicht: Tatsächlich war der Wahlkampf nicht schuldlos an der schnellen Hochzeit. Allerdings fand die Hochzeit nicht deshalb so übereilt statt, weil Strauß schmutzige Dinge zu verbergen hatte, erläutert mir die damalige Sekretärin von Strauß, Ermelinde Bauer, sondern um Marianne nicht weiter fragwürdigen Gerüchten auszusetzen. Ihre Erklärung klingt plausibel.

Der Aufmacher der *Berliner Zeitung* war eine reißerische Geschichte der DDR-Propaganda, die Vorwürfe waren durch nichts belegt. Wenn man sich heute fragt, wie Franz Josef Strauß zu seinem Image kam, dann hatte diese Geschichte aus Ost-Berlin auch ihren Anteil daran. Von politischen Freunden und Gegnern wurde der Bericht zur Kenntnis genommen. Entscheidend, um jemand in Verruf zu bringen, ist jedoch nicht nur der Bericht, sondern wie er aufgenommen und verbreitet wird. Wie damit umgehen, wenn eine Zeitung Rufmord begeht? Soll man als seriöse Publikation dazu schweigen oder berichten?

Zwar berichtete die *Süddeutsche Zeitung* am 14. Juni 1957 in einer 17 Zeilen langen Meldung lediglich von einem »Sittenroman«, der Strauß »schwerer sittlicher Verfehlungen beschuldigt«. Einzelheiten seien »nicht wiederzugeben« und erscheinen »durch-

aus unglaubwürdig«. Die *Süddeutsche Zeitung* nannte die Anschuldigungen »haarsträubend«. Aber die West-Berliner Zeitung
Kurier druckte Auszüge des Sonderberichts nach: »Die kommu-
nistische *Berliner Zeitung* gibt sich heute den Anschein, als ob sie
neuerdings gute Beziehungen zu der Umgebung des von ihr häufig scharf angegriffenen Bonner Staatssekretärs Globke unterhält.«
Eine Distanzierung war kaum vernehmbar, der *Kurier* übernahm
die Vorwürfe beinahe kommentarlos. Der Umstand, dass der *Kurier* berichtet, war wiederum dem Rundfunk der DDR einen Bericht wert.

Was macht Strauß? Wie reagieren? Nichts tun – und riskieren,
dass Gegner die Vorwürfe für ihre Zwecke nutzen? Oder dagegen
angehen und damit riskieren, dass die Vorwürfe durch die Reaktion erst Beachtung finden und fortan im Detail ausgebreitet werden? Strauß entschied sich zu schweigen. Pikant war allerdings,
dass der Herausgeber der Westberliner Abendzeitung *Kurier* ausgerechnet Postminister Ernst Lemmer war – ein Kabinettskollege
von Strauß. Damit gewannen die Vorwürfe eine gewisse Beachtung und Glaubwürdigkeit, die es zumindest den politischen Gegnern von Strauß erlaubte, die Vorwürfe gegen ihn einzusetzen.

Alois Hundhammer ließ Passagen des Berichts der *Berliner Zeitung* vor der CSU-Landtagsfraktion verlesen. Damit nicht genug.
Hundhammer sagte Journalisten, er habe erwartet, dass Strauß
sich zu den Vorwürfen äußern würde oder aber der CSU-Vorsit-
zende Hanns Seidel eine Erklärung dazu abgeben würde. Damit
könnten die Beschuldigungen »leicht aus der Welt geschafft werden, wenn sie nicht wahr seien«. Weil weder Strauß noch Seidel
eine solche Erklärung abgaben, wollte Hundhammer angeblich die
Angelegenheit sogar vor dem CSU-Landesparteitag thematisieren.
Er werde dabei vom CSU-Fraktionsvorsitzenden im Landtag,
Prälat Meixner, unterstützt, hieß es. Damit würden die Vorwürfe
in der Öffentlichkeit diskutiert werden und wären legitimiert.
Das wäre eine Katastrophe gewesen für Strauß, der immerhin
eine christliche Partei im christlichen Bayern vertritt. Das *Neue
Deutschland* berichtete am 4. Juli gar, Hundhammer und Meixner
»verlangten Strauß wegen seines Liebeslebens aus der Partei aus-
zustoßen«. Das wäre eine Sensation gewesen, so ganz nach dem
Geschmack des SED-Blatts. In Wirklichkeit blieb dies eine Phan-
tasie des *Neuen Deutschland*.

Dennoch war für Strauß die ganze Sache höchst unangenehm. CSU-Generalsekretär Fritz Zimmermann holte ihn in Bonn aus einer Pressekonferenz, um ihm von Hundhammers Reaktion in München zu berichten. Strauß äußerte sich zwar zunächst nicht zu den Vorwürfen, schickte aber zwei Bonner Vertraute, die Abgeordneten Richard Stücklen und Richard Jäger, in einer Maschine der Bundeswehr nach München, um Hundhammers Absicht zu vereiteln. Denn durch Hundhammers Reaktion handelte es sich nicht mehr um einen unbelegten »Sittenroman«, über dessen Details niemand berichten wollte, sondern dadurch war es ein handfester Streit innerhalb der Partei geworden, über den Zeitungen freilich berichteten. Damit zog die Angelegenheit Kreise. Die Enthüllungen wurden wiederholt, wenn auch nur pauschal angedeutet und umschrieben. Die Beteiligten beteuerten immer wieder, es handle sich um ein übles Machwerk der »ostzonalen« Propaganda, das Hundhammer offenbar für eigene Zwecke missbraucht habe. Freilich. Aber mancher Leser mag sich gefragt haben, ob vielleicht nicht doch etwas an den Unterstellungen und Vorwürfen dran sei.

Die bundesdeutschen Zeitungen übergingen den Bericht zum großen Teil. Doch die knappe Meldung, die die *Süddeutsche Zeitung* am 14. Juni gedruckt hatte, ärgerte Strauß. Er forderte eine Richtigstellung. Chefredakteur Werner Friedmann verweigerte diesen Wunsch, auch als Strauß drohte, er würde einen Rechtsstreit beginnen. Immerhin konnte Strauß den Konflikt mit Hundhammer entschärfen. Der CSU-Landesvorstand beriet die Angelegenheit im Beisein von Strauß in einer Sondersitzung. Man kam überein, dass Strauß sich nicht zu den Vorwürfen äußern müsse. Stattdessen müsse sich Hundhammer für sein Vorgehen entschuldigen. In Anwesenheit Hundhammers erklärte Seidel, Hundhammer und Strauß hätten ihre Meinungsverschiedenheit in einem Telefonat geklärt. Mittlerweile war die Berichterstattung gewachsen: Der *Spiegel* berichtete am 10. Juli 1957 auf zwei Seiten.

Rufmord war auch für Strauß und seine Verbündeten ein übliches Mittel im Kampf gegen politische Gegner. Einer der Verbündeten von Strauß war Hans Kapfinger, Verleger der *Passauer Neuen Presse*, dessen Traum es stets war, eine große konservative Zeitung in München zu gründen – als Konkurrenz zur *Süddeutschen*

Zeitung und zum *Spiegel*. Kapfinger griff Gegner von Strauß an, etwa den SPD-Politiker Willy Brandt, weil er ein uneheliches Kind sei und er sein Vaterland verraten habe, indem er es während des Zweites Weltkriegs aus dem Ausland bekämpfte. Beide – Strauß und Kapfinger – verband eine tiefe Abneigung gegen den Chefredakteur der *Süddeutschen Zeitung,* Werner Friedmann.

Als Strauß von der Vorliebe Friedmanns für sehr junge Mitarbeiterinnen hörte, gab er den Hinweis an einen Staatsanwalt weiter – der aber nicht ermittelte und kein Verfahren gegen den bekannten und einflussreichen Journalisten anstrengte. Kapfinger musste helfen. Erst als er die Vorwürfe über eine Anwältin lancierte und bekräftigte, wurde Friedmann von seinem Schreibtisch weg verhaftet. Kapfinger ereiferte sich in seiner Zeitung über Friedmanns Untaten und forderte Strafe. Tatsächlich wurde Friedmann ein Prozess gemacht wegen Kuppelei; vom Amt des Chefredakteurs musste er zurücktreten. Unbeschadet blieb Kapfinger nicht. Später wurde in einem Prozess öffentlich, Kapfinger habe sich in seinem Büro mit zwei Frauen zu Sex getroffen, was damals strafbar war.

Die Gegner von Strauß haben ihm vorgeworfen, er habe den Nazis nahe gestanden. Dafür gibt es keinen Beleg. Es gab entsprechende Vorwürfe in seinem Entnazifizierungsverfahren. Allerdings halten seine Kinder seine Entnazifizierungsakte, die darüber Aufschluss geben könnte, bis heute unter Verschluss. Er war kein Widerstandskämpfer und ist im Krieg bequem durchgekommen. Aber er war kein Handlanger der Nazis. Seinem Vater waren sie verhasst; Strauß hatte in seinem Freundeskreis auch Sympathisanten der Nazis. Aber: Die einzige Jüdin in seiner Klasse hat er nach deren Aussage gegen Angriffe verteidigt. Wirklich verhasst waren Strauß die Kommunisten. Schon als Junge lehnte er sie ab.

Rudolf Augstein hat Strauß mit seinem *Spiegel* verfolgt und attackiert und ging dabei auch am Rande des Rufmords vor. Den Vorwurf der Korruption konnte der *Spiegel* mit Empfehlungsschreiben von Strauß zunächst nur teilweise belegen. Offen blieb, ob Strauss als Gegenleistung tatsächlich Geld erhalten hatte.

Der Verteidigungsminister hatte seinem amerikanischen Amtskollegen demnach auf offiziellem Wege einige dubiose Bekannte wie Kapfinger und die Baugesellschaft Fibag für den Bau von Unterkünften für US-Soldaten empfohlen. Diese Beschuldigungen führten zu einem Untersuchungsausschuss und im weiteren 1962 zur *Spiegel*-Affäre. Wollte er das Magazin, das ihm nicht von den Fersen wich, empfindlich treffen und herausfinden, wer dessen Informanten sind und welche Akten es aus seinem Ministerium besitzt? Die Quelle zu finden, die amtliche Dokumente weitergegeben hatte, war das erklärte Ziel der Durchsuchung. Inwieweit Strauß auch aus persönlichen Motiven handelte, lässt sich nicht beweisen. Es ist aber durchaus denkbar. Der Vorwurf der Korruption bestätigte sich nach dem Tod von Strauß durch einen Aktenfund auf einem Bonner Flohmarkt: Die Akten des Schatzmeisters der CSU belegen, dass Strauß als Verteidigungsminister heimlich Parteigelder veruntreute. Während er in einem Untersuchungsausschuss noch beteuerte, im Fall Fibag unschuldig zu sein, gründete er heimlich eine Baugesellschaft namens Bauunion, um vom Bau von Unterkünften für deutsche Soldaten zu profitieren. Der Gewinn sollte in seine private Tasche fließen. Aufgeregt hat der Fund nach Strauß' Tod niemanden mehr. Augstein nahm den Fund wohl als späte Bestätigung seiner Angriffe; der *Spiegel* publizierte die Geschichte der Bauunion.

Klatsch und Intrigen bis hin zum Rufmord haben in der CSU Tradition. Franz Josef Strauß agierte mit solchen Mitteln gegen einen seiner Kritiker, den damaligen Landtagspräsidenten Franz Heubl. Strauß glaubte, Heubl wolle ihn stürzen, und ließ ein 41 Seiten starkes Dossier über ihn anfertigen. Anschließend wurde es mit der Aufschrift »Persönlich! Vertraulich!« versehen und an Politiker und Journalisten verteilt. Darin hieß es, Heubl werde von seinen Beamten als »stinkfaul« bezeichnet, habe eine Arbeitswoche von acht Stunden und »bedürfe während des Tages einer mehrstündigen Ruhe, zum Beispiel eines langen Nachmittagsschlafs, für den er in Decken gehüllt werden« müsse. Heubl verrate Gemeinheiten über Strauß, etwa: »Strauß ist out. Jetzt ist er besoffen.« Oder: »Für den bayerischen Ministerpräsidenten braucht's einen Herrn, und Strauß ist kein Herr.« Der frühere Büroleiter von Strauß hat Jahrzehnte später gestanden, den Bericht in Strauß' Auftrag verfasst zu haben.

Auch der ehemalige CSU-Chef Theo Waigel wurde Opfer gezielter Gerüchte, als er mit Edmund Stoiber um das Amt des Ministerpräsidenten konkurrierte. Plötzlich kursierte die Frage, ob ein

Mann, der verheiratet sei und außerdem noch eine Freundin habe, wirklich Ministerpräsident werden könne. Waigels Kandidatur hatte sich damit erledigt. Monika Hohlmeier, Strauß' Tochter, brachte es zur jüngsten Kultusministerin in Bayern, musste aber gehen, als bekannt wurde, dass sie Parteifreunden mit Enthüllungen gedroht habe. Hohlmeier bestreitet die Vorwürfe, aber die eigenen Parteifreunde bestätigten die Drohungen eidesstattlich in einem Untersuchungsausschuss. Die CSU hat ihr inzwischen verziehen; Hohlmeier sitzt weiter im Landtag und will erneut kandidieren.

Im Dezember 2006 und Januar 2007 begann der aktuelle Zyklus von Intrigen und Gerüchten gegen den Ruf von CSU-Politikern. Zunächst wurde publik, die bayerische Staatskanzlei habe das Privatleben der geschiedenen CSU-Landrätin Gabriele Pauli nach »Männern und Alkohol« ausgeforscht, wie Pauli berichtete. Angeblich wollten Mitarbeiter von Ministerpräsident Edmund Stoiber an Informationen kommen, um eine unliebsame Kritikerin Stoibers auszuschalten. Als die eigene Partei dann Wochen später Stoiber zur vorzeitigen Aufgabe seines Amtes überredet hatte und sich Bundesernährungsminister Horst Seehofer im Januar 2007 als Nachfolger für das Amt des Parteivorsitzenden der CSU bewarb, konnte er in den Tagen darauf in der *Bild*-Zeitung Einzelheiten über seine Affäre mit einer jungen Frau lesen, die nun von ihm schwanger sei. Wie im Falle von Waigel tauchten auch bei Seehofer innerhalb der CSU Vermutung auf, Parteimitglieder hätten die Informationen gestreut, um die Chancen Seehofers zu mindern. Eindeutige Belege für diese Vermutungen sind allerdings nie öffentlich geworden.

Ist die CSU anfälliger für Rufmord als andere Parteien? Vielleicht. Vielleicht provozieren die nach außen propagierte heile Welt und der missionarisch geäußerte hohe moralische Anspruch das Verbreiten gegenteiliger Gerüchte. Rufmord mag nicht immer direkt ans Ziel führen, aber ist wirksam genug, um auch in Zukunft innerhalb der CSU als Mittel der Politik beliebt zu bleiben.

Bleiben die Vorwürfe gegen Franz Josef Strauß. Vermutlich hätte ich das Memo rasch als dummes Geschwätz abgetan. Völlig ausgeschlossen war der Vorwurf allerdings nicht: Hatte Strauß nicht zu Beginn seiner Karriere in Schongau vor Lynchjustiz gewarnt und später, zu Zeiten der RAF, »verkleidet in die Form der Wiedergabe von Volkes Meinung«, wie Stefan Aust schrieb, mit Standgerichten gedroht? Angeblich wollte er für jede tote Geisel einen RAF-Häftling erschießen lassen, berichtet Aust in seinem Buch »Der Baader Meinhof Komplex«. Und außerdem war da noch ein zweites Schreiben eines Bürgers aus Schongau, der Strauß offenbar verleumdete: Strauß habe einen Gegner bei einer Wahl bestochen, um wieder gewählt zu werden, und als Landrat Schwarzmarktgeschäfte betrieben, hieß es darin. Das passte zu der Bemerkung, Strauß habe damals so viel gestohlen, dass er nicht mehr aus dem Gefängnis herausgekommen wäre, »wenn es nach Recht und Ordnung gegangen wäre« – auch so ein Satz, der wie Verleumdung klingt. Aber dieser letzte Satz stammt von Strauß selbst, von ihm notiert für seine Autobiografie. Und die Vorwürfe der Wahlfälschung bestätigte mir Ernst Weeber, der mit Strauß die CSU im Landkreis Schongau aufgebaut und mit ihm im Kreistag gesessen hat: Weeber spricht mir aufs Tonband, gemeinsam hätten sie einen Kreisrat der SPD bestochen, er solle für Strauß stimmen und erhalte dafür einen ertragreichen Kioskplatz. Einen besseren Beleg als die Bestätigung von einem Parteifreund und Mittäter kann man sich kaum wünschen. Wenn sich also der vermeintlich verleumderische Vorwurf der Wahlfälschung als richtig erweist, sollte ich dann nicht wenigstens auch dem anderen Vorwurf nachgehen?

Immerhin erinnerte sich die ehemalige Sekretärin von Strauß, Ermelinde Bauer, an einen aufsehenerregenden Dreifachmord im Landkreis Schongau, den angeblich Polen begangen haben. Als Tochter des ehemaligen Landrats Bauer, des Chefs von Strauß, lebte sie damals in Schongau, arbeitete im Landratsamt und kannte Ernest Hauser persönlich, den amerikanischen Sicherheitchef. Sie kann sich an vieles erinnern, nicht aber an eine Verwicklung von Strauß in den Fall. Ein anderer Zeitzeuge von Strauß erinnerte sich dagegen an eine Geschichte, wonach Strauß nach dem Krieg in einen solchen Fall verwickelt gewesen sei. Wieder ist von Polen die Rede, von viel Geld und einer Vertuschung.

Diese Geschichte ist ein Gerücht. Aber es kommt aus dem Mund eines ehemaligen hochrangigen Mitarbeiters im Kanzleramt von Helmut Schmidt. Ich erfahre, dass diese Version angeblich aus

Akten stamme, die der ehemalige Geheimdienstchef Gehlen angelegt habe. Aber der einst hohe Beamte will sich nicht zitieren lassen. Und die Akten, die Strauß be- oder entlastet hätten, seien Strauß auf Geheiß des Bundeskanzlers übergeben worden. Nach dem Sturz von Kanzler Willy Brandt habe Schmidt nämlich peinlichst vermeiden wollen, sich in eine neue Affäre um Geheimdienste verwickeln zu lassen. Damit zog die Bundesrepublik einen Schlussstrich. Eine weitere Möglichkeit, ein wenig Licht in den Nebel der Gerüchte um Strauß zu bringen, wären die Akten der Stasi. Aber die wurden der bayerischen Staatsregierung zur Vernichtung übergeben. Ein Gespräch mit dem ehemaligen Stasichef Markus Wolf kommt nicht zustande. Selbst wenn Wolf gesprochen hätte – würde ich ihm glauben können? Bleibt Pfahls. Vielleicht könnte er den Nebel lichten. Er hat recherchiert, um herauszufinden, was damals geschah, wie aus weiteren Memos hervorgeht. Doch er lehnt ein Interview ab.

Ende der Recherchen. Das heißt: Nicht ganz. Erstaunt bin ich, als ich eines Tages in einem Archiv der Stadt Schongau eine Akte mit Protokollen zu einem dreifachen Mord finde, offenbar jener Tat, auf die sich das Pfahls-Memorandum bezog. Demnach haben Polen bei Schongau wiederholt Einheimische überfallen und beraubt, weil sie sich rächen wollten an den Deutschen für das Unrecht, das sie ihnen angetan hatten, oder weil sie glaubten, der Besitz der Kriegsverlierer stehe ihnen zu. Nacheinander erschossen drei Polen einen 33-jährigen Käser und zwei Bauern im Alter von 52 und 59 Jahren.

Franz Josef Strauß war im Landratsamt zuständig für Polizei und Sicherheit der Bevölkerung und wurde umgehend aktiv. In einem Brief an die Regierung von Oberbayern in München berichtete Strauß, er könne »keine Gewähr mehr dafür geben, dass nicht die seit Monaten gequälte und eingeschüchterte Bevölkerung, die sich schutzlos und wehrlos diesen organisierten Verbrecherhorden preisgegeben sieht, zur Selbsthilfe greift und diese verhaßt gewordenen Ausländer, ob schuldig oder unschuldig, tot schlägt«. Zur Abhilfe empfiehlt er, der Zivilbevölkerung zu gestatten, sich zu bewaffnen: »In jeder Gemeinde, auf jedem Einödhof muß eine bestimmte Anzahl von Schusswaffen vorhanden sein.«

Der amerikanische Ermittler Ernest F. Hauser meldet am 17. Dezember 1946 an Franz Strauß die Festnahme von drei der sechs

Polen. Über den Aufenthalt der anderen Beteiligten lägen detaillierte Hinweise vor, denen die Polizei nachgehe. Die drei Festgenommenen hätten bereits Geständnisse unterschrieben, in denen sie ihre Teilnahme an den Morden bestätigten. Diese Protokolle liegen bei den Akten. Die Täter werden zu lebenslänglichem Zuchthaus bzw. zum Tod verurteilt, wie Strauß der Bevölkerung vermeldet. Dass Strauß bei der Ergreifung der Täter dabei gewesen sein und einen erschossen haben soll, davon ist in den Protokollen keine Rede. Fakt ist: Es gibt keinen Hinweis, der das Gerücht aus dem Memo von Pfahls belegt.

In meinem Buch über Strauß erwähne ich den Dreifachmord, nicht aber die anonymen Beschuldigungen, die Pfahls notierte. Es gibt zu viele Ungereimtheiten, zu wenig Klarheit, zu wenig Belege. Es gibt allerdings einen guten Grund, den Vorfall in einem Buch über Rufmord zu erwähnen. Er ist ein Beleg, dass Journalisten, die Strauß ablehnten, nicht jeden x-beliebigen Versuch unternahmen, Strauß zu verleumden. Es gab Recherchen von einem Journalisten der BBC, vielleicht auch von anderen Medien. Es gab Anfragen im Büro von Strauß; notwendige journalistische Pflicht, einen Vorwurf zu prüfen und den Betroffenen zu hören. Aber diesen Rufmord, der Strauß einer solchen Tat beschuldigt hätte – den gewaltigsten Rufmord, den Strauß und die CSU je erlebt hätten –, den gab es nicht.

Andreas Förster

Skandalisierung statt Aufklärung

Die Fälle Michel Friedman und Manfred Kanther

Das Wort Skandal kommt aus dem Griechischen und steht dort für »Ärgernis« und »anstößiges Ereignis«. Ein ziemlich alltäglicher Begriff also – der gleichwohl in unserer Alltagssprache und auch im deutschen Journalismus bis weit in die achtziger Jahre des vergangenen Jahrhunderts hinein mit Bedacht und Zurückhaltung eingesetzt wurde. »Skandal« galt seinerzeit noch als Superlativ, als ein Urteilsspruch, mit dem durch Gerichte, Medien oder Untersuchungsausschüsse aufgeklärte Fälle von politischem, juristischem oder moralischem Versagen etikettiert wurden. Dagegen galt die »Affäre« als eine Art semantische Vorstufe des Skandals. In der Affäre waren die anrüchigen Vorgänge noch unaufgeklärt, die Trennschärfe zwischen Behauptungen, Verdächten und Tatsachen nicht hergestellt.

In den letzten Jahren aber hat sich die Verwendung des Skandal-Begriffs verändert. Nicht nur, dass jedes Gerücht gleich zum Skandal hochstilisiert wird, bevor man es geprüft und kritisch hinterfragt hat. Das Wort hat auch seine Exklusivität verloren: Ob die Folterungen von Gefangenen in US-Gefängnissen wie Guantánamo oder Abu Ghoreib, der bloße Nippel von Janet Jackson oder der Zungenkuss Madonnas mit Britney Spears – all diese Vorgänge werden nicht mehr nur vom Boulevard, sondern auch von den sogenannten seriösen Medien unterschiedslos als Skandale verkauft. Die lesende und fernsehende Kundschaft hat dies akzeptiert und ergötzt sich in einer Mischung aus Ekel und klammheimlicher Begierde an der scheinbar zunehmenden moralischen Verkommenheit ihrer skandalisierten Welt.

Die zunehmende Inflation des Begriffs in den Printmedien lässt sich zahlenmäßig nachweisen. Im elektronischen Archiv eines großen Berliner Verlages, das die Artikel der 15 wichtigsten Zeitungen und Magazine Deutschlands als Volltextversionen speichert, taucht das Wort Skandal im Jahr 1996 in 3879 Beiträgen auf. Schon zwei Jahre später liegt die Zahl bei 4906, zur Jahrtausendwende steht die Marke bei 6627 Artikeln. Und es geht weiter aufwärts: Im Jahr 2006 verwendeten 7125 journalistische Beiträge der in dem Archiv gespeicherten Printmedien den Begriff des Skandals – das sind fast doppelt so viele wie noch zehn Jahre zuvor.

Nun ließe sich die moralische Entwertung des Skandal-Begriffs als weiteres Beispiel für die Folgen einer verarmten deutschen Sprache beklagen. Aber das Problem hat noch eine andere Dimension. Denn längst wird die Skandalisierung auch zu Manipulation und Desinformation benutzt, etwa wenn es darum geht, Vorgänge zu verschleiern und ihren tatsächlichen Hintergrund zu verbergen. Die Masse der Gesellschaft nimmt das weitgehend klaglos hin, sehnt sie sich doch nach einfachen, überschaubaren Erklärungsmustern. Eine Sehnsucht, die paradoxerweise mit den dank Internet wachsenden Zugangsmöglichkeiten zu immer mehr Informationen zunimmt. Doch gerade der Überfluss von Informationen im Internet und die damit einhergehende Unüberschaubarkeit dessen, welche davon richtig oder falsch sind, bei welchen es sich um Gerüchte und Tatsachen handelt, wird von vielen als bedrohlich empfunden.

Und so giert das Publikum nach der Theaterbühne, wo ihm ein Hauptdarsteller im Scheinwerferlicht präsentiert wird. Das Licht, das auf diese Person fällt, reicht zwar bei weitem nicht, um das Dunkel im Bühnenhintergrund auszuleuchten. Aber wozu auch, wird doch der Eindruck vermittelt, mit der Hauptfigur sei das ganze Stück erzählt.

In den meisten Fällen sind es nicht einmal die Medien, die den Scheinwerfer betätigen. Auch sie spielen dann nur mit, beschränken sich auf die Beschreibung dessen, was auf der Bühne ausgeleuchtet wird. Dunkler Mächte oder Strippenzieher, die im Hintergrund Einfluss auf Recherchen der Journalisten nehmen, bedarf es dabei kaum. Das System reguliert sich selbst – durch Anpassung an politische und wirtschaftliche Interessen von Medien und Journalisten, durch finanzielle Zwänge – investigative Recherche ist zeitaufwendig und teuer –, aber auch durch zunehmende Konkurrenz und Neid zwischen Redaktionen und Redakteuren.

An zwei Beispielen aus der jüngeren Vergangenheit sei im Folgenden aufgezeigt, wie die Skandalisierung einzelner Personen dazu führt, dass Hintergründe und Zusammenhänge des eigentlichen Skandals aus dem Blickfeld der Öffentlichkeit verschwinden. Das konnte in diesen Fällen auch deshalb funktionieren, weil die skandalisierten Persönlichkeiten – der TV-Moderator und einstige Vizechef des Zentralrats der Juden, Michel Friedman, und Ex-Bundesinnenminister Manfred Kanther – einen hohen moralischen Anspruch vertraten, der im krassen Widerspruch zu ihrem später bekannt gewordenen rechtswidrigen Verhalten stand.

Am Morgen des 11. Juni 2003, einem Mittwoch, erscheinen Ermittler mit einem Durchsuchungsbefehl in Michel Friedmans Rechtsanwaltskanzlei in der Fürstenberger Straße in Frankfurt am Main. Ein zweites Team mit Frankfurter Polizisten und einem Berliner Staatsanwalt taucht in der Wohnung des Anwalts im Stadtteil Westend auf. Auch hier wird durchsucht, außerdem präsentiert der Staatsanwalt einen richterlichen Beschluss zur Entnahme einer Haarprobe bei Friedman. Auf diese Weise soll geklärt werden, ob der TV-Moderator Drogen konsumiert hat.

Die Durchsuchungsaktion ist ein voller Erfolg. Im Schreibtisch der Kanzlei und in einer Schlafzimmerkommode in der Wohnung finden die Beamten daumengroß gefaltete Papierzettel – »szenetypische Päckchen« nennt die Staatsanwaltschaft das später – mit Rückständen von weißem Pulver. Es ist Kokain. Von dem Rauschgift finden sich auch Nachweisspuren in Friedmans Haaren.

Die Durchsuchung beherrscht die Schlagzeilen und Nachrichtensendungen am Donnerstag. Doch noch am selben Tag kommt heraus, dass Friedman auch in einem Ermittlungsverfahren um Menschenhandel und Zwangsprostitution eine Rolle spielt. Er soll sich mehrfach bei einem Zuhälter in Berlin Frauen bestellt haben. Zwei dieser Prostituierten, die Friedman in seinem Zimmer im noblen Berliner »Interconti«-Hotel besuchten, hatten sich bei ihren Vernehmungen daran erinnert, dass Friedman Kokain geschnupft habe.

Die Geschichte um den koksenden Freier Friedman beginnt freilich schon ein Vierteljahr vorher. Am 11. März 2003, zwischen 11.15 und 11.45 Uhr, wird auf dem Besucherparkplatz des Grenzschutzpräsidiums Ost in Berlin-Friedrichshain ein Dienstfahrzeug der Elitetruppe GSG-9 aufgebrochen. Die Spezialkämpfer waren zu einer Einsatzbesprechung über einen bevorstehenden Zugriff im Rotlichtmilieu nach Berlin gekommen. Die im Fahrzeug deponierten Waffen bleiben unberührt, nur ein Laptop und Unterlagen über die geplante Razzia werden entwendet. Seltsam: Die sechs Kameras, die den Parkplatz eigentlich überwachen sollen, sind an diesem Tag abgeschaltet.

Auf dem Laptop sollen sich brisante Daten aus einem Ermittlungsverfahren befunden haben, das Polizei und Bundesbehörden seit dem Frühsommer 2002 führen. Die Abteilung Kriminalitätsbekämpfung des Bundesgrenzschutzes ist einem Ring von polnischen und ukrainischen Menschenhändlern auf der Spur, die junge Frauen nach Deutschland schleusen und hier zur Prostitution zwingen. Bei der Telefonüberwachung der drei Hauptverdächtigen stockt den Fahndern ein ums andere Mal der Atem: Bekannte Persönlichkeiten, darunter hochrangige Politiker und Diplomaten, bekannte Mediengrößen und Vereinsfunktionäre bestellen bei den kriminellen Luden Prostituierte für 90 Euro pro Stunde in Berliner Nobelhotels. Dabei soll auch ein CDU-Präsidiumsmitglied und hochrangiger Landespolitiker gewesen sein. Der Mann schickt immer seine Bodyguards weg, wenn er aus seinem Berliner Hotelzimmer heraus die Mädchen geordert hat. Auch aus Bundestagsbüros, so wird später bekannt, ist mehrmals bei dem Zuhälterring angerufen worden.

Den drei Hauptbeschuldigten drohen langjährige Freiheitsstrafen (zu denen sie dann auch tatsächlich verurteilt werden). Der Vorwurf: schwerer Menschenhandel. Sie hatten Frauen aus der Ukraine nach Deutschland geschmuggelt und sie hier anschaffen lassen. Von dem Geld, das sie für ihre Sexdienste bekamen, mussten die Frauen den Großteil an ihre Zuhälter abführen, um die »Transport- und Vermittlungskosten« von 10 000 Euro abzuzahlen. Manche von ihnen wurden auch verkauft: Eine ging für 3500 Euro an einen Zuhälterkollegen, eine andere wurde von ihrem verliebten Kunden für 20 000 Euro freigekauft.

Die prominenten Kunden müssen keine Ermittlungen gegen sich fürchten, denn käuflicher Sex mit Zwangsprostituierten ist nicht strafbar. Aber die Freier kommen natürlich als Zeugen in einem Strafverfahren gegen die Luden in Betracht. In dieser Situation geschieht der mysteriöse Einbruch in das GSG-9-Auto. Als auch noch die Medien darüber berichten, gibt es schließlich kein Zurück mehr. Die Ermittlungen müssen nun zu einem Ende gebracht werden. Am 23. April 2003 werden in einer Großrazzia in Berlin die drei Haupttäter und acht Prostituierte festgenommen.

Zu diesem Zeitpunkt sind die heiklen Telefonprotokolle und die Liste der prominenten Freier schon längst unter Verschluss. Die Staatsanwaltschaft setzt alles daran, die Namen nicht bekannt werden zu lassen, obwohl sie schon längst unter Journalisten kursieren. Ohne einen schriftlichen Beleg aber können die Medien diese Namen nicht veröffentlichen.

In dieser Situation kommt es zu der belastenden Kokain-Aussage gegen Friedman. Der Moderator ist damit plötzlich kein Zeuge mehr, sondern ein Beschuldigter, weil er den Prostituierten auch das Rauschgift angeboten haben soll. Die Berliner Staatsanwaltschaft legt nun eine bemerkenswerte Aktivität an den Tag. Schon kurz nach der – auch im Hinblick auf ihre Medienwirksamkeit – erfolgreichen Durchsuchung bei Friedman ist die Ermittlungsbehörde alles andere als zurückhaltend bei ihren Erklärungen zum Stand des Verfahrens. Gleichzeitig sickern immer mehr Details über die Ermittlungen an die Medien durch. Nur die Namen von anderen prominenten Freiern der ukrainischen Zwangsprostituierten bleiben weiter geheim.

Öffentlichkeit und Medien reagieren sich derweil an Friedman ab. Der unbequeme Mahner und selbstverliebte Moralist, der sich so gern als unbestechlicher und nur der Wahrheit verpflichteter Mann gibt, der in seiner Talkshow seinen Gästen »scharf und schonungslos in der Sache«(Friedman über Friedman) unangenehm auf die Pelle rückt, ist vielen ein Dorn im Auge. Ein Mann, der die Öffentlichkeit liebt und provoziert wie er, der auf kaum einer Party fehlt und zu vorschnellen wie scharfen Urteilen neigt, ist ein ideales Opfer, wenn sich das Schicksal plötzlich gegen ihn wendet.

Auffällig aber ist, dass sich das mediale Trommelfeuer auf die Person Friedmans und seinen Drogenkonsum konzentriert. Darüber, dass er und andere Politiker und Prominente sich mit Menschenhändlern und Zwangsprostituierten eingelassen haben, wird schon nach kurzer Zeit kaum mehr berichtet. Nur der *Spiegel* etwa und die *Süddeutsche Zeitung* nutzen die Gelegenheit, wenigstens am Rande der aktuellen Berichterstattung über den Fall Friedman auch Mädchenhandel und sexuelle Ausbeutung zu thematisieren.

Dabei sind die Fakten erschreckend: Mindestens eine halbe Million Frauen und Kinder werden jährlich in die EU verschleppt und dort sexuell ausgebeutet. Die meisten von ihnen sind zwischen 18 und 25 Jahren alt, sie stammen vornehmlich aus Mittel- und Osteuropa. Der Gewinn der Schleuserbanden wird auf bis zu 13 Milliarden Dollar geschätzt – pro Jahr. Den Frauen wird häufig der Pass abgenommen, sie müssen für ihre Zuhälter arbeiten und können nur einen Bruchteil des mit ihrem Körper verdienten Geldes behalten, viele von ihnen werden vergewaltigt, misshandelt und mit dem Tod bedroht.

Aber eine politische Diskussion darüber kommt erst gar nicht in Gang. Keine der Parteien will sich mit dem Thema befassen, offenbar ist die Sorge groß, dass doch der eine oder andere prominente Name in diesem Zusammenhang publik werden könnte. Die ganze Affäre soll schnell über die Bühne gehen, und das tut sie auch.

Selbst für Friedman dreht sich der Wind. Nach knapp zwei Wochen verliert die Geschichte an Fahrt, plötzlich sieht sich die Staatsanwaltschaft im Kreuzfeuer der Kritik. Unverhältnismäßig sei das Vorgehen der Ermittler gegen den TV-Moderator, klagen Politiker, Medien spekulieren über eine Kampagne mit antisemitischem Hintergrund, der *Zeit*-Herausgeber Michael Naumann sieht gar einen »durchgeknallten« Generalstaatsanwalt am Werk. Als noch einmal kurz die Meldung für Schlagzeilen sorgt, dass aus rund 40 Bundestagsbüros Prostituierte geordert worden sein sollen, ist es ein Sprecher der Staatsanwaltschaft, der in bemerkenswert offenen Worten den Vorgang abbügelt: Es handele sich hierbei nur um einen »Nebenkriegsschauplatz«, der für die Ermittlungen unerheblich sei.

Auch über Friedmans »Nebenkriegsschauplatz«, den Kauf von zum Sex gezwungenen Frauen, redet kaum jemand mehr. Aus der Prostituierten- ist längst eine Koksaffäre geworden, für die Friedman 17 400 Euro Strafe zahlt. Sein gesellschaftlicher Absturz ist tief, aber nicht abgrundtief. Er verliert – zeitweise – seine Talkshow, er muss seinen Präsidiumsplatz im Zentralrat der Juden räumen. Und er muss sich – vielleicht die größte Schmach für ihn – öffentlich entschuldigen und um eine zweite Chance bitten.

Schon Anfang Juli, nach einem Monat, ist der auf einen Fall Friedman geschrumpfte Skandal um den sexuellen Missbrauch von Frauen durch Politiker und Prominente beendet. Nur einmal noch kocht die Geschichte kurz auf, als die CDU/CSU-Opposition im Bundestag im Jahr 2005 einen Untersuchungsausschuss anzettelt, der Unregelmäßigkeiten bei der Visavergabe in der deutschen Botschaft in Kiew prüfen soll. Die Union setzt alles daran, um in diesem Ausschuss dem Außenminister Joschka Fischer (Grüne) eine Mitverantwortung nicht nur an der Visaaffäre in die Schuhe zu schieben, sondern auch am Schmuggel von Zwangsprostituierten nach Deutschland. Flankiert wird diese Attacke von einem Gesetzentwurf, wonach künftig auch Freiern von Zwangsprostituierten der Prozess gemacht werden können soll.

Mehrere Anfragen der *Berliner Zeitung* aus dem Jahre 2005, ob solch ein Gesetz auch auf solche Fälle wie den eines bis heute öffentlich ungenannt gebliebenen CDU-Präsidiumsmitglieds angewendet werden könne, der ebenso wie Friedman die Dienste der ukrainischen Zwangsprostituierten in Anspruch genommen haben soll, ließ Angela Merkel unbeantwortet. Auch auf die Frage, ob der heute noch in Amt und Würden stehende Politiker mit innerparteilichen Konsequenzen seines Tuns rechnen muss, wollte die heutige Kanzlerin keine Antwort geben.

Manfred Kanther betritt am 14. Januar 2000 die Bühne eines Spektakels, das zu diesem Zeitpunkt schon einige Wochen lang das Publikum in Atem hält. Es geht um ein geheimes System von Schweizer Schwarzgeldkonten, auf die Altbundeskanzler Helmut Kohl illegale Spenden buchen ließ, um sich den finanziellen Freiraum für seine Machtspielchen in der CDU zu schaffen. Als alle schon damit rechneten, dass sich der Skandal auf Kohl und seine Helfershelfer Uwe Lüthje und Horst Weyrauch beschränken werde, meldet sich plötzlich die hessische CDU zu Wort. Eine Liechtensteiner Stiftung »Zaunkönig« sei aufgetaucht, auf deren Schweizer Konten sich noch 17 Millionen Mark befänden, erklärte Hessens Ministerpräsident und CDU-Landeschef, Roland Koch, an jenem Januartag. Und er präsentierte auch gleich einen Schuldigen, der ihn, den ehrgeizigen Politiker, offenbar vor einem abrupten Karriereende bewahren soll: Manfred Kanther, einst Bundesinnenminister in Kohls Kabinett.

Kanther übernahm die Verantwortung dafür, die illegalen Millionen der Hessen-CDU vor Koch, seinem Nachfolger als Landesparteichef, verheimlicht zu haben. Er habe es auch geduldet, so Kanther weiter, dass der hessische CDU-Schatzmeister Casimir Prinz zu Sayn-Wittgenstein Teile des Millionenvermögens – als jüdische Vermächtnisse getarnt – in den Haushalt der Hessen-CDU geschleust habe.

Mit seinem Schuldeingeständnis stellte sich Kanther nicht nur vor Koch, sondern zog auch stellvertretend für ihn Empörung und Häme von Parteifreunden und Medien auf sich. Das gelang, weil Kanther – wie drei Jahre später Michel Friedman – ein ideales Opfer war: In seiner Amtszeit als Innenminister hatte er sich als ebenso schneidiger wie gnadenloser Verfechter von »law and order« präsentiert und mehr als einmal den Zorn von Opposition und liberalen Journalisten auf sich gezogen. Nun musste sich Kanther gefallen lassen, an seinen starken Sprüchen von damals gemessen zu werden.

Bei aller Empörung über den CDU-Politiker aber geriet eine Frage in den Hintergrund: Woher stammten die Millionen auf den Schweizer Konten der Hessen-CDU? Zwei Untersuchungsausschüsse – vom Bundestag und vom Landtag – versuchten sich nur halbherzig an der Aufklärung dieser Frage; auch die Justiz, die Kanther 2005 wegen Untreue zu einer Bewährungs- und Geldstrafe verurteilte und auch seinen Helfershelfern Weyrauch und Sayn-Wittgenstein den Prozess machte, gab entsprechende Ermittlungen bald auf.

Einer weitaus heißeren Spur aber ging niemand in Deutschland nach, obwohl das Schweizer Magazin *Facts* im Oktober 2000 darauf hingewiesen hatte. Diese Spur führt in die Vergangenheit, in die Anfangsjahre der Bundesrepublik und zu einer Gruppe ehemaliger Nazigeheimdienstler. Deren Liechtensteiner Firma »Oktogon-Trust« hatte sich Anfang der fünfziger Jahre in ein Waffengeschäft, das der Bewaffnung der neu zu gründenden Bundeswehr dienen sollte, als Vermittler eingeschaltet. Es ging um die Lieferung von HS-30-Schützenpanzern einer Genfer Rüstungsfirma an Deutschland, der Wert lag bei insgesamt 2,8 Milliarden DM. Der Deal wurde bald gestoppt, weil sich die Panzer schnell als unbrauchbar erwiesen, dennoch war der Bundesrepublik ein Schaden von mindestens 200 Millionen DM entstanden.

Zu den Gewinnern des Geschäfts gehörten nicht nur die Altnazis aus dem »Oktogon-Trust«, die zusammen mit dem Chef der Genfer Rüstungsfirma insgesamt 30 Millionen DM an Provisionen kassierten. Auch die Bundes-CDU des damaligen Kanzlers Konrad Adenauer soll – so der letztlich nie bewiesene Verdacht – eine satte Wahlhilfe für den Panzerdeal erhalten haben: Nach Informationen des Schweizer Geheimdienstes und der eidgenössischen Bundesanwaltschaft habe die CDU vom »Oktogon-Trust« angeblich 50 Millionen DM »Provision«, also Bestechungsgeld, bekommen. Auch die CSU und der Bundesnachrichtendienst sollen damals die Hand aufgehalten haben.

Noch brisanter als diese Summe aber soll die weitere Herkunft des Geldes sein: Es soll nach Schweizer Geheimdiensterkenntnissen aus der Kriegskasse der deutschen Abwehr, des 1944 aufgelösten NS-Geheimdienstes, stammen. Dieser Geldtopf war mit 250 Millionen Schweizer Franken gefüllt und wurde nach dem Krieg von einem der »Oktogon«-Chefs verwaltet.

War die CDU in den fünfziger Jahren etwa mit Nazigeldern aufgerüstet worden? Ein Untersuchungsausschuss des Bundestages ging Mitte der sechziger Jahre auch dieser Frage nach, als man die Hintergründe des HS-30-Deals aufzuklären versuchte. Doch das Gremium blieb erfolglos, einige Zeugen waren bereits – teils unter mysteriösen Umständen – verstorben, andere mochten oder konnten nichts Erhellendes beitragen. Inzwischen aber sind die Akten der Schweizer Bundesanwaltschaft im Berner Bundesarchiv zugänglich, wo sich Aussagen und Hinweise auf die angebliche CDU-Finanzierung mit Nazigeldern finden. Es könnte also nicht ausgeschlossen sein, dass Teile der »Oktogon«-Gelder an die CDU den Grundstock der Hessen-Millionen bildeten. Vielleicht erklärt dies auch den Satz des CDU-Finanzberaters und Schwarzkontenverwalters Horst Weyrauch, der im Februar 2000 vielsagend raunte, wenn er auspacke, »dann wird die Republik erschüttert«.

Die deutschen Medien haben die Spur in die Vergangenheit nie ernsthaft verfolgt. Sie haben sich blenden lassen von dem Scheinwerfer, der auf Manfred Kanther gerichtet war. Der Ex-Minister wurde im September 2007 wegen Untreue zu einer Geldstrafe verurteilt. Auf Schadenersatzansprüche gegen Kanther hat die CDU bislang verzichtet. Möglicherweise als Dank für sein Bemühen um Aufklärung – und Vertuschung.

Uli Rauss • Oliver Schröm

Der Fall Murat K.

Wie die Medienkampagne gegen ein Guantánamo-Opfer den Ruf des Außenministers rettete

Nach fünf Stunden im BND-Untersuchungsausschuss weicht die Spannung. Frank-Walter Steinmeier hat schon vor geraumer Zeit sein dunkles Jackett ausgezogen. Nun sitzt er da im blütenweißen Hemd, die Arme hinterm Kopf verschränkt. Die Körperhaltung des deutschen Außenministers signalisiert: Ihr könnt mir nix mehr anhaben, ich bin ganz entspannt. Es ist geschafft.

Mit einem solch glimpflichen Verlauf seiner Vernehmung vor dem Gremium des Bundestags konnte Steinmeier lange nicht rechnen. Wochenlang stand er unter Druck, seine Popularitätswerte fielen rapide, als immer mehr Details ans Licht kamen aus seiner früheren Tätigkeit als Kanzleramtschef und Aufseher über die deutschen Nachrichtendienste. Details, die zeigten, wie kaltherzig im Herbst 2002 mit Murat Kurnaz umgegangen wurde, der in Guantánamo einsaß.

Damals wollten die Amerikaner Kurnaz freilassen. Nach zehn Monaten Internierung auf Kuba und Dauerverhören teils unter Folter hielten sie den jungen Mann aus Bremen mittlerweile für unschuldig. Auch zwei Experten des Bundesnachrichtendienstes (BND) und ein Beamter des Verfassungsschutzes (BfV) hatten den Türken in Guantánamo vernehmen dürfen und waren zum selben Ergebnis gekommen. Trotzdem entschieden Steinmeier und die Präsidenten der deutschen Sicherheitsbehörden, Kurnaz nicht wieder nach Deutschland zu lassen.

Vier Jahre später muss sich Frank-Walter Steinmeier als Außenminister für diese Entscheidung im BND-Untersuchungsausschuss rechtfertigen. Die Aussage fällt auf gut vorbereiteten Boden. Seit Wochen waren in verschiedenen Medien wie *Bild, Frankfurter Rundschau* oder dem Berliner *Tagesspiegel* Berichte erschienen, die Kurnaz angeblich belasteten. Tenor: Dieser Türke war gefährlich und ist es noch; die Entscheidung von Steinmeier & Co. war also richtig.

Parallel dazu machten die Altvorderen der SPD in einer Reihe von Interviews Stimmung für Steinmeier – und gegen Kurnaz. Exklusiv in *Bild am Sonntag* lobte Ex-Innenminister Otto Schily seinen Parteifreund Steinmeier: »Er hat sich im Fall Kurnaz völlig korrekt verhalten. Ich finde es infam und heuchlerisch, wie gegen ihn argumentiert wird.« Ebenso »exklusiv in *Bild*« stellte sich Gerhard Schröder vor seinen einstigen Adlatus: Steinmeier habe »im Einklang mit der von mir zu verantwortenden politischen Linie völlig korrekt gehandelt«.

Im Interview mit der *Zeit* versteigt sich Schily gar zu der Behauptung: »Die These, Kurnaz sei harmlos, beruhte doch auf völliger Unkenntnis.« Der Ex-Innenminister weiter: »Wer sich kurz nach den Anschlägen vom 11. September 2001 einen Kampfanzug, ein Fernglas und Schnürstiefel kauft und, ohne sich von seiner Familie in Bremen zu verabschieden, nach Pakistan reist, will dort ja wohl nicht mit dem Fernrohr Allah suchen.« Doch die Kampfhose entpuppt sich als Outdoorhose mit abtrennbaren Beinteilen. Die Kampfstiefel: modische Kangoo-Boots.

Nun, am Nachmittag des 29. März 2007, setzt Steinmeier im BND-Auschuss fort, was in den Medien schon passiert war: Er macht das Folteropfer Murat Kurnaz zum Rufmordopfer. Mit breiter Brust sitzt er vor den Ausschussmitgliedern und trägt sein Manuskript vor. Redet davon, »dass Herr Kurnaz die Absicht hatte, an der Seite der Taliban zu kämpfen«, für die er sich »begeisterte« und »deren politische Ziele und Ideologie er teilte«. Es gibt in Regierungsunterlagen jedoch keinen Beleg, dass Kurnaz wirklich in Afghanistan gekämpft hat oder dort kämpfen wollte. In keiner Akte steht, dass er die Ideologie der Taliban teilte. Er kannte sie nicht einmal. CIA-Experten und Fachleute des Bundesnachrichtendienstes stellten fest, dass Kurnaz mit den Taliban überhaupt nichts zu tun hatte.

Steinmeier zieht im Untersuchungsausschuss sogar Parallelen zwischen den Lebensläufen der Hamburger Attentäter vom 11. September und der »islamistischen Radikalisierungsbiographie« von Murat Kurnaz. Unterschiede zwischen den Lebensläufen von Kurnaz und Atta & Co. lässt er weg. Auch diese Botschaft des deutschen Außenministers ist inkorrekt. Kurnaz hat mit

Al-Qaida-Strukturen nichts zu tun, geschweige denn mit Personen aus dem Terrornetzwerk. Das steht deutlich in Unterlagen von BND und Verfassungsschutz, die auch Steinmeier kennen müsste: zum Beispiel in Vermerken jener deutschen Terrorexperten, die Kurnaz in Guantánamo zwölf Stunden lang verhörten.

Steinmeier ignoriert, dass Murat Kurnaz im Oktober 2001 ohne einschlägige Kontakte und Anlaufadressen nach Pakistan flog, dort ziemlich planlos herumreiste, bevor er nach zwei Monaten von Sicherheitskräften aus einem Bus auf dem Weg zum Flughafen in Peschawar geholt, verhaftet und an die Amerikaner übergeben wurde, vermutlich wie so viele andere für ein Kopfgeld als Terrorverdächtiger. Kurnaz wollte nach Hause fliegen und hatte Geschenke für die Familie in Bremen im Gepäck. Seine Aussagen vor drei Untersuchungsausschüssen in Brüssel und Berlin wurden von Politikern aller Couleur als glaubhaft bewertet. Staatsanwälte, Polizeifahnder, amerikanische Militärs und Geheimdienstler, deutsche und türkische Nachrichtendienste fanden, teils selbst unter Einsatz rechtsstaatlich verbotener Methoden, nichts, was dieser Version auch nur halbwegs glaubhaft widerspräche.

Doch Frank-Walter Steinmeier ignoriert das alles. Er hat seine Botschaft an diesem Nachmittag in Berlin, und er vermittelt sie erneut, indem er eine Aussage des Geheimdienstkoordinators der Bundesregierung zitiert: »Kurnaz war und ist ein Sicherheitsrisiko.«

Rückblende. Am Abend des 24. August 2006 kommt Murat Kurnaz, gefesselt an Händen und Füßen, aus Guantánamo nach Deutschland zurück. Er landet im US-Stützpunkt Ramstein und sieht im Seniorenheim des Roten Kreuzes in Kaiserslautern seine Familie wieder. Als sie losfahren Richtung Bremen, ahnen sie nichts von den »Anschlussmaßnahmen« des Verfassungsschutzes. Kurnaz sitzt im Daimler seiner Eltern – verfolgt von einer Observationsgruppe aus Rheinland-Pfalz. Am Rasthof Lichtenhof an der A1 übernimmt ein Trupp aus Bremen. Für den Verfassungsschutz hat der Fall »höchste Priorität«, es gibt »Zusagen an die Amerikaner«.

Der weitere Verlauf der Nacht ist protokolliert: »1.04 Uhr. Beide Zielfahrzeuge fahren auf den Autobahnparkplatz Plügger Heide. Hier suchen die Insassen nacheinander die dort befindliche WC-Anlage auf. Nachdem auch die Zielperson vom WC zurückgekehrt ist, verharrt sie für einen längeren Moment allein auf dem Gehsteig zwischen WC und PKW, geht langsam auf und ab und blickt in den Himmel.« Das Leben der Anderen. Die Wirklichkeit war bewegender: Murat Kurnaz konnte in Guantánamo wegen des grellen Neonlichts nie die Sterne sehen und erlebt diesen Anblick nun erstmals seit fünf Jahren. Vom Vater hat er gerade erfahren, dass seine Frau drei Jahre auf ihn gewartet hat. Sie hatte sich entschieden, nicht zu ihm nach Deutschland zu kommen. Der Vater hat noch etwas mitgeteilt: Murats Lieblingsonkel ist gestorben.

Sechs Wochen später gibt Murat Kurnaz das erste Interview nach seiner Freilassung. Er ahnt nicht, dass der Verfassungsschutz ihn unter dem Codewort »Kornkammer« observiert. Scheinbar emotionslos schildert der junge Moslem mit dem langen Bart dem *Stern* das System Guantánamo: das Brechen völlig rechtloser Gefangener durch US-Militärs und Geheimdienste, deren physische und psychische Foltermethoden, die Suizidversuche von Mithäftlingen, den Wahnsinn in der Eiseskälte der Isolationszellen, das Leiden eines beidbeinig amputierten Käfignachbarn.

Was Kurnaz sagt, deckt sich mit Berichten entlassener Mithäftlinge, mit Schilderungen ehemaliger Guantánamo-Bediensteter, amerikanischer Militärpfarrer, Dolmetscher, Verhörexperten, Ermittler. Guantánamo ist grausam. FBI-Beamte schrieben schon Ende 2002 interne Vermerke, die an Folter keinen Zweifel lassen: über einen Häftling, dessen bärtiger Kopf mit grünem Kreppapier verklebt war und wie der einer Mumie aussah, über Gefangene, die stundenlang in Verhörcontainern angekettet auf dem Boden lagen, besudelt von eigenem Kot und Urin. Vor Gericht erreichten Bürgerrechtler in den USA Jahre später, dass die Bush-Regierung diese Vermerke veröffentlichen musste. Wenn es gelingt, auch Fotos oder Videos solcher Exzesse publik zu machen (nach Angaben von Augenzeugen existieren solche Aufnahmen), wird Guantánamo das gefühlte Entsetzen über Abu Ghoreib erreichen.

Das Interview von Kurnaz belastet im Herbst 2006 auch die Bundesregierung: Deutschen Geheimdienstlern habe er bei Verhören in Guantánamo von Foltermethoden erzählt, sagte Kurnaz und erwähnte eher beiläufig, dass ihn deutsche Elitesoldaten in einem US-Gefangenenlager in Afghanistan misshandelten.

Nur wenige Tage dauert es, bis auch die Medien die Glaubwürdigkeit des Guantánamo-Rückkehrers erschüttern. »Vieles spricht dafür, dass Kurnaz sich irrt«, schreibt die *Süddeutsche Zeitung*. Der *Spiegel* meldet »Zweifel an Kurnaz«. Dessen Vorwürfe gegen Bundeswehrsoldaten und Verfassungsschützer würden in Berlin angezweifelt. Kurnaz habe behauptet, von deutschen Soldaten auf der US Air Base Kandahar misshandelt worden zu sein, womöglich von Mitgliedern des Kommandos Spezialkräfte (KSK). »Nach ersten Erkenntnissen der Bundeswehr« sei das KSK jedoch zur fraglichen Zeit gar nicht in Afghanistan stationiert gewesen, schreibt das Nachrichtenmagazin, bis auf zwei Offiziere. Auch Angaben über Camouflage-Uniformen »der vermeintlichen deutschen Soldaten« würden »Insider« nicht überzeugen. Die Meldung des *Spiegel* ist falsch. Tatsächlich waren etliche KSK-Soldaten zu dem von Kurnaz angegeben Zeitpunkt in Kandahar, wie der *Stern* in der darauf folgenden Woche anhand von Dokumenten und Fotos belegt.

Nach diesen Enthüllungen geht das Verteidigungsministerium in die Offensive und überrascht mit einem Eingeständnis: KSK-Soldaten waren nicht nur im fraglichen Zeitraum in Kandahar stationiert, sondern sie haben sogar Wachdienst geschoben in dem Folterlager der US-Militärs, wo Kurnaz gefangengehalten wurde – einem Lager, in dem Gefangene nach Aussagen etlicher entlassener Häftlinge mit Elektroschocks, Scheinhinrichtungen, spanischer Schaukel und Waterboarding traktiert wurden. Wurden also unter den Augen und der Obhut deutscher KSK-Soldaten Gefangene durch das US-Militär gefoltert?

Um dieser Frage nachzugehen, konstituiert sich der Verteidigungsausschuss des Bundestags zum Untersuchungsausschuss. Zudem rufen die Enthüllungen die Staatsanwaltschaft Tübingen auf den Plan. Die Strafverfolgungsbehörde will geklärt wissen, ob Kurnaz in Kandahar von KSK-Soldaten misshandelt worden ist.

Erste Ermittlungen lassen Schlimmes befürchten: Unter Dutzenden aktuellen Fotos identifiziert Kurnaz jenen Soldaten, der ihm fünf Jahre zuvor in Afghanistan angeblich den Kopf in den Dreck gedrückt hat. Der Soldat und sein Patrouillenkamerad geben eine Begegnung mit Kurnaz in Kandahar zu, bestreiten aber Misshandlungen und weisen Kurnaz' Vorwürfe als »frei erfunden« zurück. Monate später will die Staatsanwaltschaft Tübingen trotz »grundsätzlicher Glaubwürdigkeit von Kurnaz« das Verfahren einstellen. Die Begründung: »Trotz verbleibenden Verdachts lässt sich nach Auffassung der Staatsanwaltschaft ein Nachweis nicht führen«, sagt der Leitende Oberstaatsanwalt.

Bald hat auch Frank-Walter Steinmeier ein Problem. Auf Drängen der Opposition erweitert der BND-Ausschuss, der die heimliche Kooperation der früheren rot-grünen Bundesregierung in George Bushs brutalem »War on Terror« und im Irakkrieg aufhellen soll, sein Mandat. In den folgenden Monaten steht die Rolle der Regierung Schröder im Fall Kurnaz im Mittelpunkt. Der *Stern* schreibt im Dezember 2006, dass unter Rot-Grün eine von den Amerikanern offerierte Rückkehr von Kurnaz nach Deutschland im Oktober 2002 verhindert worden sei, wofür Außenminister Steinmeier verantwortlich wäre, damals Chef im Kanzleramt und zuständig für die deutschen Geheimdienste.

Mitte Januar 2007 sagt Kurnaz im BND-Ausschuss und im Verteidigungsausschuss des Bundestags aus und erschüttert mit seiner Darstellung Guantánamos zahlreiche Abgeordnete. Der Druck auf Steinmeier wächst. Medien enthüllen, mit welchen bürokratischen Methoden die Bundesregierung Ende 2002 und noch Ende 2005 die Wiedereinreise von Kurnaz verhindern wollte. Im Untersuchungsausschuss bekommen Politiker Dokumente herzloser deutsche Beamtengründlichkeit vorgelegt. Wenn Kurnaz nach Jahren des Leidens nach Bremen käme, solle er ein Schreiben erhalten, auf dessen erster Seite zu lesen ist: »1. Sie werden aus der Bundesrepublik ausgewiesen. 2. Die Ausweisung erfolgt auf unbefristete Dauer. 3. Die Niederlassungserlaubnis ist erloschen. 4. Dieser Bescheid ergeht gebührenfrei.«

Warum ließen Steinmeier und die Präsidenten der deutschen Sicherheitsbehörden Kurnaz im Herbst 2002 in Guantánamo schmoren, obwohl die Amerikaner ihn freilassen wollten? Warum durfte der harmlose Türke nicht zurück in seine Geburtsstadt Bremen, obwohl drei deutsche Geheimdienstexperten, die ihn in Guantánamo verhört hatten, einmütig urteilten, der junge Türke aus Bremen sei nie nach Afghanistan gereist, habe mit Taliban und Terrorismus nichts zu tun und sei einfach nur »zur falschen Zeit am falschen Ort« gewesen? Wie konnte man so technokratisch und herzlos entscheiden? Steinmeiers Spitzenwerte in der Wählerpopularität sinken rapide.

Beraten lässt sich Steinmeier in dieser Situation von einem ehemaligen Journalisten mit besten Kontakten in der Medienszene und besonders zu seinem letzten Arbeitgeber – der *Bild*-Zeitung. Das Massenblatt hatte im Fall Kurnaz von Anfang an Flagge gezeigt. Als die Festnahme des Türken in Deutschland im Januar 2002 bekannt wurde, prägte *Bild* das Unwort vom »Bremer Taliban«: »Das ist er!« Nun beginnt *Bild,* im Verein mit anderen Blättern, eine Kampagne, die das längst widerlegte Stigma wiederbelebt – das Folteropfer wird umgedeutet zum Terrorverdächtigen.

Schlagzeilen, Analysen, Meinungsmache:
– »Warum eigentlich ist die DEUTSCHE Regierung für
   diesen TÜRKEN zuständig« (*Bild*, 23. 1. 2007)
– »Bremer Taliban – wie gefährlich ist er wirklich?«
   (*Bild*, 24. 1. 2007)
– »Wie der Türke Kurnaz zum radikalen Moslem wurde«
   (*Bild*, 1. 2. 2007)
– »Kurnaz, der mutmaßliche Terrorist, wechselt jetzt in die
   Rolle des Opfers. Kann man den Aussagen des Türken
   wirklich Glauben schenken?« (*Welt*, 2. 2. 2007)
– »Er war ein Islamist, vielleicht auf dem Weg zum
   Terroristen.« (*FAZ*, 24. 2. 2007)

Flankiert werden diese Schlagzeilen von den Interviews mit Gerhard Schröder und Otto Schily in *Bild* und *Bild am Sonntag,* in denen sie Steinmeier vehement verteidigen – und Kurnaz attackieren. In *Bild* gibt Außenminister Steinmeier Ende Januar 2007 schließlich sein erstes längeres Interview zum Fall: »Wir haben damals im Kanzleramt nach bestem Wissen und Gewissen gehandelt – und haben uns heute nichts vorzuwerfen.«

So wird der Boden bereitet für Desinformationen auch im BND-Ausschuss. Dort ist SPD-Obmann Thomas Oppermann der Dreh- und Angelpunkt. Steinmeier kennt ihn gut aus den neunziger Jahren, aus seiner eigenen Zeit in der Staatskanzlei unter Ministerpräsident Gerhard Schröder in Hannover. Früher war Oppermann Verwaltungsrichter und niedersächsischer Wissenschaftsminister. Nach einem Karriereknick musste er viel mühsame Basisarbeit machen, um in den Bundestag zu gelangen. Jetzt hat der smarte Politprofi wieder eine Bühne, den BND-Ausschuss, das Interesse der großen Medien.

Im Ausschuss agiert Oppermann mit kleinen Lügen und großer Boshaftigkeit. Der SPD-Mann behauptet beispielsweise, Kurnaz habe geplant, nach Afghanistan zu reisen, um auf der Seite der Taliban zu kämpfen. Nur durch die Festnahme in Pakistan sei Kurnaz davon abgehalten worden. Um diese Unterstellung zu stützen, beruft sich Oppermann auf die Mutter von Kurnaz. Gegenüber der Polizei, behauptet Oppermann, habe Rabiye Kurnaz zu Protokoll gegeben: Sie habe erfahren, dass Kurnaz nach Afghanistan wollte. Im Polizeiprotokoll der Mutter findet sich eine solche Aussage jedoch nicht.

Es ist ein schmutziges Spiel, mit dem am Ende das Ansehen Steinmeiers gerettet würde. Aussagen werden erfunden oder verdreht, Akten und Vermerke, die Kurnaz entlasten, einfach ignoriert. Die Materialien belegen zwar, dass Kurnaz in Bremen in einer radikalen Moschee verkehrte, unter verdächtigen Umständen kurz nach dem 11. September nach Pakistan reiste, aber den Terrorverdacht konnten Bremer Ermittler und amerikanische Verhörexperten nie auch nur annähernd erhärten.

Im September 2002 waren dazu zwei Beamte des Bundesnachrichtendienstes und ein Experte des Bundesamts für Verfassungsschutz nach Guantánamo gereist. In den beiden Tagen nach der Bundestagswahl verhörten sie dort Murat Kurnaz sowie einen als besonders gefährlich eingestuften Terrorhelfer, Mohamedou Ould Slahi, der in Duisburg gewohnt und die Hamburger Attentäter des 11. September möglicherweise rekrutiert hatte.

Die Delegation war mit Bedacht ausgewählt worden: Klaus R., 55 und seit rund 25 Jahren beim BND, koordinierte als Sachgebietsleiter Operationen im Regionalbereich Pakistan/Afghanistan, steuerte jene BND-Verbindungsführer, deren Informanten aufklären sollen, wie verdächtige Organisationen Terrornachwuchs rekrutieren und zu Ausbildungslagern führen. Aus Operationen kennt er die Gruppierung Jamaat al-Tabligh, mit deren Anhängern auch Kurnaz zu tun hatte. Ihm stellte der BND den Diplom-Psychologen Martin D. zur Seite, einen auslandserfahrenen Spezialisten für Terrorismusaufklärung, klassische Radikalisierungsprofile und Glaubwürdigkeitslehre, der wochenlang am Sonderauftrag Kurnaz arbeitete. Das BfV schickte Dr. Jan K. mit nach Guantánamo, einen Juristen und Analytiker, der als Koryphäe im Amt für den Bereich Islamismus galt und wesentlich dazu beigetragen hatte, einen im Jahr 2000 geplanten Terroranschlag auf einen Weihnachtsmarkt in Straßburg zu verhindern.

Jeder hatte bei der »Einsatzreise« in Guantánamo einen festgelegten Part, in der Delegation waren die Ermittlungsergebnisse aus Bremen bekannt. Nachdem die drei zurückgekehrt waren, hatten sie ein eindeutiges, gemeinsames Urteil: Kurnaz hatte keinerlei Kontakte zu Taliban-Kämpfern oder der Al-Qaida-Organisation, am Thema »Bremer Taliban« war nichts dran, er hatte keinen Bezug zu terroristischen Strukturen, keine einschlägigen Kontakte oder Adressen und wollte auch gar nicht nach Afghanistan. Ein Stabsoffizier der CIA, der den deutschen Trupp betreute, sagte, die Amerikaner sähen das nach rund 30 Vernehmungen auf Kuba genauso, das Pentagon wolle Kurnaz in Kürze freilassen. Hypothetisch resgte die CIA eine gemeinsame »Nutzung« von Kurnaz als Spitzel in Deutschland an.

Dies teilten die Beamten den jeweiligen Präsidenten ihrer Dienste mit, sie schrieben zusammenfassende Vermerke, die unbeanstandet oder mit Anmerkungen wie »erfolgreicher Einsatz« in Umlauf gegeben wurden. Gleichwohl entschieden Frank-Walter Steinmeier und die Chefs der deutschen Sicherheitsbehörden im Oktober 2002, Kurnaz nicht nach Deutschland zu lassen. Die öffentliche Meinung hätte wenig Verständnis dafür gehabt, wenn der »Bremer Taliban« ein gutes Jahr nach dem 11. September und ein paar Wochen nach dem Terroranschlag in Bali plötzlich wieder dagewesen wäre. Kurnaz sei »nicht erwünscht«, teilte man US-Stellen mit. Die CIA reagierte erbost – und Kurnaz schmorte weiter in Guantánamo, noch jahrelang.

Frei kam er nur, weil die neue Bundeskanzlerin Angela Merkel Anfang 2006 persönlich die Initiative ergriff. Sie stellte angebliche Sicherheitsbedenken der alten Garde gegen Kurnaz hintan und sprach US-Präsident Bush während ihres Antrittsbesuchs in Washington auf Guantánamo und das Schicksal von Kurnaz an. »Let's talk about it«, sagte Bush. Bei einer zweiten Begegnung insistierte Merkel. Monate später war Murat Kurnaz ein freier Mann.

Im Frühjahr 2007 wird der Showdown im Ausschuss vorbereitet. Bei den Vernehmungen der BND- und BfV-Experten kitzelt

SPD-Obmann Thomas Oppermann das Eingeständnis heraus, dass die BND-Leute bestimmte Vorwürfe der Bremer Polizei gegen Kurnaz nicht kannten, als sie Kurnaz befragten. Die zu kennen, war aber Grundlage der Befragung von Kurnaz durch den Verfassungsschützer Dr. Jan K., und der kannte sie. Oppermann stellt die BND-Beamten danach trotzdem in Interviews als unprofessionelle Deppen dar. Er versucht, einen massiven Gegensatz zwischen ihren Analysen und denen des Verfassungsschützers zu konstruieren. Dabei hat Dr. Jan K. ausgesagt, er habe sich mit dem BND und den CIA-Kollegen »gemeinsam auf eine Einschätzung der Person Kurnaz geeinigt«.

Dann treten die Spitzen der deutschen Sicherheitsbehörden in den Zeugenstand – und stellen mit verblüffender Chuzpe das Folteropfer Kurnaz als »Gefährder« und »Sicherheitsrisiko« dar. Ex-BND-Chef August Hanning, nun Staatssekretär im Innenministerium, redet von Hinweisen, dass Kurnaz »nach dem 11.9. bereit war, in den Dschihad gegen die USA zu ziehen«. Pakistan sei ein »sehr bevorzugtes Reiseziel für Terroristen«, und »eine Reise von Deutschland nach Afghanistan, um dort die Durchführung hochprofessioneller und extrem gefährlicher Anschläge zu erlernen, war exakt zum damaligen Zeitpunkt durchaus vorstellbar«. So seien auch die Attentäter des 11. September aus Hamburg auf ihr Kommando vorbereitet worden. Die Mitarbeiter, die er einst als BND-Präsident zum Verhör nach Kuba schickte, lässt Hanning fallen: Deren Bewertungen seien »ganz offenkundig fehlerhaft« und »lückenhaft«, ihre schriftlichen Vermerke »fehlsam«.

BND-Präsident Ernst Uhrlau, 2002 Geheimdienstkoordinator im Kanzleramt, zitiert längst widerlegte Gerüchte, Kurnaz habe gesagt, »nach Afghanistan gehen zu wollen, um dort auf Seiten der Taliban zu kämpfen«. Er gehe bei Kurnaz »von einem islamistisch-militanten Netzwerk aus«, festzumachen an »Personenbeziehungen«. »Für uns war Kurnaz ein potenzieller Gefährder.« Dieser Eindruck sei auch »nicht abgeschwächt« worden durch die völlig gegensätzlichen Informationen der deutschen Geheimdienstler, die sich in Guantánamo zwei Tage lang persönlich ein Urteil über Kurnaz bilden konnten.

»Das ist ja eine Ferndiagnose«, muss sich Uhrlau von Wolfgang Neskovic im Untersuchungsausschuss vorhalten lassen. Neskovic ist ein ehemaliger Richter am Bundesgerichtshof, der nun als Parteiloser die Linke im Ausschuss vertritt. »Das ist genau das, was man als technokratisch und kaltherzig ansieht. Weil der Mensch dabei keinen Platz einnimmt«, sagt Neskovic. »Ich habe meine eigene Begründung abzugeben, weswegen ich etwas einschätze oder nicht einschätze!« faucht Uhrlau. Für ihn war Kurnaz ein gefährlicher Mensch, eine tickende Bombe. Basta!

Wie es den Menschen ging in Guantánamo, wie ihre Haftbedingungen aussahen, will keiner der Zeugen im Untersuchungsausschuss im Jahr 2002 geahnt haben. »Ich habe nicht für möglich gehalten, dass dort Folter oder folterähnliche Zustände vorkommen«, sagt August Hanning. Ernst Uhrlau hielt Guantánamo nur für ein Übergangsphänomen.

Dabei wussten deutsche Geheimdienstler, dass dort Greise im Alter von über 90 Jahren festgehalten wurden und auch ein beidbeinig amputierter Zuckerkranker. CIA-Kollegen erzählten ihnen, dass Wärter gefeuert worden waren, weil sie bei Häftlingen Gewalt angewendet hatten. Amerikanische und deutsche Medien berichteten schon 2002 vom Transport betäubter Gefangener, mehrwöchigen Massen-Hungerstreiks, Zwangsernährung, Isolationshaft, Gefangenenaufständen, Koranschändungen, von geisteskranken und schizophrenen Häftlingen. Sie schrieben von Suizidversuchen, bei denen Gefangene ihren Kopf gegen die Zellengitter rammten. Sie schrieben über den Einsatz eines metallenen Kühlraums als »ultimative Strafe«. In einem Interview mit dem *Spiegel* darf Ernst Uhrlau hingegen unwidersprochen in Zweifel ziehen, ob in Guantánamo tatsächlich gefoltert wurde.

In den Wochen, bevor dann Frank-Walter Steinmeier im Ausschuss aussagen muss, wächst der Druck auf Murat Kurnaz. Er spürt, dass die wiedergewonnene Freiheit Fußfesseln hat. Medien werden mit Vermerken des Verfassungsschutzes munitioniert, die Kurnaz' Gefährlichkeit belegen sollen. Eine »Quelle« des Bremer Landesamts für Verfassungsschutz will registriert haben, wie er in einem VW Passat vom Bremer Hauptbahnhof zu einer verdächtigen Moschee gefahren sei. Es kursieren Aussagen, wonach Kurnaz von seiner Mutter verlangt habe, dass sie sich komplett verschleiert. Kurnaz und seine Mutter bestreiten eine solche Äußerung später heftig.

Der Rückkehrer meidet Moscheen und betet vorsichtshalber zu Hause. Er meidet Kontakt zu früheren Vertrauten und hat ein ungutes Gefühl, wenn Fremde ihn auf der Straße begrüßen, auch wenn sie nur ein Autogramm wollen. Er hat Angst, womöglich mit einem angeblichen Terrorverdächtigen fotografiert zu werden. »Die verwenden ja alles mögliche, um mich schlecht zu machen«, sagt er. »Die wollen mich fertigmachen, damit die deutschen Politiker, die mich in Guantánamo sitzen ließen, ihre Macht nicht verlieren.«

Vor seinem Auftritt im Untersuchungsausschuss äußert sich Frank-Walter Steinmeier noch im *Spiegel* zu dem Fall Kurnaz. Dabei fällt weder ein Wort des Bedauerns noch entschuldigt sich der Außenminister bei dem Bremer. Im Gegenteil. »Ich würde mich heute nicht anders entscheiden«, sagt Steinmeier.

Mit dieser Haltung geht Dr. Frank-Walter Steinmeier am 29. März 2007 in den BND-Ausschuss. Unter dem Klicken der Kameras nimmt er selbstgewiss lächelnd Platz im Sitzungssaal Nr. 3.101. Er kann auf die Wirkung der Medienkampagne gegen Kurnaz vertrauen und auf die politische Gesamtkonstellation, die allzu heftige Attacken gegen ihn erschwert. Bevor die Vernehmung beginnt, muss sich der Bundesaußenminister vom Ausschussvorsitzenden Siegfried Kauder (CDU) noch belehren lassen über die Pflicht, wahrheitsgemäße Angaben zu machen. »Sie dürfen nichts weglassen und nichts hinzuerfinden, was nicht stimmt«, sagt Kauder. Andernfalls »wäre das eine uneidliche Falschaussage, belegt mit einer Freiheitsstrafe von mindestens drei Monaten bis fünf Jahren, im günstigsten Fall mit einer Geldstrafe«. Steinmeier nimmt das zur Kenntnis, regungslos.

Thomas B. Goguel

Filmpromotion mit Kollateralschäden

Der Fall Gröllmann/Mühe

Am 22. Juli 2007 verstarb der Schauspieler Ulrich Mühe. Die überraschte Öffentlichkeit erfuhr davon zwei Tage später, sein Leidensweg war zum Glück nicht Gegenstand der Boulevardberichterstattung. In vielen Nachrufen wurde neben seinen künstlerischen Leistungen – zuletzt im Oscar-gekrönten Stasi-Film »Das Leben der Anderen« – auch ein Thema behandelt, das im letzten Lebensjahr Mühes eine große mediale Rolle gespielt hatte: Die Auseinandersetzung mit seiner krebskranken Ex-Frau, der Schauspielerin Jenny Gröllmann. Dabei ging es zugleich um die Frage, welchen Wahrheitsgehalt die Stasiakten haben, inwieweit man die Beurteilung eines Menschen von den dortigen Angaben abhängig machen kann.

Begonnen hatte die Auseinandersetzung bereits im Herbst des Jahres 2001. Damals erfuhr die Leserschaft der *Bild am Sonntag* und der Zeitschrift *Super Illu,* dass bei der Stasiunterlagenbehörde eine Akte aufgetaucht ist, in der die Schauspielerin Jenny Gröllmann (»Ich war 19«, »Liebling Kreuzberg«) unter den Decknamen »Grille« und »Jeanne« von 1979 bis 1989 als Inoffizielle Mitarbeiterin (IM) des Ministeriums für Staatssicherheit (MfS) der DDR geführt worden ist. Es gebe keine schriftliche Verpflichtungserklärung, auch keine sonstigen schriftlichen Berichte Gröllmanns, sondern vorwiegend Aufzeichnungen eines Stasioffiziers namens Menge über angebliche Treffen sowie einige Abschriften von angeblichen Tonbandmitschnitten. Insgesamt 159 Blätter Papier. Die *Super Illu* ging in ihrer Ausgabe 49/2001 ausführlich auf den Inhalt der Akte ein: »Der üble Stasi-Trick. Laut Stasi-Akte interessierte sich 1979 die Hauptabteilung II des MfS für Jenny Gröllmann. Der Grund: Sie war mit dem Ensemble des Maxim-

Gorki-Theaters oft auf BRD-Tournee und gut bekannt mit zahlreichen West-Journalisten. Um mit Jenny Gröllmann ins Gespräch
zu kommen, dachte sich MfS-Hauptmann Menge einen üblen
Trick aus. Mit der Lüge, er sei Mitarbeiter der DDR-Kripo, bat er
Jenny Gröllmann und ihren damaligen Ehemann, Regisseur Michael Kann, um Mithilfe in einem angeblich heiklen Fall. Ein ano-
nymer Brief, den die DDR-Kripo aus West-Berlin erhalten habe,
lege nahe, dass Mitarbeiter des Maxim Gorki Theaters verbotene
Kontakte zu einem in den Westen geflohenen Schauspieler unterhielten. Der Brief, kunstvoll mit BRD-Briefmarken verziert und
auf noblem Briefpapier des Münchner Hotels ›Excelsior‹ geschrieben, war eine Fälschung der Stasi. Nur für den Zweck, eine Le-
gende für erste Gespräche mit Jenny Gröllmann zu schaffen.« Bis
hierhin ist der Bericht der Zeitschrift korrekt. Dem Autor des
Artikels schien eine Kopie der Stasiakte »Jeanne« – präziser: des
von der Behörde herausgegebenen Teils der Akte – vorgelegen zu
haben. Er ging dann mit dem Inhalt aber etwas freizügiger um und
schrieb weiter: »Dann kam Menge auf sein eigentliches Anliegen
zu sprechen. Die Schauspielerin und ihr Mann sollten Details und
Intimes über ihr Umfeld, vor allem über ihre befreundeten West-
Journalisten liefern. Laut Akte mit Erfolg. Gröllmann wurde kurz
darauf von Menge als IM ›Jeanne‹ registriert, Ehemann Michael
Kann als IM ›Franz‹. Regelmäßig besuchte Stasi-Mann Menge
in der Folge die beiden in ihrer Ost-Berliner Wohnung.« Laut
Aktenlage ging es aber nicht allgemein um »Details und Intimes
über ihr Umfeld«, sondern einzig und allein um westliche Korrespondenten in der DDR, und hier um einen ganz konkreten: den
Korrespondenten der *Süddeutschen Zeitung,* mit dessen Familie
das Ehepaar befreundet war. Dieser Korrespondent wurde zu
jener Zeit von der Hauptabteilung II/13 des MfS (zuständig für
die Spionage-Abwehr gegenüber westlichen Journalisten) unter
dem OV (»Operativer Vorgang«) »Starnberg« observiert. Menge
wusste, dass »Starnberg« die DDR 1979 verlassen wird, und
hoffte, dass er Jenny Gröllmann zuvor noch seinem Nachfolger
vorstellt, auf den er sie ansetzen wollte.

Unrichtig ist in der Darstellung der *Super-Illu,* dass Stasi-Menge
»die beiden«, also Gröllmann und ihren Ehemann, regelmäßig in
ihrer Ost-Berliner Wohnung besucht habe. Laut Akte, wenn sie
an diesen Stellen stimmt, hat Menge den Ehemann Jenny Gröll-

manns zu Hause dreimal allein getroffen. Später soll es Treffen in einer »konspirativen Wohnung« (KW) mit dem Decknamen »Süd-Ost« gegeben haben. Der Artikel schließt eher zweifelnd:

»Ist es wirklich möglich, dass sie (Jenny Gröllmann) ohne ihr Wissen als Spitzel geführt wurde? Dafür würde sprechen, daß einige für IM-Akten typische Dokumente fehlen: eine Verpflichtungserklärung zum Beispiel. Außerdem scheint sie niemals einen Bericht eigenhändig und mit Decknamen unterschrieben verfasst zu haben. In allen Berichten von IM ›Jeanne‹ ist nur davon die Rede, es handele sich um ›Tonband-Abschriften‹. Wusste sie überhaupt, dass der freundliche Herr Menge ein Stasi-Offizier war?«

Jenny Gröllmann bestritt von Anfang an, dass sie je willentlich und wissentlich mit dem MfS kooperiert habe. Einem Kripobeamten »Holm« sei sie nur zweimal begegnet. Sie ging aber damals gegen die Verdächtigungen in der Presse nicht gerichtlich vor. Warum, erklärte die Schauspielerin im Juli 2006, wenige Wochen vor ihrem Krebs-Tod, dem Magazin *Stern* im einzigen Interview, das sie zu diesem Thema gegeben hat: »Damals bin ich auf Anraten meiner Anwälte nicht gegen die wenigen Presseveröffentlichungen vorgegangen, die ja auch nur von Verdachtsmomenten ausgingen. Das haben die Anwälte dann mit den Medien direkt geklärt. Ich hatte damals bereits gesagt, dass ich damit absolut nichts zu tun habe. Das ebbte dann ja auch ganz schnell ab und war vergessen.« Was ihr durch den Kopf ging, als sie diese IM-Akte zum ersten Mal in der Hand hatte, beschreibt Gröllmann im selben Interview so:

»Ich bin fast verrückt geworden. Ich bin eine Woche herumgelaufen und dachte: Jetzt werde ich wahnsinnig, schizophren, mein Gehirn setzt aus. Was mache ich jetzt? Ich konnte damit nicht umgehen, da standen Sachen drin über Leute, denen ich noch nie begegnet bin. Da soll ich über Leute geredet haben, die ich gar nicht kannte.«

In der Tat blieb die Resonanz auf die Stasi-Enthüllung in der Öffentlichkeit im Jahr 2001 gering, und die Angelegenheit war erledigt.

Fünfeinhalb Jahre später kommt das Thema erneut in die Öffentlichkeit. Diesmal mit voller Wucht. Anlass sind Äußerungen des Schauspielers Ulrich Mühe in einem Interview, das der Regisseur

Florian Henckel von Donnersmarck mit ihm führte. Eigentlich wollte er dieses Thema überhaupt nicht ansprechen. Sein Regisseur hat es ihm aber regelrecht entlockt, wie er selbst schilderte (*FAZ* vom 12.8.2007). Das Interview erschien bei Suhrkamp im Buch zum Film »Das Leben der Anderen«, in dem Mühe die Hauptrolle, einen Stasioffizier, spielt. Es kam zeitgleich mit der Premiere des Films in die Läden. In besagtem Interview äußert sich Mühe – passend zum Thema des Films – über seine eigenen Erfahrungen mit der Stasi und behauptet, dass seine Ex-Frau Jenny Gröllmann, mit der er von 1984 bis 1990 verheiratet war (gemeinsame Tochter: Anna Maria Mühe), für die Stasi gearbeitet habe. Das hätte er bereits 2001 aus der *Super Illu* erfahren, eine Mitarbeiterin der Birthler-Behörde habe es ihm am Telefon (!) bestätigt (was die Behörde später bestreitet). Die gezielte Frage des Interviewers, ob seine Frau ihn persönlich bespitzelt habe, verneint Mühe. Der öffentliche Vorwurf der Stasitätigkeit von Jenny Gröllmann fällt in eine Zeit, in der sich ihr Krebsleiden erheblich verschlechterte. Das Stasithema wird noch verstärkt, als es in den Medien Bestandteil der Werbekampagne für den Film »Das Leben der Anderen« wird, gleichsam als Beleg aus dem wirklichen Leben für die Wahrhaftigkeit des Films.

Zwischen dem 13. und 26. März 2006 reisen Regisseur und Hauptdarsteller durch 16 deutsche Städte in Ost und West, um ihren Film vorzustellen und Interviews zu geben. Die ersten erscheinen in Springers *Welt* und der *Berliner Morgenpost* am 21. März. Dort stellt der Journalist Peter Zander in einer Frage fest: »Die Parallelen (zwischen Film und Mühes Erfahrungen) gehen noch weiter. Auch Ihre damalige Frau Jenny Gröllmann arbeitete für die Staatssicherheit.« Antwort: »Ich möchte dazu eigentlich nichts weiter sagen. Es gibt ein Buch zum Film, in dem ich das bewusst einmal weiter ausführe (...)« Die *Welt kompakt* vom selben Tag geht über die Tatsachenbehauptung noch hinaus. Auf der Titelseite unterschreibt sie ein Foto aus dem Film so: »Zum ersten Mal setzt sich ein Film mit den Schattenseiten des Überwachungsstaates auseinander. Hauptdarsteller Ulrich Mühe hat mit dem Thema eigene Erfahrungen. Er wurde zu Ostzeiten von seiner Ehefrau bespitzelt.« Ob hier absichtlich eine Lüge verbreitet oder lediglich nachlässig getextet wurde, ist unerheblich. Es wirkte in der Öffentlichkeit.

Für den Boulevard ist das Thema wie geschaffen und erhält dort eine Eigendynamik mit dem wachsenden Erfolg des Films. Die *Super Illu* bringt die Story im Titel ihrer Nr. 14 im April 2006 nach fünf Jahren erneut, diesmal unter den Überschriften: »Das private Stasi-Drama des Ulrich Mühe« und »Die Wut über den Verrat und wie Ulrich Mühe damit umgeht«. Mehrere bunte Blätter schreiben ab. Selbst das seriöse Feuilleton beginnt, sich für das Thema zu interessieren. Durchaus nicht nur einseitig. *Frankfurter Rundschau, Frankfurter Allgemeine* und *Berliner Zeitung* sind um Ausgewogenheit bemüht und behaupten nicht, was eigentlich nicht bewiesen ist.

Akte gegen Aussage der Betroffenen. Das ist unverändert der Sachstand. Es stellt sich die Frage nach dem Wahrheitsgehalt einer Akte, in der keine authentischen Spuren des angeblichen IM, sondern vorwiegend die, meist handschriftlichen, Aufzeichnungen eines einzelnen Stasioffiziers und angebliche Tonbandabschriften enthalten sind.

Die Stasiunterlagenbehörde meint, wie bereits 2001, die »Aktenlage« sei eindeutig. Über den Wahrheitsgehalt ihres Inhalts kann die Behörde aber letztlich keine Aussage machen. Sie hat die Rolle eines Archivars und äußert sich daher ausschließlich über die »Aktenlage«. Vergleiche mit der damaligen Wirklichkeit sind nicht ihre Aufgabe. Eine Boulevardzeitschrift gab Anfang 2006 beim »Forschungsverbund SED-Staat« an der Freien Universität Berlin ein Gutachten über den Wahrheitsgehalt der Akte in Auftrag. Die beiden Historiker, die sich damit befassen, interpretieren die Akte als belastenden Beweis. Sie bemerken keine Widersprüchlichkeiten bzw. erwähnen sie nicht. Aber sie fanden den Dienstplan der Abteilung II/13 des MfS für das Jahr 1980, worin steht, dass die IM-Kandidaten »Franz« und »Grille« als vollwertige IMs zu werben seien. »Termin: September 1980. Verantwortlich: Hptm. Menge«. Dieses Gutachten wird in späteren Gerichtsverhandlungen eine Rolle spielen.

Um den Verleumdungen entgegenzuwirken, entschließt sich Jenny Gröllmann – trotz ihrer schweren Krankheit –, nun juristisch dagegen vorzugehen, und beauftragt einen Anwalt, ihre Interessen zu vertreten. Für Pressekonferenzen und andere Öffentlichkeitsarbeit reichen ihre Kräfte nicht mehr. Wie sie in dem bereits zitierten *Stern*-Interview darlegt, habe sie sich nichts vorzuwerfen. Nach ihrer Meinung ist die Akte hinter ihrem Rücken geführt worden. »Ich habe bisher durchgehalten, weil ich das zu Ende bringen muss – meinetwegen bis zum Tod. Das bin ich meinen Töchtern schuldig. Auch ein Grund, warum ich mich auf die juristische Auseinandersetzung eingelassen habe«, sagte sie im Interview. Ihr bleibe nicht mehr viel Zeit.

Jenny Gröllmann gibt eine umfassende eidesstattliche Erklärung ab, in der sie jegliche wissentliche und willentliche Kooperation mit dem MfS bestreitet. Vom Berliner Landgericht werden daraufhin einstweilige Verfügungen erlassen: gegen den Suhrkamp-Verlag, der die Gröllmann betreffenden Stellen des Interviews im Buch schwärzen muss, gegen Ulrich Mühe, der die Beschuldigungen nicht wiederholen darf, und gegen den Springer-Verlag, der zu Gegendarstellungen in seinen Zeitungen gezwungen wird. Die *Super Illu* erklärt sich bereit, die Version Jenny Gröllmanns in ihrer nächsten Ausgabe abzudrucken, und räumt in einem redaktionellen Artikel ein: »Gemäß der Richtlinie 1/79 für die Arbeit mit inoffiziellen Mitarbeitern des MfS aus dem Jahr 1979 erfolgte regelmäßig eine schriftliche Erklärung bei der Verpflichtung als IM. (…) Ebenso hat es auch Fälle gegeben, in denen Personen beim MfS als IM geführt wurden, die niemals mit dem MfS zusammengearbeitet haben und auch nicht wussten, dass Vorgänge über sie angelegt worden waren.«

Die Chemnitzer *Freie Presse,* die die IM-Vorwürfe gegen Gröllmann ebenfalls als Tatsachenbehauptung präsentiert hatte, verweigert sich einer Gegendarstellung und zieht im April 2006 vor das Landgericht Chemnitz. Es ist die erste Gerichtsverhandlung, die Jenny Gröllmann gewinnt. Dies bleibt aber von der Öffentlichkeit weitgehend unbemerkt, wodurch der Rufmord bestehen bleibt, denn bei der meist unkundigen Leserschaft bleibt einfach »etwas hängen«, was sich negativ mit dem Namen verbindet. Fortan wird vielerorts von Gröllmann als einer »umstrittenen Schauspielerin« geschrieben.

Bevor es zur wichtigeren Verhandlung Mühe gegen Gröllmann beim Landgericht Berlin kommt, gibt es in den Medien weitere heftige Reaktionen. Der Redakteur Uwe Müller von der *Welt* bediente sich des erwähnten Gutachtens in einem Artikel vom 22. April 2006. Aus der persönlichen Ebene des »Rosenkrieges« zwischen zwei einst Liebenden hebt er die Angelegenheit auf eine politische Ebene. Die Inanspruchnahme juristischer Mittel durch Jenny Gröllmann zur Verteidigung ihrer Ehre – denn nur darum geht es in dieser nicht justitiablen Angelegenheit – lässt er nicht gelten. In der Unterzeile seines Artikels »Das andere Leben der Jenny G.« heißt es: »Der Fall der inoffiziellen Mitarbeiterin ›Jeanne‹ zeigt, wie die Stasi-Aufarbeitung mit Mitteln des Presserechts pervertiert wird«. Der Autor zitiert aus dem »Gutachten«, das wiederum aus der Akte zitiert, und erklärt dessen Erkenntnisse zur Wahrheit. Neue Beweise, neue Tatsachen gibt es nicht. Die mediale Verurteilung geht weiter. Das Thema bleibt aktuell, denn inzwischen hat »Das Leben der Anderen« den Deutschen Filmpreis 2006 erhalten, weitere Ehrungen folgen. Die Story funktioniert wie eine unbezahlte Werbung.

Ende April kommt der *Focus* (Nr. 18/2006) mit einem neuen Interview Mühes, in dem er als »Opfer« dargestellt wird, dem das Aussprechen der Wahrheit verwehrt werde, und schließlich folgt der *Spiegel* mit einem längeren, durchaus kontroversen Artikel. Einer seiner Autoren verwendet darin allerdings nicht das, was er vom ersten Ehemann Gröllmanns erfuhr: Dass der nämlich, im Unterschied zu seiner Frau, weitere Kontakte zu Kripomann »Holm« alias Menge gehabt hatte.

Ihren vorläufigen Höhepunkt erlangt die Diffamierung Jenny Gröllmanns als Stasiinformantin in der ZDF-Sendung *Frontal 21* vom 16. Mai 2006. Zunächst wird darin über alte Stasichefs berichtet, die in Memoiren ihre Vergangenheit glorifizieren und ehemalige Opfer beleidigen. Die Redakteure des Beitrags nehmen dann im folgenden Artikel unter dem Titel »Zum Schweigen verurteilt – Stasi-Opfer kämpfen um die Wahrheit« einseitig die Position auf, die Uwe Müller in der *Welt* vertreten hatte, und äußern: »Die Absicht des Stasi-Unterlagen-Gesetzes wird zunehmend durch die Rechtsprechung pervertiert.« Befragt werden in der Sendung u. a. Jochen Staadt vom Forschungsverbund SED-Staat, Roger Köppel, Chefredakteur der *Welt,* Hubertus Knabe, Leiter der Stasi-Gedenkstätte Hohenschönhausen, sowie Ulrich Mühe selbst. Der Beitrag legt nahe, dass die IM-Tätigkeit Jenny Gröllmanns zweifelsfrei erwiesen und damit eine Tatsache sei. Vertreter gegenteiliger Meinungen kommen in der Sendung nicht zu Wort. Neue Erkenntnisse werden nicht präsentiert. Hubertus Knabe erklärt in der Sendung: »Diese Rechtsprechung bewirkt, dass de facto die Täter die Geschichte schreiben und die Akten wertlos werden. Das ist so, als würde man heute die Geschichte der Nazi-KZs von den Kommandanten schreiben lassen, von ihren Erklärungen, und nicht von den Unterlagen, die sie selbst hinterlassen haben.«

Von der Stärke der Worte und dem unsäglichen historischen Vergleich einmal abgesehen, ging es aber gerade darum, was im Fall Jenny Gröllmann tatsächlich von ihr in den Akten der Stasi »hinterlassen« worden ist.

Die Kontroverse geht weiter. Der renommierte Schauspieler Henry Hübchen (Deutscher Filmpreis 2005, »Alles auf Zucker«) äußert sich in einem Interview für das TV-Magazin des *Stern* am 1. Juni 2006 wie folgt: »Ulrich Mühe hat sich als politischer Schauspieler geoutet, was ja sehr ehrenwert ist. Gleichzeitig gefällt er sich in einer Betroffenheitspose, indem er über eine seiner ehemaligen Frauen berichtet, sie sei IM der Stasi gewesen, was nicht bewiesen ist. Dabei erwähnt er die große Angst, die ihn gepackt hätte, allein durch die Nähe zu dieser Frau in der Öffentlichkeit als Stasi-infiziert zu gelten. Daran, dass unser ängstlicher Held so eine Denunziation genau in dem Moment herauszieht, in dem der Film verkauft werden soll, sehen Sie doch schon, was der unter Politik versteht und wie wenig ihn Ängste anderer interessieren. Und das mit dem Wissen, dass diese Frau todkrank ist. Das ist eine Art von Moral, die mir überhaupt nicht gefällt.«

Am Abend nach der Veröffentlichung des Interviews treffen Henry Hübchen und der Regisseur von Donnersmarck in der Talk-Show *3 nach 9* aufeinander. Hübchen wiederholt seine Meinung, von Donnersmarck verteidigt seinen Protagonisten Mühe und ruft in die Kamera, dass schließlich 500 Seiten Akten nicht lügen würden. Der Sender erhält Hunderte Anrufe von Zuschauern, die die Wahrheit wissen wollen. Aber was ist die Wahrheit?

Da kaum ein Journalist bis dahin ernsthafte eigene Recherchen angestellt hat, bemühen sich Freunde Jenny Gröllmanns, die sie lange und gut kennen und ihr vertrauen, um Klärung. Auch die Verschlimmerung ihres Gesundheitszustandes infolge der Medienkampagne spornt sie an. Dabei kommt Erstaunliches ans Licht. Die Filmproduzentin Petra Weisenburger etwa, an einem Dokumentarfilm über Jenny Gröllmann arbeitend, glich im Archiv des

Maxim-Gorki-Theaters die zahlreichen von Stasi-Menge aufge-
zeichneten Treffberichte mit den im Bühnenbuch des Hauses pro-
tokollierten Daten von Theatervorstellungen ab, in denen Gröllmann auf der Bühne stand. Sie entdeckte mehrere, sich gegenseitig
ausschließende Überschneidungen. Auch von den angeblichen
»Tonband-Berichten« konnten mehrere durch Zeitzeugen ad ab-
surdum geführt werden, weil entweder inhaltliche Angaben nicht
zusammenpassten bzw. Daten nicht stimmten. Weiterhin fiel auf,
dass der damalige Ehemann Jenny Gröllmanns in der Akte eine
wichtige Rolle spielt, obwohl er im Anwerbungsplan Menges
überhaupt nicht vorkam. Es sieht so aus, als habe er sich mehrheitlich mit Menge getroffen und nicht seine Frau.

Die Freunde erkennen auch die Sprache Jenny Gröllmanns nicht
wieder, die in den angeblichen Abschriften von Tonbandaufnah-
men zu lesen ist. Die Berichte lesen sich so, als ob ein hölzerner
Beamter sie gesprochen habe. Es wird deutlich, dass »Führungs-
offizier« Menge, der nie vergisst zu schreiben, dass er ein gutes
»Vertrauensverhältnis« zu seiner IM »Jeanne« hat (wichtige Information: »Kind war krank«), offenbar lügt. Er bemerkt nicht
einmal, dass deren Ehe zerbricht. Nach der Scheidung, die er dann
offenbar mitbekommen hat, gibt es nach Aktenlage eine Kontakt-
pause von fast einem Jahr. Öfter weist Menge in seinen Berichten
darauf hin, dass sein IM krank sei, so dass es auch zu langen
»Totalausfällen« gekommen sei. Er signalisiert seinem Vorgesetzten, der mehr Informationen will, dass er nichts liefern kann. Ein
Blick ins Sozialversicherungsbuch Jenny Gröllmanns, in der alle
Krankschreibungen zu DDR-Zeiten erfasst sind, ergab, dass sie im
besagten Zeitraum keineswegs krank war, sondern Theater spielte
und Filme drehte. Es fällt den Freunden auf, dass der Inhalt vieler
»Treff-Berichte« überhaupt nichts mit der eigentlichen »Aufgaben-
stellung« der IM »Jeanne« zu tun hat. Oft ist es Theatertratsch,
der dort aufgezeichnet wird. Der Nachfolger »Starnbergs« als Korrespondent der *Süddeutschen Zeitung,* das eigentliche Ziel des angeblichen IM-Einsatzes, kommt in der Akte nicht vor.

Gröllmann hatte ihn nach eigener Aussage auch nie kennengelernt. In der Akte befindet sich aber ein Bericht über den West-
Journalisten Peter Nöldechen, bei dem als Quelle IM »Jeanne«
angegeben ist. Jenny Gröllmann schwor, den Mann nie getroffen
zu haben. Auch Nöldechen bestätigte dies und erklärte, dass er,

»sehr zu seinem Leidwesen«, die von ihm bewunderte Schauspielerin nie persönlich kennengelernt habe.

Diese Fakten und andere Ungereimtheiten werden bei Gericht eine Rolle spielen. Es sind hier nur die wichtigsten genannt. Sie führen die Freunde Gröllmanns zu dem Schluss, dass die Akte »Jeanne« die Dokumentation eines missglückten Anwerbungsversuches ist, der durch Abschöpfungen aus ihrem engsten Familienkreis, durch Fälschungen und Drittinformationen verschleiert werden sollte.

Warum die Akte im März 1984 den letzten angeblichen »Treff« vermerkt und dann erst nach fünfeinhalb Jahren, im November 1989, nach dem Mauerfall, geschlossen wird, vermögen auch die Freunde Jenny Gröllmanns nicht zu klären. Es ist interessanterweise die Zeit, in der Gröllmann mit Ulrich Mühe verheiratet ist.

Am 20. Juni 2006 eröffnet das Berliner Landgericht das Verfahren Mühe vs. Gröllmann. Beide lassen sich von ihren Anwälten vertreten, die Anteilnahme der Medien ist groß. Auch Florian Henckel von Donnersmarck ist als Gast anwesend, in Begleitung eines Reporters der *Super Illu*. Viel gibt es über jenen Tag aber nicht zu berichten, lediglich die Mutmaßung, dass Henckel von Donnersmarcks »Rechtsverständnis erschüttert« würde, wenn das Gericht nicht zu Gunsten Mühes urteilte (*Bild* vom 21. 6. 2006). Das Gericht will sich gründlicher mit der Materie beschäftigen und setzt die Urteilsverkündung daher erst für den 4. Juli 2006 fest. Es fällt dann in vier von fünf Punkten eindeutig zugunsten von Jenny Gröllmann aus. Mühe darf nicht mehr behaupten, seine ehemalige Frau habe für die Stasi gearbeitet. Erlaubt bleibt ihm dagegen zu sagen, was ihm die Mitarbeiterin der Birthler-Behörde am Telefon gesagt haben soll. Über das Urteil berichten viele Medien.

Die ausführliche Urteilsbegründung wird eine Woche später nachgereicht, da ist die Berichterstattungswelle in den Medien schon wieder vorbei. Dabei ist die Bewertung des Uni-»Gutachtens« durch die Richter, immerhin das wichtigste Beweisstück des Mühe-Anwalts, durchaus interessant: »Mit dem Gutachten lässt sich die konspirative Zusammenarbeit der Antragstellerin für das MfS nicht belegen. Die Gutachter belassen es (...) dabei, unreflektiert Teile des Akteninhalts, Anzahl und Inhalt diverser Treffen wiederzugeben, ohne im Entferntesten nachvollziehbar darzulegen, warum anhand des ›vorliegenden MfS-Schriftguts verschiedener Provenienz‹ der eindeutige Schluss gerechtfertigt sein soll, die Antragstellerin sei Inoffizielle Mitarbeiterin des MfS gewesen.«

Die mediale Stimmung beginnt sich nach dem Urteilsspruch zu verändern. Das Interview Jenny Gröllmanns nach dem Prozess für den *Stern* – und vor allem auch der dazugehörige, gründlich recherchierte Artikel der Redakteure Dieter Krause und Werner Mathes unter der Überschrift »Die Geistertreffs mit IM ›Jeanne‹ – trugen ein Stück zu ihrer Rehabilitierung bei. Krause recherchiert seit 17 Jahren in Stasiangelegenheiten und ist ein ausgewiesener Kenner der Materie. Er verweist mit Mathes auf die offensichtlichen Ungereimtheiten: »Beispiel Treff-Termine. So soll der IM ›Jeanne‹ laut ›Treffbericht‹ des Führungsoffiziers Helmut Menge am 7. Mai 1983 von 21 bis 23 Uhr in der konspirativen Wohnung (KW) ›Süd-Ost‹ gewesen sein. Aktenvermerk: ›IM erschien pünktlich in der KW.‹ Wen immer Menge dort getroffen haben will – Jenny Gröllmann kann es nicht gewesen sein. Denn die stand an jenem Abend nachweislich auf der Bühne des Maxim-Gorki-Theaters – als Hela im Lustspiel ›In Sachen Adam und Eva‹. Die Vorstellung dauerte von 20.08 bis 22 Uhr und hatte danach noch 15 Vorhänge. So penibel ist es protokolliert im Bühnenbuch des Theaters. Kein Einzelfall. Auch am 15. November 1980, am 21. Januar 1981, am 14. April 1981 und am 13. April 1982 kann Menge in jener KW ›Süd-Ost‹ nicht Jenny Gröllmann getroffen haben, wie er es in seinen Treffberichten behauptet. Auch an diesen Abenden stand sie laut Bühnenbuch ihrem Publikum zur Verfügung.« An anderer Stelle befassen sich die Autoren mit einem angeblichen Protokoll über eine Tonbandaufnahme Jenny Gröllmanns: »Menges Zeitmaschine muss auch am 7. März 1984 eingeschaltet gewesen sein. Im IM-Bericht mit diesem Datum geht es um die Überraschungsparty zum 40. Geburtstag des Bühnenbildners Henning Schaller. Jenny Gröllmann soll danach gefragt worden sein, ob auch sie zu Schallers Party komme – auf ihrem eigenen Geburtstagsfest. Was auf keinen Fall stimmen kann. Denn Schallers Fest war da längst gelaufen – zwei Wochen zuvor.« In dem Artikel erfährt der Leser auch, dass es sich bei dem früheren Korrespondenten der *Süddeutschen Zeitung,* nach Stasiakte OV »Starnberg«, um den bekannten Journalisten Peter Pragal handelte. Peter Pragal und seine Frau Karin waren Anfang 1984 in die DDR zurückgekehrt. Diesmal war Pragal als Korrespondent des *Stern* tätig. Kontakte zu Jenny Gröllmann hat er in dieser Zeit nicht mehr unterhalten.

Den Redakteuren Krause und Mathes sagte Pragal: »Was ich von ›Jeanne‹ in meiner Akte gefunden habe, geht eindeutig auf abgehörte Telefonate, abgefangene Briefe oder Gespräche zurück, die ich mit ihrem Mann geführt habe.« Laut *Stern* hat das Ehepaar Pragal bereits 2001, nach dem ersten Auftauchen der Stasiakte »Jeanne« und dem Bekanntwerden des Namens des »Führungsoffiziers«, ein gemeinsames Treffen Jenny Gröllmanns mit Menge organisiert: »Der gab während des mehrstündigen Treffens zu, die IM-Akte tatsächlich aus verschiedenen Quellen zusammengeschrieben zu haben.« Pragals Frau Karin erinnert sich: »Menge hatte ein wahnsinnig schlechtes Gewissen und sich bei ihr für alles entschuldigt.« Ein Großteil der vom *Stern* recherchierten Fakten waren über Gröllmanns Anwalt auch dem Gericht bekannt.

In einem Interview für die *Berliner Zeitung* am 17./18. Juni 2006 – also kurz vor dem Beginn der Gerichtsverhandlung Mühe / Gröllmann – hatte die Leiterin der Stasiunterlagenbehörde, Marianne Birthler, auf die Frage, was sie dazu meine, dass der Aktenführer von Jenny Gröllmanns Akte bereit sei, eidesstattlich zu erklären, dass Gröllmann nicht gewusst habe, als IM geführt worden zu sein, geantwortet: »Das ist eine sehr häufig angewandte Verteidigungsstrategie, mit der wir uns oft auseinandersetzen müssen. Wir dürfen Akten zu IMs wirklich nur herausgeben, wenn wir sicher sind, dass es sich um wissentliche und willentliche Mitarbeit handelt (...)«

Zur Arbeit der Stasioffiziere und ihrer aus den Akten zu erkennenden Glaubwürdigkeit äußert sie an anderer Stelle: »Insofern muss man zwar textkritisch vorgehen, aber man sollte nicht davon ausgehen, dass die Offiziere geflunkert und die Wahrheit verbogen haben.« Da weiß sie noch nicht, was einige Monate nach ihrem Interview in der Leipziger Außenstelle ihrer Behörde gefunden wird.

Bericht und Interview im *Stern* erfahren eine breite Resonanz. In vielen Tageszeitungen wird darüber berichtet. Es ist eine letzte Genugtuung für Jenny Gröllmann. Nur drei Wochen später, am

9. August 2006, erliegt sie ihrem Krebsleiden. Die Medien nehmen daran regen Anteil, würdigen sie als eine herausragende
Künstlerin und kritisieren unter Bezugnahme auf die nunmehr
bekannten Fakten, wie beispielsweise Regina Mönch in der *FAZ*
vom 11. August 2006, »Mühes unermüdlichen Einsatz im Dienste
fragwürdiger Wahrheiten«. Mönch schrieb weiter: »Ihr (Gröllmanns) Leben, begrenzt von einer Krankheit, gegen die kaum zu
gewinnen ist, hat sich damit noch einmal verkürzt. (…) Ein erster
Nachruf, den die Agenturen verbreiteten, reduziert ihr Leben auf
jenes als frühere Ehefrau von Ulrich Mühe. Doch sprechen die
beiden seit Jahren nicht mehr miteinander, zudem war sie längst
mit einem Filmarchitekten verheiratet, glücklich bis in den Tod.
Ulrich Mühe aber ist wichtig für Jenny Gröllmanns letztes Kapitel, nicht für den Kampf gegen die Krankheit, da standen andere
an ihrer Seite. (…) In Erinnerung wird nicht dieses letzte Kapitel
sein, sondern die fabelhafte Schauspielerin, die Jenny Gröllmann
war.«

Mit dem Tod von Jenny Gröllmann sind aber die gerichtlichen
Auseinandersetzungen noch nicht erledigt. Mit dem Suhrkamp-
Verlag schwelte der Streit, ob der Inhalt der Einstweiligen Verfügung aufrechterhalten bleibt oder nicht. Ihr letzter Ehemann,
Claus Jürgen Pfeiffer, führte die Angelegenheit im Interesse seiner
verstorbenen Frau zu Ende. Am 18. November 2006 trifft man
sich vor Gericht. Nach einer Bedenkzeit zieht sich der Suhrkamp-
Verlag Anfang Januar 2007 aus dem Verfahren zurück. Kurze Zeit
später kündigt Ulrich Mühe in einer Presseerklärung an, dass er
nunmehr eine Unterlassungserklärung unterzeichne und sich nie
wieder in entsprechender Weise über seine Ex-Frau äußern werde.
  Am 24. Januar 2007 beschäftigt sich David Ensikat im *Tagesspiegel* noch einmal mit dem Fall Gröllmann, nachdem er bereits
ein Jahr zuvor, am 12. August 2006, in einem Artikel unter der
Überschrift »Die Akte und die Wahrheiten – Rosenholz, Gröllmann, Äthiopien: Wie man die Stasi-Unterlagen immer neu miss-
verstehen kann« in drei exemplarischen Fällen den Wahrheitsgehalt der Stasiakten bzw. die Interpretationen von »Experten«
angezweifelt hatte.
  Nun fasst er seine bisherigen Erkenntnisse zusammen und präsentiert weiterreichende Rechercheergebnisse. Unter anderem

greift er auf, was schon im Frühsommer 2006 an die Öffentlichkeit gedrungen war und was von Donnersmarck zitiert hatte, nämlich dass die Akte »Jeanne« gar nicht 159, sondern über 500 Blätter beinhalte: »Der größte Teil der 500-seitigen Akte, mindestens 350 Seiten, enthält Auskünfte über Jenny Gröllmann, Spitzelberichte über sie, Personalakten.« Im Fachjargon heißt das »Betroffenen-Material« und darf von der Behörde aufgrund des Persönlichkeitsschutzes nicht herausgegeben werden. Ensikat: »Die Behörde sagt, das ganze Konvolut sei eine reine IM-Akte. Sagt die Behörde ›wissentlich‹ und ›willentlich‹ die Unwahrheit? Wahrscheinlich ist es nur bürokratischer Formalismus.« Ensikat sprach auch, wie seinerzeit sein Kollege vom *Spiegel,* mit dem damaligen Ehemann Gröllmanns, der in der Akte als IM »Franz« geführt wird. Nur, dass er jetzt auch veröffentlicht, was er erfahren hat: »Dieser Ehemann hatte tatsächlich einige Treffen mit dem Stasi-Mann, er spricht heute offen darüber. Die ›konspirative Wohnung‹, in die ihn der Offizier vorlud und in der laut Akte auch IM ›Jeanne‹ mal mit ihm, mal ohne ihn war, lag im zehnten Stock eines Neubaus. Der Ehemann von damals sagt heute: ›Nie war ich mit Jenny da. Sie wäre da auch den Bewohnern aufgefallen, im Fahrstuhl. Sie war durch das Fernsehen in der DDR ja sehr bekannt. So blöd kann die Stasi mit ihrer Konspiration kaum gewesen sein.‹«

Der Gutachter Jochen Staadt vom Forschungsverbund SED-Staat lässt sich davon nicht beeindrucken und erneuert in einem Artikel im *Tagesspiegel* vom 22. März 2007 seine Meinung unter Bezug auf den Inhalt der Akte. Er zitiert nun auch personenbezogene ungeschwärzte Stellen, die ihm für wissenschaftliche Forschungsarbeit zugänglich gemacht worden waren. Die Antwort Ensikats darauf am 30. März in derselben Zeitung unter der Überschrift »Der Quellentreue« bringt den Streit auf den Punkt: »Heute lässt sich kaum mehr herausfinden, wie die IM-Aufzeichnungen in Jenny Gröllmanns Stasiakte tatsächlich zustande kamen. Gewissheit kann man nur in einem Punkt haben: dass es keine Gewissheit gibt. Wer will, mag Zweifel ignorieren – als Privatmensch, nicht als Historiker.«

Das Kammergericht in Berlin muss sich in einem Berufungsverfahren der Zeitschriften *Focus* und *Super Illu* weiter mit dem Fall befassen. Wenn die Faktenlage bleibt, wie sie ist, und lediglich neue Gutachter neue Interpretationen anstellen, dann mag man auf das Urteil gespannt sein. Es ist nicht auszuschließen, dass nach erfolgtem Urteil des Kammergerichts von einer der Parteien weitere Instanzen angerufen werden. Die, um die es geht, sind inzwischen beide tot.

Epilog

Spiegel Online berichtet am 3. März 2007: »Birthler-Behörde entdeckt gefälschte IM – nicht überall, wo in Stasi-Unterlagen IM drauf stand, war auch IM drin.« Im Text wird dann darauf verwiesen, dass die Behörde der Bundesbeauftragten für die Stasi-Unterlagen auf komplett erfundene IM-Vorgänge gestoßen ist. Im Zuge einer Forschungsarbeit ermittelten Behördenmitarbeiter 24 fiktive Inoffizielle Mitarbeiter. Dabei seien zum Teil Verpflichtungserklärungen und Spitzelberichte gefälscht worden. »In Leipzig stießen Rerchercheure auf Abhörgeräte, die mit Decknamen und Legenden ausgestattet waren, als handele es sich um lebendige Stasi-Zuträger.« Aufgedeckt wurden diese Fälschungen noch zu DDR-Zeiten von Leuten des MfS. Heutige Forscher würden, wenn sie nur den Akten vertrauten, solche Fälschungen kaum entdecken können.

In der Printausgabe des *Spiegel* zwei Tage später schlussfolgert Stefan Berg: »Wo IM draufstehe, so das Mantra der Bundesbeauftragten für die Unterlagen des Staatssicherheitsdienstes, sei auch IM drin. Mit dieser Klarheit dürfte es nun vorbei sein. Denn neue Aktenfunde zeigen, dass es im DDR-Geheimdienst mitunter noch geheimnisvoller zuging als bislang angenommen. Offensichtlich wurden Inoffizielle Mitarbeiter erfunden: manche mit dem Wissen der Stasi-Führung, andere hinter dem Rücken vorgesetzter Obristen.«

Alexander Osang

Ein unvollkommener Held

Wie US-Medien den Ruf
eines kritischen Diplomaten zerstörten

Joseph Wilson musste vor anderthalb Jahren sein Washingtoner Außenhandelsbüro schließen, weil seine Partner nicht in die Weltpolitik geraten wollten. Seitdem empfängt Wilson seine Gäste in Hotelbars. In Washington bittet er abwechselnd ins »Mayflower« und ins »Four Seasons«, wo man noch Zigarren rauchen darf. Wilson ist leidenschaftlicher Zigarrenraucher und einer der wenigen Irakkriegsgegner, die General Tommy Franks aus einem Interview mit dem Zigarrenmagazin *Cigar Aficionado* zitieren können. Es ist Ende September 2006, Wilson sitzt in der Bar des »Four Seasons«, sein Palmpilot liegt neben der Schale mit den Salzmandeln auf dem Bartischchen, in seinem Ohr klemmt ein Handybügel. Wir waren um drei Uhr verabredet, es ist 2 Uhr 45, und er scheint schon seit Stunden hier zu sitzen. So ist das immer. Selbst wenn man eine Stunde zu früh erscheint. Joseph Wilson ist schon da, als lebe er in diesen Hotelbars.

Was gibt es neues?

»Ich halte durch. Wir müssen diesen Krieg gewinnen. Geschichte wird nicht von den Verlierern geschrieben«, sagt Wilson.

Wer ist wir?

»Valerie und ich.«

Er steckt seit über drei Jahren in diesem Krieg fest, der so riesig begann. Inzwischen scheint er ihn nur noch für sich und seine Frau zu kämpfen.

Im Winter 2002 wurde der ehemalige US-Botschafter Joseph Wilson im Auftrag des amerikanischen Vizepräsidenten Dick Cheney nach Niger geschickt, um herauszufinden, ob Saddam Hussein dort 500 Tonnen Yellowcake kaufte oder beabsichtigte zu kaufen. Yellowcake wird zur Produktion von Atomwaffen benötigt, Niger fördert den Rohstoff. Wilson, der aus seiner Zeit als Diplomat gute Kontakte in dem afrikanischen Land hatte, fand keine Hinweise für einen illegalen Uranhandel und meldete das nach Washington. Dennoch begründete Präsident Bush Monate später den Krieg im Irak mit dem Yellowcake-Geschäft in Niger. Es waren 16 Worte in einer Regierungsansprache, die Joseph Wilson so zornig machten, dass er im Sommer 2003 einen Kommentar für die *New York Times* schrieb, in dem er seine Nigerreise schilderte und erklärte, dass die USA unter gefälschten Vorraussetzungen in den Irakkrieg gezogen waren. Die amerikanische Regierung gab sofort zu, »dass die sechzehn Wörter nicht dem Standard einer Regierungserklärung genügten«. Sie konnten Wilsons Argument nicht entkräften, also entkräfteten sie den Mann.

Sie streuten in der Washingtoner Presse das Gerücht, Wilsons Frau Valerie habe ihm die Reise nach Niger besorgt. Valerie Wilson arbeitete unter ihrem Mädchennamen Plame als Undercover-Agentin bei der CIA. Der Journalist Robert Novak schrieb das in seiner Kolumne in der *Washington Post*. Die Agentin Plame war enttarnt. Wer immer ihren Namen verbreitete, hatte eine Straftat begangen. Das Justizministerium beauftragte den Staatsanwalt Patrick Fitzgerald mit den Ermittlungen. Joseph Wilson kündigte, getragen vom Volkszorn und den guten Aussichten des demokratischen Präsidentschaftsbewerbers John Kerry, an, er werde nicht ruhen, bis Bushs Spindoktor und Novak-Freund Karl Rove, den er hinter der Aktion vermutete, in Handschellen und im Entengang aus dem Weißen Haus watschelte.

Joseph Wilson war ein amerikanischer Held, fast einen Sommer lang.

Er ging mit Robert de Niro essen, der an der Verfilmung seines Lebens interessiert schien. Er wurde ins Beraterteam von John Kerry berufen. Es hieß, er würde auf dem großen Wahlparteitag der Demokraten sprechen. Er schrieb ein Buch mit dem Titel »Politik der Wahrheit«. Er trat auf allen großen Fernsehkanälen auf, war Gast beim Tim Russert, John Stewart und David Letterman. Auf dem Höhepunkt seines Ruhms druckte *Vanity Fair* ein Foto, das Joseph Wilson im Abendlicht in seinem Jaguar Cabriolet zeigte. Das Verdeck war heruntergelassen, und auf dem Beifahrersitz saß seine Frau Valerie, getarnt mit einem weißen Kopftuch und einer großen Sonnenbrille. Nach einer Runde Golf, in

der er sein Handy abschalten musste, hatte er 80 Journalistenanfragen auf der Mailbox, sagte Wilson und vergaß auch nicht,
sein Handicap zu erwähnen. Es lag bei 12. Wenig später entschieden sich die Demokraten, den Krieg im Irak nicht zu ihrem
Hauptwahlkampfthema zu machen. Joseph Wilson redete nicht
auf dem Parteitag. John Kerry verlor, und Karl Rove war immer
noch da.

Die Ermittlungen der Staatsanwaltschaft verliefen schleppend
und hinter verschlossenen Türen. Josephs Wilsons Krieg, der so
einfach begonnen hatte, war immer schwerer zu durchschauen.
Viele bekannte Journalisten waren in die Affäre verwickelt. Robert Novak, der Valerie Wilsons CIA-Identität als Erster für eine
Kolumne der *Washington Post* ausblies, aber auch Pulitzer-Preis-
trägerin Judith Miller von der *New York Times,* Matt Cooper, der
Washington-Korrespondent des *Time Magazine,* und sogar Bob
Woodward, der berühmte Watergate-Journalist, waren aus dem
Weißen Haus über das CIA-Cover von Wilsons Ehefrau informiert worden. Novak war ein Freund von Karl Rove, Judtih Miller frühstückte so lange mit Lewis Libby, dass es Gerüchte gab,
sie hätten eine Affäre. Und Bob Woodward trat in Fernsehtalk-
shows auf, als sei er Mitglied des Regierungskabinetts. Das alles
waren interessante Geschichten.

Die Anfragen auf Joseph Wilsons Anrufbeantworter ließen
nach. Heute bekommt man sehr kurzfristig einen Interviewtermin
mit ihm. Was auch daran liegt, dass er eigentlich alles gesagt hat.

Im Wesentlichen wartet Wilson, dass sich die Dinge zusammen-
schieben, er beobachtet die schwerfällige amerikanische Justiz-
maschine dabei, wie sie das Netz um Dick Cheney, Karl Rove,
Lewis Libby zusammenzieht. Auch wenn man sich mit ihm zum
Gespräch trifft, macht er nichts anderes. Er sitzt in wechselnden
Hotelbars, legt sein Handy auf den Tisch, schaut auf die Flat-
screen-Fernseher hinterm Tresen, beantwortet die immergleichen
Fragen und wartet, dass etwas passiert.

Im letzten Dezember wartete Wilson in der Bar des »Mayflower«. Seine Frau arbeitete noch bei der CIA, ihre Zwillinge waren fünf Jahre alt, und Cheneys Bürochef Libby war gerade angeklagt worden, die Staatsanwaltschaft belogen zu haben. Es war
mittags und bereits dunkel, Wilson war der einzige Gast in der
Bar. Einmal lief Cheney über den Bildschirm, und Wilson drehte

sich schnell um, aber dann war der amerikanische Vizepräsident
schon wieder weg. In den letzten Tagen des vorigen Jahres hatte
es so ausgesehen, als müsse Cheney gehen, er kippte, kippelte,
war Titelthema, aber dann nominierte Bush einen neuen Kandidaten für das oberste Gericht, und Cheney verschwand aus den
Schlagzeilen.

»Sie sind gut an diesen Nebelmaschinen. Sie lenken den Blick
immer auf Nebenschauplätze. 2200 amerikanische Soldaten star-
ben bislang in diesem Krieg«, sagte Wilson, legte seine Zigarre in
den Aschenbecher neben dem Palmpiloten und fischte ein paar
Nüsse aus der Nussschale. Die Nüsse hier sind exzellent, sagte
Wilson, brasilianische Nüsse. Im Hintergrund klimperte ein au-
tomatisches Klavier. Wenn das alles vorbei war, würden sie aus
Washington wegziehen, nach Westen, sagt er. Aber noch sei der
Kampf nicht vorbei. Und wenn man sich mitten in so einem Krieg
befinde, sei es schwierig in die Zukunft zu schauen.

Ein halbes Jahr später, in der Bar des New Yorker »Warwick«-
Hotels, wartete Wilson darauf, dass Karl Rove aus einer Befragung des Untersuchungsausschusses herauskommt. Rove war
schon seit zweieinhalb Stunden in einem Raum mit dem Staatsanwalt Fitzgerald. Es war Roves fünfte Vorladung, niemand ist
so oft befragt worden, und Wilson betrachtete das als gutes Zeichen. Er schaute auf den Fernseher an der Bar, er lauschte in den
Handybügel an seinem Ohr, weil er der Erste sein wollte, der erfährt, dass sie Rove bei den Eiern hatten, wie er das nannte. Es
war Mai, seine Frau war aus den Diensten der CIA ausgeschie-
den, und 2400 amerikanische Soldaten waren im Irak bislang
gefallen. Wilson trank zwei doppelte Espresso, aß Schokoladen-
biskotti und musste weiter, bevor Karl Rove aus dem Untersuchungsausschuss trat. Joseph Wilson war in der Stadt, weil er zur
Vanity Fair-Party des Tribeca Film Festivals eingeladen war, die
heute Abend wieder stattfand. Wie immer saß er an Robert de
Niros Tisch, Bob, wie er ihn nennt.

Jetzt, im Herbst 2006, sitzt Joseph Wilson also in der Bar des
»Four Seasons«, auf dem Fernseher läuft ein Bericht über einen
Abgeordneten, der sich über das Internet einem minderjährigen
Jungen unziemlich genährt hat. 2700 amerikanische Opfer hat der
Irakkrieg bis jetzt gefordert, sagt Wilson. Inzwischen steht fest,
dass es Richard Armitage war, der stellvertretende Außenminis-

ter, der zuerst den Namen von Valerie Wilson ausplauderte. Er
redete mit Novak und Woodward. Rove redete mit Novak und
Cooper. Libby mit Judith Miller. Man fand eine Kopie des *New
York Times*-Kommentars von Joseph Wilson, auf die Dick Che-
ney gekritzelt hatte: »Wilsons Frau!« Es stimmte alles. Er hatte
Recht.

In allen Bush-kritischen Büchern, die in den letzten Wochen
erschienen, taucht Joseph Wilsons Name im Index auf. Am häu-
figsten in »Hybris«, dem Buch von David Corn und Michael Issi-
koff, das erzählt, wie das Weiße Haus Amerika den Irakkrieg verkaufte. Es steht ganz oben in den Bestsellerlisten. Wilson und seine
Frau werden hier öfter erwähnt als Donald Rumsfeld, Condo-
leezza Rice, Saddam Hussein und Osama bin Laden zusammen.
Die Autoren beweisen, dass Wilsons Frau Valerie keinen Anteil
an der Nigerreise ihres Mannes hatte. Sie beschreiben detailliert,
welchen Druck das Weiße Haus auf das CIA machte, weil es Argumente für den Irakkrieg suchte, den es lange beschlossen hatte.
Sie erklären das Geflecht aus verschiedensten Interessen von Politikern, Journalisten und Geheimdienstmitarbeitern, in das das
Ehepaar Wilson geriet. Es gibt keinen Fall, an dem man besser
zeigen kann, wie skrupellos, abgehoben, verlogen und rücksichts-
los die Bush-Regierung ihre Kriegspläne durchsetzte. Und so ist
es eigentlich ein Buch über Joseph Wilson, über seinen Krieg.

Wie fand er es?

»Oh, ich hab's nicht gelesen«, sagt Wilson.

Wirklich nicht?

»Ich habe Leute, die mir sagen, was sich zu lesen lohnt. Ich
habe wirklich wenig Zeit. Ich halte Vorträge, mache Wahlkampf
für demokratische Kandidaten, wir haben ja bald Wahlen«, sagt
er, aber es klingt nicht sehr überzeugend. Wahrscheinlich hat Wilson nach dem Vorwort von »Hybris« aufgehört zu lesen. Dort
wird er so eingeführt: »Joseph Wilson war ein unvollkommener
Kritiker. Gelegentlich brachte er Fakten durcheinander und über-
schätzte seine Rolle.«

Ein unvollkommener Kritiker.

»Ich habe nie gesagt, dass ich vollkommen bin«, sagt Wilson.
»Und was das Verwechseln der Fakten angeht, so beziehen sie
sich eigentlich immer nur auf die Passage eines Berichtes, in dem
ich gesagt haben soll, ich hätte die gefälschten Dokumente über

den Uranhandel zwischen Irak und Niger gesehen. Das habe ich nie gesagt. Das ist hineinredigiert worden.«

Aber hat er in der Befragung mit Fitzgerald nicht zugegeben, dass er sich dort versprochen hat?

»Das war eine Antwort auf eine ganz generelle Frage. Sie haben mich gefragt: Haben sie sich manchmal falsch ausgedrückt? Und ich habe gesagt: ›Ich bin männlich, über 50 Jahre alt, es ist ziemlich wahrscheinlich, dass ich mich in meinem Leben schon mal versprochen habe.‹ Das ist dann später aus dem Kontext gerissen worden. Sie werfen Scheiße an die Wand und hoffen, dass etwas kleben bleibt«, sagt Wilson.

In den letzten drei Jahren hatten sich Politiker und Journalisten jede Menge Dinge aus Joseph Wilsons Leben gegriffen und an die Wand geworfen. Er liebt Hermeskrawatten, kubanische Zigarren, Surfen, Ski und Golf. Er hat seine Jugend in Europa verbracht, er spricht fließend französisch. Er beruft sich gern auf Thomas Jefferson und George Orwell, wenn er über seinen Fall spricht. Er trägt einen silbernen Armreif am Handgelenk. Seine Haare sind ein bisschen zu lang. Er liebt Kraftausdrücke und Prominente. All das hatte natürlich nichts mit dem Fall zu tun, aber um den Fall ging es ja Karl Rove, Lewis Libby und Dick Cheney nicht. Es ging um den Mann. Sie machten ihn kleiner. So wie sie es mit anderen Leuten taten, die ihnen im Wege standen. Die texanische Gouverneurin Ann Richard, gegen die George Bush in seinem ersten politischen Wahlkampf antrat, präsentierten sie den texanischen Wählern als Lesbe, John McCain, Bushs republikanischer Widersacher in den Präsidentschaftsvorwahlen 2000, machten sie zu einem Weiberheld und Kindesentführer, und den Vietnamkriegshelden John Kerry verkauften sie als Weichei und Landesverräter. Einer der ersten Kommentare aus dem Weißen Haus zum Herausforderer John Kerry war: Er sieht irgendwie aus wie ein Franzose.

So arbeitet Karl Rove. Und es funktioniert. Es blieb eine Menge Scheiße an der Wand kleben.

Am Tag, als Cheneys Bürochef Libby wegen Falschaussage angeklagt wurde, erschien Joseph Wilson noch einmal auf CNN. Aber der Interviewer Wolf Blitzer redete weniger über Libby und Cheney und mehr über das Jaguarfoto der Wilsons im Abendlicht. Als Marie Brenner Anfang des Jahres in einem großen Artikel über die 16 Wörter in Bush Staatsadresse schrieb, konzentrierte sie sich vor allem auf die berühmten Journalisten Bob Woodward und Judith Miller. Joseph Wilson kam am Rande vor, als jemand, der die Autorin in Bermudahemd und Shorts vor seinem Garagentor empfing, ein ungehobelter Klotz. Die *National Review* beschrieb Valerie Plame als »Descjockey«, eine gewöhnliche Büroangestellte in den Fluren der CIA. Ihr Name stand im Branchenbuch, schrieb Robert Novak. Konservative Kommentatoren machten sich darüber lustig, dass in Wilsons *New York Times*-Artikel beschrieben wurde, wie viel süßen Tee der ehemalige Botschafter auf seiner Dienstreise nach Niger trank. Ein Halbsatz, den ein Redakteur der Zeitung in den Kommentar geschrieben hatte, um für ein wenig afrikanisches Lokalkolorit zu sorgen. Als Joseph Wilson und seine Frau Valerie im Sommer eine Zivilklage gegen Cheney, Rove und Libby einreichten, kommentierte das CNN mit einer Art Scherzbeitrag, unter dem »James Bond«-Musik lief. Drei Jahre, nachdem Joseph Wilson und seine Frau die heißeste Nachricht von Washington waren, durfte nun jeder Redakteur seine Witze über die beiden machen. Das *Wallstreet Journal* nannte ihn »Joseph ›Yellowcake‹ Wilson«, als sei er ein Cartooncharakter.

»Ach wissen Sie, das scheiß *Wall Street Journal* ist mir eigentlich wurscht«, sagt Joseph Wilson. »Sie haben mir natürlich mit ihren Kommentaren und Leitartikeln geschadet. Die meisten Leute verstehen nicht, dass die Meinungsseite des *Wall Street Journals* eine Idiotenseite ist. Aber meine Klienten, die mit Investitionen in politisch gefährdeten Ländern zu tun hatten, vor allem in Südeuropa, Afrika und im Nahen Osten, hat das natürlich verschreckt.«

Wovon lebt er eigentlich?

»Ich arbeite an zwei Projekten, über die ich aber lieber nicht reden will, sonst zerstören sie mir die auch wieder. Ansonsten von Vorträgen, Buchverkäufen«, sagt Wilson.

Wie viele Bücher hat er verkauft?

»Das weiss ich nicht«, sagt er.

Wie sieht sein Tagesablauf aus?

»Ich stehe früh auf, mache Sport, fahren dieses Ergometer, hebe Gewichte, stretche, dann bringe ich meine Kinder zur Schule, dann Meetings, wenn es welche gibt, oder eine Reise zu einer Universität, wo ich einen Vortag halte. Um 8.30 bringe ich die

Kinder ins Bett, um 9.00 Uhr bin ich tot. Das ist so, wenn man
5-jährige Zwillinge hat«, sagt Wilson.

Wieso ist er mit diesem Tagesablauf überhaupt noch in Washington?

»Gute Frage. Ich verbinde keine besonders romantischen Gefühle mit der Stadt, wie sich denken lässt. Ich war ja nie ein Politiker, sondern immer ein Diplomat. Wir werden sicher hier wegziehen. Ich möchte nicht, dass meine Kinder in dieser Umgebung
groß werden. Wir mögen den Südwesten. Vielleicht Kalifornien
oder New Mexico. Meine Frau ist gerade in Santa Fe, es gibt da
so viel amerikanische Geschichte. Man kann Ski fahren, das Klima
ist gut. Aber im Moment stecke ich noch in diesem Krieg, und
bleibe noch«, sagt er.

Hat er die Wirkung seines Artikels in der *New York Times* unterschätzt?

»Ich hätte gedacht, dass sie mich attackieren würden. Deswegen hab ich mir das Dankesschreiben kopiert, das mir der erste
Präsident Bush schickte, nachdem ich 1991 als letzter Diplomat
aus Bagdad zurückkehrte. Ich wollte es allen schicken, die mir
parteipolitische Ziele unterstellten. Aber das interessierte niemanden. Ich hab' nicht gedacht, dass sie meine Frau angreifen würden, meine Familie. Und ich habe unterschätzt, wie die Journalisten reagierten. Sie saßen alle auf diesen Informationen, die sie aus
dem Weißen Haus zugesteckt bekamen, und nutzten sie nicht. Sie
wollten um jeden Preis ihre Quellen schützen und haben dadurch
den ganzen juristischen Prozess extrem verzögert. Letztlich haben
sie damit die Bush-Regierung durch die letzten Präsidentschafts-
wahlen geschleppt. Und das ist das eigentlich Schlimme«, sagt
Wilson.

»Bob Woodward hat zweieinhalb Jahre verschwiegen, dass ihm
Richard Armitage die Identität meiner Frau verriet. Zweieinhalb
Jahre. Der Mann, der Präsident Nixon stürzte. Ich habe unterschätzt, wie nahe sich Macht und Medien in Washington gekommen sind«, sagt Wilson. »Woodward wurde Teil eines Systems,
das er einst bekämpfte.«

Wilson erzählt, dass er die Zivilklage einreichte, weil er die
Wahrheit will. Weil er möchte, dass die Bullies der Republikaner
nicht gewinnen. Er sagt, dass er einen Spendenfonds gegründet
hat, mit dem er den Gerichtsprozess finanzieren will. Er sagt, dass

viele Spenden eingehen. Er sagt, dass er nicht allein sei. Dabei winkt er einer Frau zu, die durch die Bar läuft. Sie hält beide Daumen in die Höhe, als wolle sie ihm zeigen, dass er auf dem richtigen Weg ist. Dann ist sie wieder weg.

»Das war Suzanne. Sie war Colonel in der Europäischen Kommandantur im Jugoslawienkrieg, als ich dort arbeitete«, sagt Wilson.

Washington ist eine kleine Stadt. Er wohnt nur fünf Minuten von hier entfernt, sagt er, und auch der Fundraiser für den demokratischen Kongressabgeordneten Seestak, zu dem er jetzt nach Georgetown aufbricht, wird ganz in der Nähe durchgeführt. Joseph Wilson fährt mit dem Prius seiner Frau durch den gepflegten Washingtoner Nachmittagsverkehr. Der Bordcomputer liefert verwirrend viele Informationen über die Funktion des kleinen Umweltautos.

»Tut mir leid, dass ich Ihnen nicht den Jaguar bieten kann. Aber der hier ist natürlich besser für die Umwelt«, sagt Wilson, und das bringt ihn zu Al Gore.

»Wer hätte gedacht, dass Al Gore und ein Lichtbildervortrag einen spannenden Dokumentarfilm abgeben könnten«, sagt er, lacht, und dann erzählt er, was er wohl eigentlich erzählen will, nämlich, dass Al Gore ihn und seine Frau auf dem letzten Sundance Film Festival, wo sein Film »Eine unbequeme Wahrheit« Premiere hatte, zu einem Essen mit den Organisatoren eingeladen hat.

»Al Gore hat mich als den Mann vorgestellt, der sowohl im ersten als auch im zweiten Golfkrieg auf der richtigen Seite stand«, sagt Wilson. »Und damit hat er recht.«

Zwei Querstraßen lang lässt er den Satz wirken. Dann sagt er: »Ich kenne Al seit 20 Jahren, er ist ein guter Freund.«

Was hat er denn eigentlich beim Sundance Film Festival gemacht?

»Oh, ich war zufällig zur gleichen Zeit zum Skilaufen in Utah«, sagt Wilson und parkt seinen Wagen in einer kurzen, schattigen Straße. Der Fundraiser für den demokratischen Kongresskandidaten John Seestak findet im Wohnzimmer eines schmalen, zweistöckigen Brownstonehäuschens statt. Es sind vielleicht 15 Leute da, der Kandidat selbst wird erst später kommen. Wilson sieht zu prominent aus für die kleine Runde, und er spürt das. Er fühlt, wie ihn in diesem stillen, schmucklosen Raum der Schwung verlässt. Er heftet sich einen Sticker mit dem Namen des Kandidaten ans Jackett, redet kurz mit einer Frau aus Pennsylvania und verschwindet dann wieder aus dem Zimmer. Auf dem Weg zu seinem Auto trifft er zwei weitere blasse, demokratische Sympathisanten, die ihn wie einen alten Freund begrüßen. Er kann sich allerdings nicht an ihre Namen erinnern. Während er den Wagen auf breitere Strassen zurücksteuert, erzählt er, dass er jetzt häufiger zu Wahlkampfauftritten eingeladen wird. Er gehe dorthin, wo er helfen kann.

Hat es ihn geschmerzt, dass ihn die Demokraten im Präsidentschaftswahlkampf 2004 mieden?

»Ich hatte den Eindruck, das ich radioaktiv war. Die Schmierkampagne, die es gegen mich 2004 gab, vor den Wahlen, hatte schon Spuren hinterlassen. Es gab damals bei den Demokraten wenig Bedürfnis, über den Irakkrieg zu reden. Und das ist ja mein Thema. In diesem Wahlkampf wollen sie über den Krieg reden und auch über die undichten Stellen in der Regierung, die meine Frau verrieten. Erst vor ein paar Tagen saß ich mit dem Senator Bob Menendez aus New Jersey auf einer Pressekonferenz, und der Senator hat ziemlich deutlich gesagt, dass er das, was Karl Rove tat, für Verrat hält«, sagt Wilson.

Männer wie Menendez geistern durch seine Rede wie gutmeinende Werbezitate auf den Schutzumschlägen von Büchern. Al Gore, der ihn in der Nacht vorm Irakkrieg anrief, um nach seinem Rat zu fragen. Der erste Präsident Bush, der ihn 1991 nach seiner Rückkehr aus Bagdad als großen amerikanischen Patrioten im Weißen Haus empfing, weil er gegen das Diktat von Saddam Hussein 70 amerikanische Flüchtlinge in der Botschaft aufnahm. Der senegalesische Präsident, der Bill Clinton auf dessen langer Afrikareise sagte: »Mister President, ich bin mir sehr wohl bewusst, dass wir es Joseph Wilson zu verdanken haben, dass Sie heute hier sind.«

Er baut diese Männer wie ein Schutzschild um sich auf. Menendez ist sein jüngstes Beispiel in dieser Mauer aus Empfehlungsschreiben. Er wird ihn auch heute Abend erwähnen, in der Rede, die er vor Studenten in der Washingtoner Außenstelle der University of South California hält. Es ist die Universität von Santa Barbara, an der er einst studierte.

Im Fahrstuhl aus der Tiefgarage zieht sich Wilson seinen Wahlkampfsticker vom Revers und stopft ihn in die Tasche seines Cordjacketts.

Worüber wird er heute reden?

»Über den Fall Valerie Wilson«, sagt er. »Die Leute wollen immer nur, dass ich über den Fall rede. Früher bin ich als der letzte amerikanische Diplomat eingeladen worden, der Saddam Hussein traf. Heute bin ich der Ehemann einer enttarnten CIA-Agentin. Mister Valerie.«

Ein Girlieman?

»Ja«, sagt Wilson ernst und springt aus dem Lift in die Gruppe von Studenten, die vor dem Hörsaal nach Pizza und Cola anstehen, die es zum Abendvortrag dazu gibt. Er setzt sich auf einen der drei Stühle im Präsidium. Auf den beiden anderen nehmen der Leiter der Außenstelle und der Dozent für internationale Politik Platz. Zwei ältere Männer in schlechtsitzenden Anzügen, billigen Schuhen und grauen Gesichtern.

Wilson trägt eine ausgewaschene Jeans, ein offenes kariertes Hemd unterm Kordjackett und weiche braune Cowboystiefel. Er wirkt wie ein buntes Forschungsobjekt zwischen den beiden Wissenschaftlern.

Sie stellen ihn als »Botschafter Wilson« vor, ein Titel, den er sich in Gabun verdiente. Ein kleines, afrikanisches Land auf Äquatorhöhe, in dem Wilson arbeitete, nachdem er der letzte amerikanische Diplomat war, der Saddam Hussein traf, und bevor er Mister Valerie wurde. Eine Insel, wenn man so will.

»Ich weiß, dass in diesem Saal Leute mit sehr unterschiedlichen politischen Auffassungen sitzen. Ich möchte euch nur um eines bitten. Seid respektvoll«, sagt der Leiter der Außenstelle den kalifornischen Studenten, und für einen Moment begreift man, was die Washingtoner Spindoktoren diesem anständigen, lebenslustigen Exbotschafter aus Gabun angetan haben. Sie sind so lange im Leben dieses Mannes herumgetrampelt, dass man 300 pizzakauende kalifornische Politikstudenten darum bitten muss, ihn mit Respekt zu behandeln. Ein Mann, der seinem Land 25 Jahre lang diente, meistens in heißen, trockenen Ländern, ein Mann, der Saddam Hussein die Stirn bot, ein Mann, der bei der Befriedung des Jugoslawienkonfliktes mithalf. Ein Mann, der nach seiner diplomatischen Karriere noch einmal nach Niger flog, ohne eine Hono-

rar zu verlangen, nur weil ihn seine Regierung darum bat. Man
möchte den Leiter der Außenstelle am liebsten durchschütteln.

Aber da ruft Joseph Wilson: »Oh, keine Angst. Ich bin von den
Besten im Lande beleidigt worden.« Er steht auf und hält den
einstündigen Vortrag, den er überall hält.

Er beginnt damit, dass er Absolvent der USC Santa Barbara ist,
was Jubel auslöst. Er sagt, dass er damals, in den sechziger Jahren, viel Zeit damit verbracht hat, gegen den Vietnamkrieg zu
protestieren, wenn er nicht getrunken hat, gesurft oder Mädchen
hinterhergestiegen ist. Wieder Jubel. Er erzählt, dass er nach dem
College fünf Jahre als Zimmermann gearbeitet hat und dann mit
Ach und Krach den Test für den außenpolitischen Dienst bestand.
Er wollte gern nach Frankreich, weil er französisch sprach. Paris
und Nizza wären in Frage gekommen oder Bordeaux, weil man
da gut surfen kann. Sie schickten ihn nach Niger, wo auch französisch gesprochen wird, sagt er, macht eine Pause für die Lacher
und sagt dann, dass er dort lernte, Afrika zu lieben. Er erwähnt
Saddam Hussein, den Einsatz im Kosovo und seine Afrikareise an
der Seite von Bill Clinton, was ihn zum Zitat des senegalesischen
Präsidenten führt. Dies ist der Endpunkt seiner diplomatischen
Karriere, mehr, sagt er, konnte er nicht erreichen.

Am Tag, nachdem er aus Afrika wiederkam, heiratete er Valerie Plame, sagt er und markiert den romantischen Mittelpunkt
seiner Geschichte.

Er arbeitete vier Jahre im privaten Sektor, in denen er sich ein
Haus verdiente, ein Jaguar Cabrio, »das man vielleicht aus der
Vanity Fair kennt oder aus CNN«, und sein Golfhandicap auf 12
verbesserte. Dann folgt die Reise nach Niger, der Artikel in der
New York Times und die Enttarnung seiner Frau, die Journalisten, die Staatsanwälte und Libby, Rove, Cheney, Bush und die
Tausende amerikanischen Soldaten, die ihr Leben in einem unge-
rechtfertigen Krieg riskieren. Er zitiert Jefferson, Orwell, Senator
Menendez aus New Jersey und endet mit dem Aufruf, dass jeder
im Saal seine Pflichten als amerikanischer Bürger wahrnehmen
soll, um diese großartige Demokratie zu erhalten.

Es ist eine kurzweilige, abenteuerliche Reise durch das Leben
von Joseph Wilson, die er hin- und herlaufend absolviert. Es gibt
einen langen Applaus, ein paar sehr respektvolle Wortmeldungen,
und am Ende lassen sich viele Studenten zusammen mit Joseph

Wilson fotografieren, als sei er eine Jagdtrophäe. Als Wilson die letzten Autogramme schreibt, erscheint eine langbeinige, blonde Frau, gibt ihm eine Parkkarte, mit der er aus der Tiefgarage kommt, und fragt ihn, ob er noch Lust habe, mit ein paar Lehrern und Studenten in die Bar auf der anderen Straßenseite zu kommen.

»Oh, nein danke«, sagt Joseph Wilson. »Ich glaube, ich fahr lieber nach Hause und lege mich hin.«

Die langbeinige, blonde Frau sieht ihn überrascht an.

Drei Tage später, kurz nach halb zwölf, betritt Joseph Wilson die »Presidents Hall« der Penn State University, um denselben Vortrag zu halten. Diesmal trägt er einen dunklen Anzug, eine matt glänzende Hermes-Krawatte und hat eine schlanke, blonde Frau an seiner Seite. Seine Frau, seine Geschichte.

Valerie Plame hat an der Penn State University studiert, bevor sie CIA-Agentin wurde. Und nur deswegen, sagt sie, begleitet sie ihren Mann heute. Sie sind ein bisschen zu früh da, die meisten der 80 runden Tische sind noch unbesetzt. Aus den Metallcontainern dampft der Lunch. Das Ehepaar Wilson steht einen Moment unschlüssig im Saal, aber da nähert sich ein älteres Paar. Die Johnsons.

»Können Sie sich erinnern?« fragt Frau Johnson Valerie Wilson, und weil die unsicher guckt, drückt sie ihr einen schmalen Stapel Fotos in die Hand. Valerie Wilson lacht. Die Johnsons sind die Eltern ihrer Collegefreundes. Jetzt lachen auch die Johnsohns.

»Ich bin der Ehemann«, sagt Joseph Wilson.

»Das freut uns«, sagt Frau Johnson.

Es ist ein seltsam normaler Augenblick.

Eine dreiviertel Stunde später steht Joseph Wilson schon wieder hinterm Podium und ordnet die Beziehung zu seiner Frau in die Weltpolitik ein. Auf den Tischen stehen jetzt nur noch Apfelkuchen und Kaffee. Wilson ist mit Bill Clinton in Afrika, mit dem Senator Mendenez in New Jersey, mit amerikanischen Botschaftsflüchtlingen in Bagdad und mit Cheney, Rove und Lewis Libby in Washington. Er spielt vor, wie man Saddam Hussein richtig die Hand gibt, ohne auf dem Protokollfoto auszusehen, als verbeuge man sich. Alle lachen, auch seine Frau Valerie, obwohl sie die Geschichten bestimmt schon oft gehört hat. Er erwähnt das Jaguarfoto, das man bestimmt aus der *Vanity Fair* oder CNN kennt. Die hübsche blonde Frau neben ihm sei entweder seine Frau Valerie oder die Moderatorin Paula Zahn, sagt Wilson. Er zitiert Orwell, Jefferson und den Senator Menendez aus New Jersey. Er sagt, dass er morgen mit seiner Frau zum Collegefootballspiel gehen wird, so wie sie mit ihm zum Strand geht, wenn sie in Kalifornien sind. Er macht sich über Lewis Libbys Spitznamen Scooter lustig und bedankt sich bei dem Ehepaar Johnson für die Fotos seines Vorgängers. Die 450 Gäste lachen, viele stehen beim Schlussapplaus von den Stühlen auf. Es ist ein einhelliges Klatschen, ein Parteitagsklatschen. Am letzten Septemberfreitagmittag des Jahres 2006 in Pennsylvania scheint Joseph Wilson zusammen mit all den Biografen der Bush-Administration im Mainstream angekommen zu sein. Er ist der Talisman des guten Gewissens.

In der kurzen Fragerunde möchte jemand wissen, warum Robert Novak, der Kolumnist, der Valerie Plames Identität preisgab, eigentlich so ungeschoren davonkommt.

»Ich habe Novak ein paar Mal einen Warmduscher genannt. Meine Frau Valerie hat mich anschließend gebeten, das nicht mehr zu tun, weil es so verachtend klingt«, sagt Wilson und atmet einen Moment die Heiterkeit ein. »Aber was soll ich Ihnen sagen. Robert Novak ist ein verdammter Warmduscher.«

Er schaut in den lachenden Saal. Und der Saal schaut zu ihm. Niemand schaut jetzt auf seine Frau. Später, als Wilson noch persönliche Gratulationen für seine couragierte Rede entgegennimmt, erzählt seine Frau aus ihrem Leben. Sie spricht nicht offiziell. Sie redet nicht mit Journalisten. Sie kann ein bisschen deutsch, weil sie ein Semester in Köln studiert hat. Sie spricht auch französisch und griechisch. Ihr erster Einsatzort als Agentin war Athen, später ging sie nach Brüssel, ihre Aufgabe war es, ausländische Spione anzuwerben. Ihr Cover war Mitarbeiterin einer Energiefirma. Sie hat im Frühjahr und Sommer ein Buch geschrieben, das ihr geholfen hat, mit den Erlebnissen der letzten drei Jahre fertig zu werden. Es muss jetzt noch von der CIA gegengelesen werden und kann danach, vermutlich im nächsten Frühjahr, erscheinen. Es wird »Fair Game« heißen. So nannte sie Karl Rove gegenüber einem Fernsehjournalisten. »Wilsons Frau ist ›Fair Game‹«, sagte er. Man kann es mit Freiwild übersetzen.

Sie war jetzt ein paar Tage in Santa Fe, und als sie davon spricht, leuchten ihre Augen. Man kann atmen dort. Sie könnte sich vorstellen, dort zu leben.

Während ihr Mann zu irgendeinem Pennstate-Beschäftigten davon redet, dass der Krieg noch nicht vorbei ist, dass man kämpfen muss, weil es eine Bürgertugend ist, erzählt Valerie Wilson von der giftigen Stadt Washington und dem permanenten Stress, unter dem sie in den letzten drei Jahren litten. Das Leuchten in ihren Augen bricht. Sie sieht nicht schlank aus, sondern dünn. Nicht bescheiden, sondern schwach.

Samstagnacht sitzt Wilson mit seiner Frau in der Ehrenloge des Pennstate-Rektors und sieht sich das Collagefootballspiel gegen die Northwestern University an. Zur gleichen Zeit rollt die Kampagne für das neue Woodward-Buch. Es heißt »State of Denial« und enthält nicht viele Neuigkeiten. Nach zwei freundlichen Büchern kritisiert Bob Woodward jetzt die amerikanische Regierung für ihren heillosen Krieg. Er schwimmt mit dem Mainstream, und auch deshalb wird sein Buch ein Riesenerfolg werden. Die Startauflage beträgt 825 000 Exemplare. Sie wird bereits am Wochenende verkauft werden. Es sieht so aus, als würde der berühmte Journalist wieder einmal Geschichte in Stein schlagen.

Joseph Wilson und seine Frau Valerie kommen in dem Buch nur am Rande vor.

Nachtrag

Lewis Libby, der ehemalige Stabschef von Vizepräsident Dick Cheney, wurde im Juni 2007 wegen Meineids, uneidlicher Falschaussage und Justizbehinderung zu einer 30-monatigen Haftstrafe verurteilt; Tage später hat Präsident George Bush ihn teilweise begnadigt und ihm die Haftstrafe erlassen.

Steffen Grimberg

Üble Nachrede und Verleumdung

Die rechtlichen Grenzen
der englischen Yellow Press

Es war eine ganz normale Tagesration für einen Donnerstag:
Chantelle und Preston, das reichlich künstliche Traumpaar des
letzten *Celebritiy-Big-Brother*-Durchgangs, hatte sich nach nur
zehn Monaten Ehe wieder getrennt. »World Exclusive«, brüllte
die Titelseite des *Daily Star* – was auf dem britischen Boulevard
eigentlich nur bedeutet, dass die gleiche Geschichte bei der Konkurrenz ein bisschen weiter hinten steht. Eine andere journalistische (?) Leistung hatte das noch vor der *Sun* derzeit lausigste
britische Blatt für seine Leser tatsächlich exklusiv zu bieten: Ein
kostenloses »Tony Blair Sickbag« – eine Kotztüte mit dem Kon-
terfei des am Vortag zurückgetretenen Premierministers als Kommentar zu zehn Jahren Labour-Administration. Der Labour-nahe
Daily Mirror kam zu einem etwas positiveren Resümee der Ära
Blair und verwöhnte seine Leserinnen und Leser dafür mit Papa-
razzifotos von George Clooney. Die zeigten den Hollywoodstar
auf einer Yacht in Italien – und mit merkwürdigen Narben am
Bauch. Sollte der »Sexiest Man Alive« etwa per Schönheitschi-
rurgie nachgeholfen haben? Auch die unscharfen Aufnahmen von
Sven Göran Erikson mit neuer weiblicher Begleitung, garniert
mit diversen Spekulationen über das Liebesleben des englischen
Fußballnationaltrainers, zeigen, dass das sogenannte Caroline-
Urteil von den britischen Tabloids nicht sonderlich ernst genommen wird. Doch es sind nicht nur Stars, Sternchen und die wahre
Prominenz, die hier tagtäglich durch den redaktionellen Wolf gedreht wird: »Soft Judge frees another paedo« (Weichlicher Richter lässt noch einen Kinderschänder frei), titelt die *Sun* über den
angeblich zu »weichen« Kronrichter Julian Hall aus Oxford, weil
der in mehrere Pädophilie-Fällen nicht automatisch die Höchststrafe verhängt hatte. Dass der *Daily Mirror* dagegen zu berich-

ten weiß, eben jener Richter Hall sei 15 Minuten vor Prozessbeginn an einen anderen Fall versetzt worden, offenbart zwar leichte Ungereimtheiten in der Recherche. Macht aber nichts, schließlich sind sich beide Blätter in der Grundsatzfrage einig: »Sack him«, entlasst ihn, fordert die *Sun*. »Don't let him judge paedos«, lasst ihn nicht über Pädophile urteilen, lautet der etwas zahmere Schlachtruf des *Daily Mirror*. Wie Kampagnenjournalismus wirklich funktioniert, kann man immer noch am besten von den Londoner Boulevardblättern lernen. Dass Richter Hall in keiner der Zeitungen zu Wort kommt, versteht sich von selbst.

Was britische Tabloids aber von deutschen Boulevardblättern – allen voran der *Bild*-Zeitung – unterscheidet: Ein Mindestmaß an Prominenz oder wenigstens einen temporären Celebrity-Status wie die *Big Brother*-Haus-Insassen eint alle Opfer. Dazu kommen noch Berichte über – vermeintliche – Verfehlungen im Amt wie bei Kronrichter Hall, Ärzten oder auch Lehrern. Der normale Mensch von der Straße ist erstaunlich tabu – außer er oder sie ist rechtskräftig verurteilt oder ihm Rahmen einer anderen offiziellen Untersuchung (beispielsweise einer öffentlichen Anhörung oder einem Trade Tribunal, einer Art Schiedsstelle in Arbeitsrechtsfragen) belastet worden.

»Wir würden über den Mann von der Straße nie unfair berichten, das sind doch schließlich unsere Leser.« Auch wenn man diese leutselige Deutung eines *News of the World*-Reporters nicht auf die Goldwaage legen sollte: Reißerische Artikel und Vorverdächtigungen, wie sie in Deutschland bei Kapitalverbrechen oder im Vorfeld spektakulärer Gerichtsverhandlungen regelmäßig vorkommen, sind durch die engen Grenzen des britischen Presserechts nur stark eingeschränkt möglich. Bei Behinderung der polizeilichen Ermittlungen drohen den Zeitungen empfindliche Strafen – und ein erheblicher Image-Verlust in der Branche. So dürfte im Falle von in Balkonblumenkästen aufgefundenen Babyleichen bis zur offiziellen Klageerhebung in Großbritannien längst nicht so detailliert wie hierzulande berichtet werden. Und über Verdächtige heißt es zunächst meist nur: »a man is helping Police with their enquiries« – jemand helfe der Polizei bei den Ermittlungen. Erst bei Festnahme und Anklageerhebung dürfen dann bei Erwachsenen der Name – vollständig und inklusive Adresse – genannt und Fotos gebracht werden. Die Medien dürfen aber nichts veröffentlichen, was den Verlauf der Verhandlungen, die Richter oder die Jury beeinflussen könnte. Die Strafen für eine solche Missachtung des Gericht (»contempt of court«) sind gesalzen: Sie fangen bei 500 000 Pfund (750 000 Euro) an.

An berühmten Gesichtern und entsprechend »relevanten« Geschichten herrscht für die britischen Tabloids indes kein Mangel. Sie berichten alle nur national. Die Not, wie bei den regionalen deutschen Boulevardtiteln bzw. den *Bild*-Lokalseiten, oft auf Biegen und Brechen »packenden« Lesestoff zu bieten, besteht kaum.

Doch was liegt vor im Fall des angeblich zu lasch über Kinderschänder zu Gericht sitzenden »Mr Justice« Hall: Rufmord – oder engagierter Einsatz der Presse im öffentlichen Interesse? So unterschiedlich die Fälle von Clunys Bauch und Richter Halls Urteilen gelagert sind, fallen sie in England und Wales[1] unter dieselben Spielregeln, die Spielregeln von Libel (üble Nachrede, Verleumdung) und Slander (Beleidigung).

Für die Medien kommt allerdings nur Libel in Betracht, da Slander sich lediglich auf das gesprochene Wort beziehen kann. Defamatory, herabwürdigend, müssen die Äußerungen in jedem Fall sein – doch gerade hier lässt die Rechtslage jede Menge Interpretationsspielraum. Klar herabwürdigend sind alle – falschen – Behauptungen oder Andeutungen, jemand sei korrupt, insolvent bzw. in finanziellen Schwierigkeiten oder stelle Güter minderer Qualität oder Imitate her. Doch auch mediale Vorwürfe, jemand sei unmoralisch, unehrlich oder inkompetent, gelten grundsätzlich als herabwürdigend – und dies gilt selbst für Kommentare oder Glossen. So kann nach Auffassung der auf Medien- und Libel-Fälle spezialisierten Londoner Kanzlei Carter-Ruck beispielsweise eine Herabwürdigung schon darin bestehen, über einen angeblichen Vegetarier zu berichten, dieser habe Fleisch gegessen.

Vielleicht ist es der Ruppigkeit der englischen Presse geschuldet, dass in Libel-Fällen im Vergleich zur deutschen Presserechtstradition eher der Kläger begünstigt wird: Wer nach englischem Recht wegen Libel klagt, muss anders als in Deutschland nicht belegen, dass die über ihn veröffentlichten Äußerungen wirklich falsch sind. Er muss auch keinen tatsächlich entstandenen Schaden nachweisen. Es wird vielmehr automatisch angenommen, dass ein Schaden eingetreten ist, und eine – oft außerordentlich hohe – Entschädigung festgelegt.

Wie aber feststellen, ob wirklich eine Herabwürdigung vorliegt? Die breiten Interpretationsspielräume lassen Libel-Prozesse oft zu teuren sprachwissenschaftlichen Oberseminaren werden, bei denen ein Einzelrichter oder – heute seltener – Geschworene von den Anwälten beider Parteien mit Gutachten und Expertisen förmlich überschüttet werden. Allein die Vorbereitungskosten für einen Libel-Prozess gehen oft in die Hunderttausende von Pfund – ein Umstand, auf den zurückzukommen sein wird.

Als Gegenmittel bleibt den Medien lediglich der Beweis, dass ihre Darstellung vollständig der Wahrheit entspricht (Justification) – beziehungsweise bei Meinungsstücken, dass es sich um einen »fairen Kommentar« handelt, der wiederum auf der Wahrheit entsprechenden Tatsachen fußt und nicht hinterhältig ist. Zudem können die wortgetreue Wiedergabe von Parlamentsdebatten, öffentlichen Gerichtsverfahren und einigen wenigen anderen Ereignissen sowie Zitate aus amtlichen Dokumenten grundsätzlich nicht angegriffen werden (»Privilege«). Wenn also ein Politiker einen Geschäftsmann in der Plenardebatte im Unterhaus als korrupten, unfähigen Trottel bezeichnet, geht das in Ordnung und darf auch so von allen Medien zitiert werden. Diktiert derselbe Politiker die gleichen Worte vor dem Parlamentsgebäude in die Blöcke der Journalisten und werden diese Zitate veröffentlicht, sind im Zweifel beide dran. In besonderen Fällen können sogar Zeitungshändler belangt werden, wenn sie Titel verkauft haben, die üble Nachrede enthielten – oder vermutlich enthalten.

Doch auch wenn amtliche Dokumente vorliegen und damit »Privilege« die Berichterstattung zu decken scheint, ist Vorsicht geboten – wie zum Beispiel der *Daily Telegraph* in seiner Auseinandersetzung mit dem Parlamentsabgeordneten George Galloway erfahren musste. Kurz nach dem Fall des Regimes von Saddam Hussein im Irak schien das Blatt einer Sensation auf der Spur: Ein Mitarbeiter der konservativen Zeitung hatte im ehemaligen Außenministerium in Bagdad Geheimdienstdokumente gefunden. Danach sollten Gelder aus dem humanitären »Oil for Food«-Programm, durch das der Irak trotz UN-Handelsembargos Devisen für dringend benötigte Nahrungsmittel und Medikamente erhielt, beim pro-irakischen Member of Parliament (MP) Galloway gelandet sein. Der militante Kriegsgegner, der regelmäßig mit irakischen Offiziellen Kontakt hatte und 2003 wegen seiner Kampagnen gegen den Irakkrieg aus der Labour-Partei ausgeschlossen wurde, sitzt heute für die linke Respect-Partei im britischen Unterhaus. Nach der Berichterstattung des *Telegraph* im April 2003 verklagte Galloway das Blatt. Sowohl das Gericht als auch die Berufungsinstanz urteilten im von Ende 2004 bis Anfang 2006 laufenden Rechtsstreit für den Politiker: Zwar sei die Berichterstattung über die in den Dokumenten enthaltenen Angaben an sich zulässig. Der *Telegraph* hatte sich nach Auffassung der Richter aber die hierin enthaltenen Vorwürfe zu eigen gemacht, anstatt lediglich neutral darüber zu berichten und bestenfalls eine offizielle Untersuchung zu fordern. Ob Galloway tatsächlich Geld aus dem »Oil for Food«-Programm erhielt oder die Dokumente echt sind, ist bis heute unklar. Darum ging es im Prozess auch nicht – obwohl Ermittlungen des US-Senats gegen Galloway in derselben Angelegenheit zu dem Schluss kamen, dieser hätte unter Eid Falschaussagen gemacht: Galloway bekam 150 000 Pfund Entschädigung zugesprochen, die Zeitung musste außerdem seine Gerichts- und Anwaltskosten in Höhe von rund 1,2 Millionen Pfund übernehmen. Der *Telegraph,* der stets damit argumentiert hatte, die Veröffentlichung der Vorwürfe sei durch »Privilege« geschützt und im öffentlichen Interesse, nannte das Urteil »einen harten Schlag gegen das Prinzip der freien Meinungsäußerung«. Immerhin könnte es die Verantwortlichen des Blatts getröstet haben, dass Galloway gegen Ende des Verfahrens mit einer Art Rufmord in eigener Sache befasst war: Am selben Tag, als der *Telegraph* 2006 auch die Berufung gegen Galloway verlor, wurde der schillernde Politiker aus der britischen Version von *Celebrity Big Brother* herausgestimmt – Hohn und Spott des Boulevards wie der Qualitätspresse waren ihm sicher.

Die Libel-Laws sind auch eine effektive Hilfe gegen Rufmord-Kampagnen der Tabloid-Presse – so man sich das Kostenrisiko leisten kann. Paul McKenna, als Veranstalter von Hypnotisier-Shows und Autor so einschlägiger wie seichter Ratgeber vom Stile »I can make you thin« (Ich mache dich dünn), »Sleep like a log« (Schlaf' wie ein Stein) oder »Better sex for lovers« (Besserer Sex für Liebende) selbst ein Stück echter B-Prominenz, konnte: Der *Daily Mirror* hatte über Jahre behauptet, McKennas 1995 erworbener PhD, ein dem Doktortitel vergleichbarer akademischer

Grad, sei Schwindel und Betrug. McKenna habe den Titel nämlich gegen Bezahlung von einer La Salle Universität im US-Bundesstaat Louisianna mit der Post geordert. Als sich McKenna zunächst an die Press Complaints Commission, das britische Äquivalent zum Deutschen Presserat, wandte, setzte das Blatt auf massive Einschüchterung: Sollten sie verrückt genug sein, ihrem Mandanten zu raten, in dieser Angelegenheit gegen das Blatt vorzugehen, so der *Mirror* an McKennas Anwälte, werde dieser »zu seinem großen Nachteil – persönlich wie finanziell – herausfinden, dass er den falschen Kampf über den falschen Artikel mit der falschen Zeitung« angezettelt habe.

Denn in der Tat sah der Fall für den Legastheniker McKenna nicht besonders gut aus. Mit den akademischen Meriten der Lehranstalt war es nicht weit her: Bereits 1996 musste die La Salle University im Rahmen einer FBI-Ermittlung zugeben, dass ihre Abschlüsse nicht offiziell anerkannt waren. 1997 wurde dann ein ehemaliger Uni-Präsident wegen Betrugs zu fünf Jahren Haft verurteilt. Doch auch hier ging es im Libel-Prozess nicht um die tatsächlichen Hintergründe. Der *Daily Mirror* musste vielmehr nachweisen, dass McKenna von Anfang an gewusst habe, dass die von ihm verlangten schriftlichen Arbeiten für den Abschluss lediglich vorgeschoben waren und es allein auf die Bezahlung der Kursgebühren angekommen sei.

McKenna gab in der Verhandlung im Juli 2006 an, rund 500 Stunden Arbeit in seine 18-monatigen Studien investiert zu haben, und legte eine zwölf Titel umfassende Literaturliste vor. Von akademischen Standards habe er bei der Einschreibung keine Ahnung gehabt, dass ein PhD quasi den höchstmöglichen Studienabschluss darstellt, sei ihm unbekannt gewesen. Auch dass er von sämtlichen Pflichtkursen wegen seiner Buchveröffentlichungen und allgemeiner Lebenserfahrung befreit wurde, hatte den Vortragskünstler nicht stutzig gemacht: Schließlich ging es um einen Doktor in Hypnose, und McKennas Dissertation bestand aus einer Reihe von Selbsthilfetipps, die er auf Kassette gesprochen hatte und die sich später in Buchform (»Change your life in seven days«) mehr als 500 000-mal verkauften. Die Vorwürfe des *Mirror,* so McKenna, hätten ihn über Jahre zum Gespött der Branche gemacht.

In einem der wohl bizarrsten Urteile der britischen Libel-Geschichte sprach der Vorsitzende Richter Mr Justice Eady sein Urteil gegen die Zeitung: McKenna erhielt – eher geringen – Schadensersatz, zusätzlich durfte der *Mirror* mehr als 75 000 Pfund Gerichts- und Anwaltskosten übernehmen.

Ob es die weiteren 75 000 Pfund waren, die die Londoner Abendzeitung *Evening Standard* an den Celebrity-Koch Gordon Ramsey zahlen musste, weil sie behauptet hatte, für seine TV-Serie *Kitchen Nightmares* würden durchschnittliche Restaurants künstlich auf schmieriges Imbiss-Niveau getrimmt – oder die mehr als 100 000 Pfund, die die *Daily Mail* an Sir Elton John überwies, weil sie über angebliche Unhöflichkeiten des Stars gegenüber Gästen bei einer seiner Wohltätigkeitsveranstaltungen berichtete: Die Libel-Laws neigen dazu, die Reichen und Berühmten zu bevorteilen – und dadurch zu schützen. »Die Vorteile, die das englische Recht für die Kläger vorsieht, haben dazu geführt, dass auch wohlhabende Ausländer ihre Prozesse gern in London führen«, schreibt der bekannte britische Medienanwalt David Hooper in seinem Standardwerk »Reputations under Fire – Winners and Losers in the Libel-Business«[2]. Die hohen Kosten der ausschließlich am High Court gehörten Prozesse und ihr unsicherer Ausgang schreckten viele nicht so üppig ausgestatte Kläger ab – auch wenn sie juristisch gute Chancen hätten, ihre Ansprüche durchzusetzen. Libel ist in Großbritannien Zivilrecht, eine Prozesskostenbeihilfe (legal aid) daher nicht möglich.

Noch bizarrer als das Libel-System an sich ist die Möglichkeit des Payments into Court. Die Maßnahme soll unnötige Verfahren verhindern und beide Parteien zur außergerichtlichen Einigung bewegen. Hierbei zahlt die beklagte Partei (in unserem Fall also die Zeitung oder ein anderer Medienbetrieb) eine bestimmte Geldsumme ein, die nach ihrer Schätzung – und falls der Kläger den Prozess gewinnt – der vom Gericht zugewiesenen Entschädigung entspricht. Die Höhe der Summe bleibt Richter und Geschworenen verborgen, der Kläger hat drei Wochen Zeit zu überlegen, ob er sie annimmt. Stimmt er zu, erhält er außerdem die bis dato aufgelaufenen Verfahrenskosten ersetzt, und der Prozess findet nicht statt. Setzt der Kläger den Prozess aber fort und erhält – obwohl er gewinnt – am Ende weniger Entschädigung, als die Höhe des Payments into Court betrug, muss er alle weiteren nach Einzahlung des Payments aufgelaufenen Kosten übernehmen.

»Dieses Prinzip ist ein nüchterner Hinweis darauf, dass diese Form des Rechtsstreits reines Glücksspiel ist und schon manchen zu ehrgeizigen Kläger den Kopf gekostet hat«, schreibt David Hooper.

Doch noch viel mehr sind die Libel-Laws dazu geeignet, missliebige Berichterstattung der Medien gleich im Vorfeld auszubremsen. Der Mann, der dies zur Perfektion getrieben hat, war selbst Besitzer einer Boulevardzeitungsgruppe um den *Daily Mirror:* Robert Maxwell. Maxwell (1923–1991), geboren in der damaligen Tschechoslowakei (heute Teil der Ukraine), war 1940 als jüdischer Flüchtling den Schergen des Holocaust nach England entkommen und kämpfte im Zweiten Weltkrieg für die britische Armee, wo er rasch zum Captain aufstieg. Maxwell arbeitete nach Kriegsende als Zeitungszensor der Alliierten in Berlin und übernahm die britischen und amerikanischen Vertriebsrechte für den akademischen Springer-Verlag, die ihm sein erstes Vermögen einbrachten. Von 1964 bis 1970 saß er für die Labour-Partei im britischen Parlament, nachdem er 1969 beim Versuch, die Boulevardzeitung *News of the World* zu kaufen, gegen seinen Erzrivalen Rupert Murdoch unterlag, gelang 1984 mit dem Kauf der *Mirror-*Zeitungsgruppe der Einstieg in den britischen Pressemarkt. Jegliche Versuche, kritisch über seine Rolle als Unternehmer oder Politiker zu berichten, versuchte Maxwell durch die Androhung von Libel-Klagen auszuhebeln – und hatte damit meist Erfolg: »Über dreißig Jahre nutzte Maxwell die Libel-Laws, um seine Gegner zu terrorisieren«, urteilt Hooper. Obwohl bereits 1969 eine Untersuchung des britischen Wirtschaftsministeriums zu dem Ergebnis kam, Maxwell sei nach Manipulationsversuchen »nicht befähigt, eine Aktiengesellschaft zu führen«, blieb sein fragwürdiges Geschäftsgebaren nur Quelle für unzählige hinter vorgehaltener Hand erzählte Gerüchte – selbst wenn andere Medien in Sachen Maxwell recherchierten, blieben die Ergebnisse aus Furcht vor den drohenden Kosten meist unveröffentlicht. »Maxwells Taktik war eine Mischung aus Paranoia, Drohung und schlichter Korruption«, so Hooper. Als sich die *Sunday Times* in den siebziger Jahren einiger Deals von Maxwell annahm, erhielt der zuständige Redakteur ein Jobangebot: Jahresgehalt schlappe 100 000 Pfund, damals ein wahres Vermögen. Der lehnte ab, Maxwell verklagte die Zeitung – und obwohl der Fall in einem

Vergleich endete, zeigte er sehr öffentlich, was passierte, wenn man sich mit Robert Maxwell anlegte.

Das bekam auch die britische Satirezeitschrift *Privat Eye* zu spüren, die sich später als einzige noch regelmäßig mit dem von ihr mit feinem Doppelsinn »bouncing Czech« (hüpfender Tscheche, lautmalerisch aber auch: geplatzter Scheck) genannten »Capt'n Bob« befasste. *Private Eye* hatte Mitte der achtziger Jahre mehrfach kritisch über die Beziehungen zwischen der Labour-Partei und der einzigen Labour-freundlichen Boulevardzeitung des Landes – eben Maxwells *Daily Mirror* – berichtet und Maxwell dabei unterstellt, über die Zeitung indirekt Reisen des damaligen Parteichefs Neil Kinnock zu finanzieren. Während Kinnock sich aus der ganzen Angelegenheit heraushielt, klagte Maxwell auf Libel und verlangte von seinen Anwälten, auf mindestens 250 000 Pfund Schadensersatz zu plädieren – für das eher unterfinanzierte, eigenständige *Private Eye* das sichere Aus. Zwar kann man bis heute davon ausgehen, dass dessen Berichterstattung zutreffend war. Doch die Quelle des Blatts aus dem innersten Zirkel der Labour-Partei ließ sich nicht als Zeuge vernehmen. Maxwell gewann, bekam statt der erhofften Viertelmillion aber nur 55 000 Pfund zugesprochen. Für *Private Eye* war dies die erste Serie einer langen Reihe von Zahlungen: Später berichtete das Blatt als erstes über Maxwells Griff in die Pensionskassen seiner Firmen, um die nicht mehr so erfolgreich laufenden Geschäfte seiner diversen Unternehmen zu finanzieren. Was dem Blatt in den Jahren bis zu Maxwells mysteriösem Tod 1991 noch weitere hohe Gerichtskosten bescherte – im Juli 1990 musste sogar die gesamte *Eye*-Auflage von rund 260 000 Exemplaren eingestampft werden –, erwies sich nach dem Ableben des »bouncing Czech« als schnöde Tatsache: Maxwell hatte Tausende seiner Angestellten um ihre Pensionseinlagen gebracht. Die Enthüllungen über Maxwell überschlugen sich – Tote können keine Libel-Prozesse mehr führen. 1992 gingen Maxwells Unternehmen in die Insolvenz.

Und noch ein Prominenter taugt als Beweis dafür, dass die eigentlich zur Abwehr von Rufmord gedachten Libel-Laws oft genug das Gegenteil bewirken und kritischen Journalismus mundtot machen: der Fall des konservativen Politikers und Romanautors Jeffrey Archer. Dem damals stellvertretenden Parteivorsitzenden der Tories hatten der *Daily Star* und die Sonntagszeitung *News of the World* 1986 unterstellt, eine mittelhohe Geldsumme einer Prostituierten übergeben zu haben – nur der *Star* deutete auch sexuellen Verkehr an. Archer präsentierte sich im Prozess als liebevoller Familienvater, der für das im *Star* behauptete Schäferstündchen zudem ein wasserdichtes Alibi vorweisen konnte. Der Prozess endete 1987 mit der Rekordsumme von 500 000 Pfund Schadensersatz für Archer vom *Daily Star* und weiteren 50 000 Pfund von der *News of the World*. Der mehrfache Millionär Archer wurde später zum Baron geadelt und führte wie Robert Maxwell immer wieder Libel-Prozesse wegen Berichterstattung über mehr oder weniger fragwürdige Geschäfte, die er zumeist gewann. Doch im November 1999 zerbrach die Scheinwelt: Die *News of the World* präsentierten einen Zeugen, der sein Archert 1987 gegebenes Alibi als Fälschung entlarvte. Der Baron Archer of Weston-Super-Mare wurde 2001 wegen Meineids und Rechtsbeugung zu vier Jahren Gefängnis verurteilt, der *Daily Star* und die *News of the World* schickten eine Rechnung über rund 2,5 Millionen Pfund – für Gerichtskosten und fälschlich geleisteten Schadensersatz plus Zinsen seit 1987.

Anmerkungen

1 Ähnliche Gesetze gibt es in Irland, den USA und Australien. Schottland hat ein anderes Rechtssystem, was immer wieder dazu führt, dass Zeitungen, deren Vertrieb in England und Wales untersagt ist, in Schottland weiter verkauft werden dürfen.
2 David Hooper: Reputations under Fire – Winners and Losers in the Libel Business, London 2001.

Norbert Mappes-Niediek

Rufmord ohne Folgen

Medien in Osteuropa

Zoran Djindjić war ein Politiker, wie man ihn Serbien nicht zu-
getraut hatte: freundlich und jungenhaft, optimistisch, mutig und
offensichtlich frei von nationalen Vorurteilen. Weil er außerdem
fließend deutsch sprach, kam er als Oppositionsführer und später
als Premierminister eines unbeliebten Balkanlandes in deutschen
Medien oft zu Wort. Im Jahr 2002, auf dem Höhepunkt seiner
Beliebtheit in Deutschland, ereilte den Hoffnungsträger allerdings
ein schwerer Schlag: Die *Financial Times Deutschland (FTD),* ein
in einflussreichen Kreisen gelesenes Blatt, kolportierte eine Geschichte aus der kroatischen Wochenzeitung *Nacional,* die Djindjić mit dem Zigarettenschmuggel in Zusammenhang brachte.
Fragen blieben offen, das Image litt. War der serbische Kennedy
womöglich selbst ein Mafioso? Djindjić verweigerte Interviews,
sein Büro mochte nicht einmal groß etwas dementieren; man
hoffte bloß, dass die Geschichte schnell vorbei sein würde. Als
der Regierungschef dann im März 2003 von einer Einheit des po-
lizeilich-kriminellen Komplexes in Serbien ermordet wurde, war
die Geschichte mit dem Zigarettenschmuggel im Westen noch in
frischer Erinnerung. Konnte man wissen, warum der Politiker
umgebracht wurde? War das Opfer auch ein Täter? Wenige
Kommentatoren trauten sich ein Urteil zu.

Der Bericht der *FTD* über die *Nacional*-Berichterstattung war
einer der wenigen Fälle, bei dem regionale Enthüllungen in die
Weltpresse rutschten. Das ist erstaunlich, denn jeder Auslands-
journalist, der sich die Mühe macht, eine südosteuropäische Sprache zu lernen, wird sofort reich belohnt. Nach der Lektüre von
Büchern, Agenturmeldungen und englischen Websites erscheint
dem Landesfremden der öffentliche Alltag auf dem Balkan noch
als zähes Ringen um parteipolitischen Einfluss, als kleinstaatliche

Langeweile und mühsame Kompromisssuche auf dem Weg in die
Europäische Union. Als Zeitungsleser aber erschließt sich einem
eine ganz andere Welt. Keine Woche vergeht, in der nicht kühne
Intrigen aufgedeckt würden und atemberaubende Kehrtwendun-
gen bevorstünden. Politiker, die man für trockene Technokraten
gehalten hatte, erscheinen plötzlich als geniale Betrüger, die in
ergaunerten Villen Orgien feiern. Keine Privatisierung, die nicht
von einer jahrelang haltbaren geheimen Absprache begleitet wäre,
und kein Minister erobert einen Posten, der nicht in allen seinen
Entscheidungen von einer schattenhaften Instanz im Hintergrund
gesteuert würde. Das alles findet man in der Presse durchaus auch
belegt: Zeugen werden mit Namen genannt und oft im Wortlaut
interviewt, belastende Dokumente im Faksimile abgebildet. Fakten, Fakten, Fakten: Südosteuropa, so scheint es, ist das Dorado
des investigativen Journalismus. Während die großen Blätter im
Westen Europas vorwiegend trockene Agenturmeldungen und
Analysen verbreiten (Frankreich), kuriose Bedrohungen erfinden
(Großbritannien) oder hübsche Geschichtchen erzählen (Deutschland), wird auf dem Balkan noch wirklich enthüllt.

Der Glaube an die östliche Heldenpresse erscheint plausibel,
denn man denkt gleich an die Russin Anna Politkowskaja, die für
ihre mutige Kritik ihr Leben lassen musste. Es geht schlimm zu in
diesen Ländern, glaubt man, aber die Presse ist ein Lichtblick.
Überall in der Region, am intensivsten in den Nachkriegsgesell-
schaften Bosniens und des Kosovo, findet mit tatkräftiger Hilfe
des westlichen Auslands ein Prozess der Modernisierung und
Verwestlichung statt, der bis zum »state« oder »nation building«
reicht. Völker, die bislang unter dem Kommunismus und davor
in vormodernen Imperien gelebt haben, sollen den Wert von Institutionen schätzen lernen, den Staat als sittliche Einrichtung erleben und im Verkehr miteinander von Verwandtschaft und persönlichen Beziehungen abstrahieren. Wie man weiß, geht der Prozess
langsam vonstatten und bleibt von Rückschlägen nicht frei. Da
wundert es einen nicht, dass Gegenstand der allermeisten Skan-
dalgeschichten in den Zeitungen die Verstrickung von Politik mit
Korruption und organisiertem Verbrechen ist, ein Problem also,
das den Menschen in der Region ja in der Tat zu schaffen macht.
Die freie Presse, die selbst von zahlreichen politischen Stiftungen
und internationalen Organisationen stark gefördert wird, nimmt

sich des Themas dankbar an. Auch das ist erstaunlich. In Italien, besonders auf Sizilien, gehört, wie man weiß, zur Mafia die »omertà«, die Verpflichtung zum absoluten Schweigen. Auf dem Balkan dagegen gehen mafiöse Verhältnisse mit einer ganz untypischen Informationsflut einher. Mit ihrer Kultur der öffentlichen Rede sind Albanien oder Montenegro, so scheint es, Sizilien oder Kalabrien einen wichtigen Schritt voraus. Und es ist auch besser als in Russland: Morde an Journalisten sind auf dem Balkan in der Tat sehr selten.

Aber der Schein trügt gründlich. In Südosteuropa sind nicht nur Korruption und organisiertes Verbrechen endemisch, sondern eben auch die üble Nachrede. Nicht die Journalisten legen den Kriminellen das Handwerk, sondern die Kriminellen machen sich den Journalismus zunutze. Enthüllungen werden mit Gegenenthüllungen pariert, und keine Instanz stellt je abschließend fest, wer Recht hatte. Wer eine Zeitlang südosteuropäische Enthüllungsblätter gelesen hat, weiß: Investigativer Journalismus ist nur segensreich vor der Folie einer Justiz, die über Vorwürfe zuverlässig und in angemessener Zeit befindet. Fehlt diese Instanz, verwandelt der Segen sich in einen Fluch. Die Presse in Südosteuropa, die vielen ausländischen Helfern als wichtiger Teil der Lösung vorkommt, ist in Wirklichkeit vor allem Teil des Problems.

Seinen Siegeszug hat der balkanische Enthüllungsjournalismus von Kroatien aus angetreten, einem Land, das sich selbst der Region kaum zurechnet und auch sicher weiter entwickelt ist als seine südöstlichen Nachbarn. Aber auch in Kroatien lesen nur acht Prozent der Bevölkerung eine Tageszeitung; 74 Prozent nennen das Fernsehen als ihre wichtigste Informationsquelle. Es gibt in Kroatien kein Abonnementssystem, und Zeitungen werden morgens nicht ausgetragen. Die beiden großen Tageszeitungen *Večernji list* und *Jutarnji list* (Abend- bzw. Morgenblatt) kommen über Boulevardniveau nicht hinaus. Was den kroatischen Medienmarkt so besonders macht, sind seine Wochenblätter. Erfolgreiche Wochenzeitungen und Wochenmagazine aus Kroatien werden überall im früheren Jugoslawien und sogar darüber hinaus kopiert. Der Marktführer *Globus* verkauft unglaubliche 180 000 Stück pro Woche. Es ist das Blatt, über das die meisten politischen Spiele betrieben werden.

Allein die starke Stellung der Wochenpresse sagt einiges über Kroatiens Medienlandschaft aus. Wie überall auf der Welt unterwerfen sich auch in Kroatien die Wochenblätter keiner Chronistenpflicht, sondern wählen sich ihre Themen frei und nach eigenen – politischen oder kommerziellen – Kriterien. Ein Ereignis muss »hip« oder »top« oder wenigstens von der Tagespresse ignoriert worden sein, wenn es seinen Weg in die Spalten eines Wochenblatts finden soll. Jahrelang kündigten Schleifen auf den Titelseiten eine »sensationelle« oder »hypersensationelle« Story an, bis eine gewisse Inflation die Blätter zu einer wieder etwas bescheideneren Form der Präsentation zwang. Wer nur kroatische Wochenblätter liest, dem erscheint die Welt der Politik als farbige Szene voller Geheimnisse, unentdeckter Skandale und gefährlicher Verbindungen. Nichts ist, was es scheint, es gibt immer eine Geschichte hinter der Geschichte. Besonderer Fokus liegt auf Enthüllungen, die fortwährend den »wahren« oder »eigentlichen« Hintergrund eines Geschehens ausleuchten. Eigentlich sind solche Zeitungen und Zeitschriften dazu da, den Eindruck vom träge dahin treibenden Fluss der Ereignisse, den Tageszeitungen vermitteln, dann und wann jäh zu unterbrechen. Ersetzen sie aber die Tageszeitungen, dann vermitteln sie ein ganz anderes Bild von der Welt. Kroatische Wochenblätter haben es tatsächlich geschafft, das träge politische Leben des kleinen Landes als ereignisreich und aufregend darzustellen. Auslandsberichterstattung kommt nur sporadisch vor; kein Tsunami kann es mit den schaurigen Sensationen einer Zagreber Parlamentsintrige aufnehmen, keine Monica Lewinsky besteht gegen das uneheliche Kind eines kroatischen Kriegsverbrechers.

Globus, gegründet 1989, wurde die Blaupause für viele andere Wochenblätter in der Region: für *Nacional* in Kroatien, *Nedeljni Telegraf* (Telegraph am Sonntag) und *Svedok* (Der Zeuge) in Serbien, *News* in Österreich oder für *Slobodna Bosna* (Freies Bosnien). Andere Muster, wie das von *Vreme* (Die Zeit) und *Nin* in Serbien, *Dani* (Tage) in Bosnien oder die später eingestellten *Danas* (Heute) und *Tjednik* (Wochenblatt) in Kroatien selbst, kamen eher vom internationalen Markt *(Time Magazine, Spiegel, Paris Match)* und erwiesen sich im früheren Jugoslawien als weniger erfolgreich. *Globus* als neue politische Illustrierte mag sich Ideen beim deutschen *Stern* ausgeliehen haben, räumte aber den

»super exklusiven« Geschichten immer weit mehr Raum ein. Seit neuestem schwappt das *Globus*-Modell sogar in die Tagespresse und bringt die tägliche Illustrierte hervor: Im März 2005 lancierte der Grazer Verlag Styria eine neue, vom berühmten Mediendesigner Mario Garcia entworfene Tageszeitung namens *24 sata* (24 Stunden). Anderthalb Jahre später, im September 2006, folgte der Wiener Verleger Wolfgang Fellner mit dem 50-Cent-Blatt *Österreich*, einer täglichen Ausgabe der von ihm erfundenen (und dem kroatischen *Globus* nachempfundenen) *News*.

Die Idee hinter *Globus* war gut, aber die Konkurrenz schadete ihr sehr. Schon 1995 gründete der bekannte kroatische Journalist Denis Kuljiš *Nacional*, ein Blatt, das *Globus* von der ersten Ausgabe an ähnelte wie ein eineiiger Zwilling. Auch erfahrene Leser können kaum sagen, ob sie eine Seite von *Globus* oder von *Nacional* in der Hand halten. Weil *Globus* sich im Untertitel »nationales Wochenblatt« nennt, nennt *Nacional* sich »globales Wochenblatt«. Dass *Nacional* in der Qualität stets unterhalb von *Globus* lag, fiel flüchtigen Lesern nicht auf. Schnell aber stellte sich heraus, dass die Enthüllungen und Sensationen, von denen *Globus* lebte, sich nicht beliebig vermehren ließen. So übernahm ein Financier das Blatt, der Zagreber Society-Fotograf Ivo Pukanić. Ob Pukanić sein Geld wirklich, wie er behauptete, aus einer Erbschaft hatte, ließ sich nie beweisen. Später bekannte sich der neue Verleger demonstrativ zu seiner Freundschaft mit Hrvoje Petrač, einem einflussreichen Tycoon, der mit beiden Beinen tief ins organisierte Verbrechen verstrickt war. Mit der Gründung von *Nacional* begann in Kroatien ein immer tollerer Wettlauf um die wildeste Geschichte. Merkwürdig war nur, dass das politische System des Landes von dem Wettlauf fast unberührt blieb. Kein kroatischer Politiker trat zurück, nur weil eines der Wochenblätter eine Skandalgeschichte über ihn veröffentlicht hatte. Bloß weil sie folgenlos blieben, waren die Geschichten zwar noch nicht unwahr. Nur sagte es fortan auch nichts mehr über den Wahrheitsgehalt eines Gerüchts, wenn es mit Zeugen und Faksimiles in einem Wochenblatt publiziert wurde. Alles konnte stimmen – oder auch nicht. Das galt perfiderweise nicht nur für die Geschichten, sondern auch für die Urteile, die Gerichte nachher wegen Beleidigung oder übler Nachrede sprachen.

Nachdem Pukanić 1998 *Nacional* übernommen hatte, gelang ihm ein Durchbruch gegen das allgemeine Desinteresse: Er ließ sein Blatt über geheime Konten der Familie Tudjman, geheimdienstliche Ausspähungen von Politikern und Journalisten und die Machinationen in der Fußballliga zugunsten von »Croatia Zagreb«, Tudjmans Lieblingsverein, berichten. Im juristischen Sinne bewiesen wurde von den Vorwürfen nichts, weil in der Sache nichts davon je vor Gericht verhandelt wurde, aber alle Enthüllungen von damals haben inzwischen die Patina historischer Wahrheit angesetzt. Es war die Zeit eines internen Machtkampfs zwischen zwei Fraktionen in den Geheimdiensten. *Nacional* stellte sich als Werkzeug zur Verfügung. Die Konstellation brachte interessante Geschichten hervor, aber die Redakteure hatten keine Chance, den Wahrheitsgehalt der Unterlagen und die Bonität der Zeugen, die ihnen zugeführt wurden, zu prüfen. Pukanić wurde schließlich wegen übler Nachrede zu einer Geldstrafe von 500 000 Dollar und vom Finanzamt mit einer schikanösen Steuernachzahlung von weiteren 500 000 Dollar bestraft. Nur Tudjmans Tod rettete ihn und *Nacional*. Dasselbe Blatt publizierte 2002 seine erwähnte Djindjić-Story und präsentierte als Kronzeugen einen Schweizer Zigarettenschmuggler kroatischer Herkunft. Im Zigarettenschmuggel war auch Petrač engagiert, Pukanićs wohlhabender Partner. Als die Konkurrenz die *Nacional*-Geschichte über Herausgeber Pukanić und einen weiteren engen Freund, den Montenegriner Duško Knežević, bis in die Kreise konkurrierender Schmugglerbanden zurückverfolgt hatte, war Zoran Djindjić schon tot.

Der »Enthüllungsjournalismus« wurde überall in der Region, mit oder ohne kroatisches Vorbild, zur Erfolgsgeschichte. Ohne sich um einen Beleg mit scheinbaren Beweisdokumenten und fragwürdigen Zeugen zu kümmern, hatten die Tageszeitungen in Albanien schon in den neunziger Jahren begonnen, frei erfundene Gerüchte in die Welt zu setzen. In einem enorm polarisierten Land, dessen Verhältnisse zudem für den Einzelnen seit jeher unüberschaubar und rätselhaft waren, fielen alle Anwürfe stets auf fruchtbaren Boden. »Demokraten« und »Sozialisten«, die beiden rivalisierenden Stämme, schenkten (und schenken bis heute) einander nichts. Wahrheit hat jede Partei ihre eigene, Neutralität gibt es nicht. Zeitweise ließen sich auch Sympathisanten aus dem

Westen in die albanischen Scharmützel hineinziehen: War in diesem jahrzehntelang isolierten Land mit seiner schrecklichen Diktatur nicht alles möglich? Erst als die halbe Presse Albaniens die deutsche Europarats-Parlamentarierin Leni Fischer (CDU) hartnäckig beschuldigte, sie profitiere von Edelmetall-Bergwerken im Osten des Landes, machten sich Ausländer die Mühe, einmal deswegen zu recherchieren. Alle Recherchen endeten beim Urheber des Gerüchts: einem sonst unbedeutenden Politiker, der nur vorbringen konnte, dass man es der Politikerin immerhin zutrauen könne. Warum sonst engagierte sie sich so in Albanien?

Unter den Verhältnissen Albaniens war es noch weniger denkbar, dass eine Enthüllung politische Konsequenzen nach sich gezogen hätte, als in Kroatien. Das war aber auch gar nicht der Sinn der bösen Unterstellungen: Sie dienten meist dazu, Rache für Vorwürfe der je anderen Partei zu nehmen, bis in Vergessenheit geriet, wer mit dem Kampf angefangen hatte. Es gibt in Albanien heute wohl keinen Politiker, der von seinen Gegnern nicht fast täglich und mit immer neuen Details der allerübelsten Korruption geziehen würde. Betroffen sind auch Menschen, denen dergleichen bei näherem Hinsehen niemand zutraut: Sali Berisha zum Beispiel, der oft extreme, manchmal verrückte, aber zweifellos lautere Premierminister, oder auch der moderne und erfolgreiche Bürgermeister von Tirana, Edi Rama, der ausgerechnet von dem ihm bis dato wohlgesonnenen Wochenblatt *Koha Jonë* aufs Korn genommen wurde: Er hatte »Verrat« begangen. Neben Blättern wie *Koha Jonë*, deren Herausgeber einfach ihren Stimmungen folgen, haben sich – zunächst in Albanien – zwei weitere Typen von Zeitungen etabliert: solche, die das Geschäft einer Partei betreiben und nur zum Schmutzschleudern publiziert werden, und die Organe von Tycoons, wie auf dem Balkan die Wirtschaftsoligarchen genannt werden: Ihre Zeitungen denunzieren für ihren Inhaber dessen Konkurrenz und darüber hinaus alle möglichen Politiker, Bankiers und Industriekapitäne, bloß um Verwirrung zu stiften, von Korruptionsvorwürfen an die eigene Adresse abzulenken und ein Meinungsklima zu schaffen, in dem alle Politiker Verbrecher sind und Korruption das Normalste von der Welt ist. Möglich sind die Machinationen nur, weil die Journalisten in den autoritär geführten Redaktionen niemals widersprechen. Ihnen wird vorgeschrieben, was im Artikel zu stehen hat, sie werden als schreibkundige Zwerge ohne eigenen Willen behandelt, und viele von ihnen nehmen sich oft auch selbst so wahr. Aus Bosnien und Montenegro werden inzwischen sogar Fälle berichtet, wie aus bösen Zwergen böse Riesen werden: Unternehmer klagen über Journalisten, die ihnen eine schlimme Enthüllungsstory androhen und dann gegen Geld auf die Veröffentlichung verzichten.

Am weitesten fortgeschritten ist die Tycoonisierung der Medien in Albanien, dessen 3,5 Millionen Einwohner sich zwischen vollen 23 Tageszeitungen entscheiden können – schon ein klares Indiz dafür, dass die Blätter nicht um des Gewinns willen herausgebracht werden. Die am weitesten verbreitete Tageszeitung des Landes, *Shekulli* (etwa: Alle Welt), kostet umgerechnet 17 Euro-Cent und wird im Tagesdurchschnitt gerade 7000-mal verkauft. Sie gehört dem Öl-, Medien- und Baumagnaten Koço Kokëdhima, der auf verschiedenen Geschäftsfeldern mit der ebenso mächtigen »Klan«-Gruppe konkurriert, die sich nicht minder lebhaft im Mediengeschäft engagiert. Die Entwicklung im Kosovo steht der albanischen kaum nach: In dem Zwei-Millionen-Land erscheinen neun Tageszeitungen, ebenso viele wie im viermal größeren Österreich, und sie teilen sich eine Auflage von nur 27 000 Exemplaren. Im Kosovo allerdings ist das Selbstbewusstsein der Journalisten, auch dank der Ermutigung durch die hier sehr rührige OSZE-Mission, stärker ausgeprägt, und kein Tycoon kann mehr ohne weiteres damit rechnen, dass seine Zwecke von den Redaktionen auch immer brav umgesetzt werden. Der reichste und mächtigste Businessman aus dem Kosovo, Behgjet Pacolli, zog die Konsequenz, dass er sein eines, zu aggressives und daher nicht mehr brauchbares Blatt (*Bota sot* – Die Welt heute) verkaufte und ein neues (*Lajm* – Nachricht) gründete.

Etwas erträglicher ist die Lage in Serbien, Bosnien, Mazedonien und Montenegro. Zwar erscheinen in Belgrad wöchentlich mehrere fragwürdige Sensationsblätter, die das kroatische Vorbild noch übertreffen und erkennbar von verschiedenen Fraktionen des Geheimdienstes – und deren Sponsoren – mit belastendem Material gegen demokratische Politiker versorgt werden. Aber im Unterschied zu Kroatien ist die schmuddelige Wochenpresse nicht dominant. Mit der seriösen *Politika* verfügt das traditionelle

Zeitungsland Serbien über eine vielgelesene und ernstzunehmende Tageszeitung, die den anderen Medien den Tritt vorgibt und von niemandem ganz ignoriert werden kann. Im kleinen Montenegro erfüllt die mäßigende Rolle das politische Wochenmagazin *Monitor*, das eher dem *Spiegel*-Muster folgt und mit der Wahrheit sorgsamer umgeht, in Bosnien tut das das Magazin *Dani*. Mazedoniens Verhältnisse schließlich hat noch niemand wenigstens so interessant gefunden, dass er eine sensationalistische Tageszeitung gegründet hätte. Wer sich hier als Tycoon durchsetzen will, schafft es auch ohne Öffentlichkeit.

Die Entwicklung der Medien wird oft als Schlüssel zur Demokratisierung einer Gesellschaft betrachtet, und deshalb geht ein großer Anteil der Ressourcen, die auf dem Balkan zu diesem Zweck aufgewendet werden, in das Training von Journalisten. Die Medien, so scheint es, öffnen den Weg zur öffentlichen Meinung und bilden in der Politik die Umgangsformen aus. Wie wichtig Medien wirklich sind, ist schwer zu messen. Dass das meiste Wissen über das öffentliche Leben über Medien vermittelt wird, verführt leicht zu dem Missverständnis, dass es auf die Medien allein ankäme. In Wirklichkeit reagieren Menschen auf dieselben Nachrichten oft sehr verschieden. Das lässt sich auch schon in Kroatien studieren. Leser, und besonders Journalisten, interessiert oft nicht, ob eine Geschichte stimmt oder nicht. Nicht auf den Vordergrund kommt es ihnen an, sondern auf den Hintergrund: Wer steht hinter dem Artikel? Warum ist er ausgerechnet heute erschienen? Wem gehört die Zeitung, die ihn publiziert hat? Mit wem ist der Inhaber befreundet? Alle diese Fragen, gestellt auch von ganz einfachen Lesern, haben ihren Hintergrund im politischen Leben vieler kommunistischer und postkommunistischer Staaten. Nichts, was öffentlich gesagt wird, darf man glauben. Die Wahrheit ist immer kompliziert. Alles hat einen unbekannten, oft geheimnisvollen Hintergrund. Das sind die Grundgewissheiten, von denen die enthüllenden Zeitungen in der Region leben. Aber dieselbe skeptische Sicht bestimmt eben auch die Rezeption der Medien. Eine Zeitung mag nach Kräften lügen – es käme sowieso niemand auf die Idee, ihr blind zu glauben.

Nicht verbreitet ist auf dem Balkan auch die scheinbar selbstverständliche westliche Sicht, nach der man das gesellschaftliche

Leben in »Sphären« und »Gewalten« geordnet sieht: Wirtschaft, Politik, Medien oder Regierung, Parlament, Justiz. Hier gab es immer nur eine Macht, die sie, wie es ihr gefiel, in politischer, wirtschaftlicher, kultureller oder medialer Form ausdrückte. Die »vierte Gewalt« ist wie jede andere immer bloß die eine Macht in neuer Verkleidung. Entsprechend herrscht im Publikum für die Freiheit der Medien wenig Verständnis. Das macht es mutigen Journalisten nicht leicht. Vor allem kritische Fernsehprogramme, wie sie schüchtern zuerst in Kroatien entstanden sind, müssen sich gegen Zuschauer durchsetzen, die in den Sendungen kein Zeichen für Redefreiheit, sondern nur den Ausdruck verborgener Machtkämpfe sehen. Niemand findet etwas dabei, wenn ein Journalist sich in einem solchen Machtkampf einen starken »Paten« sucht. Wer darauf verzichtet, ist eine Art Don Quichotte. Dass eine kritische Sendung ausgestrahlt wird, bloß weil ein Journalist das Thema interessant fand und seine Vorgesetzten ihn gewähren ließen, kann sich niemand vorstellen.

Journalisten auf der ganzen Welt können aus der Fehlentwicklung der Balkan-Presse eine wichtige Lehre ziehen. Sie lautet: Medien eignen sich als vierte Gewalt, aber nicht als dritte. Wo keine verlässliche Jurisdiktion in letzter Instanz feststellt, was die Wahrheit ist, entwickelt sich investigativer Journalismus, selbst wenn er mit seriösen Mitteln und in lauterer Absicht betrieben wird, unweigerlich zu einem System der organisierten üblen Nachrede. Mit nichts lässt sich eine peinliche Enthüllung besser vergessen machen als mit einem unbewiesenen Vorwurf an die Gegenseite, der nie wirklich entkräftet werden kann und immer im Raum stehen bleibt. Am Ende kann niemand mehr zwischen wahren und falschen Anschuldigungen entscheiden. Es gewinnt, wer den meisten Dreck wirft: Nicht zur Verfeinerung der politischen Sitten trägt die Presse am Ende bei, sondern zu ihrer Verwilderung.

Marita Hecker

»Es gehen von Ohr zu Ohr gar fürchterliche Worte«

Rufmord in der Literatur

Rufmord als eine schöne Kunst betrachtet

Eines muss man Gott lassen: Als Autor ist er unvergleichlich knapp und prägnant. Der »Rufmord« von Dick Francis: 363 Seiten. Der »Rufmord« von Paig Mitchell: 316 Seiten. »Der Rufmord am Draxinger-Michael« von Steffi Seethaler 74 Seiten. Der Rufmord an Joseph aber passt auf eine halbe Buchseite. »Und Joseph war schön an Gestalt und hübsch von Angesicht. Und es begab sich danach, dass seines Herrn Frau ihre Augen auf Joseph warf und sprach: Lege dich zu mir! Er weigerte sich aber und sprach zu ihr: Siehe, mein Herr kümmert sich, da er mich hat, um nichts, was im Hause ist, und alles was er hat, das hat er unter meine Hände getan; er ist in diesem Hause nicht größer als ich, und er hat mir nichts vorenthalten außer dir, weil du seine Frau bist. Wie sollte ich denn nun ein solch großes Übel tun und gegen Gott sündigen?

Und sie bedrängte Joseph mit solchen Worten täglich. Aber er gehorchte ihr nicht, dass er sich zu ihr legte. Es begab sich eines Tages, dass Joseph in das Haus ging, seine Arbeit zu tun, und kein Mensch vom Gesinde des Hauses war dabei. Und sie erwischte ihn bei seinem Kleid und sprach: Lege dich zu mir! Aber er ließ das Kleid in ihrer Hand und floh und lief zum Hause hinaus. Als sie nun sah, dass er sein Kleid in ihrer Hand ließ und hinaus entfloh, rief sie das Gesinde ihres Hauses und sprach zu ihnen: Seht, er hat uns den hebräischen Mann hergebracht, dass er seinen Mutwillen mit uns treibe. Er kam zu mir herein und wollte sich zu mir legen; aber ich rief mit lauter Stimme. Und als er hörte, dass ich ein Geschrei machte und rief, da ließ er sein Kleid bei mir und floh und lief hinaus. Und sie legte sein Kleid neben sich, bis sein Herr heimkam, und sagte zu ihm eben dieselben Worte.« (1. Mose 39)

Potiphars Gattin gebührt der Ruhm, die Kunst des Rufmords auf einen Schlag vollendet ins Werk gesetzt zu haben. Ihr Motiv: Rache an Joseph, der ihre Liebe verschmäht. Ihre Chance: Josephs Kleid als handfestes Beweisstück und das Gesinde, das ihrem Geschrei Gehör schenkt. Ihr Vorgehen: spontan, ohne aufwendige Planung, aber mit sicherem Gespür dafür, dass die Voraussetzungen stimmen. Wenn sie eine stadtbekannte Hure gewesen wäre, hätte das Gesinde ihrem Geschrei nicht geglaubt. Wenn Potiphar am Abend zuvor entdeckt hätte, dass seine Gattin im geschlitzten Kleid als Animierdame im Nachtclub von Theben arbeitet, dann wäre er ihren Aussagen gegenüber misstrauischer gewesen. Auch muss das Opfer irgendetwas zu verlieren haben, und sei es nur den Ruf eines vertrauenswürdigen Sklaven.

Auf der anderen Seite: Joseph, das Opfer, schön an Gestalt, aber ein Fremder, ein »hebräischer Mann«. Weder Keuschheit noch Impotenz hatte er ins Spiel gebracht, um ihre Liebeswünsche abzuweisen. Er will die bevorzugte Stellung, die er bei Potiphar genießt, erhalten und sagt das unverblümt. Potiphars Gattin aber ist nicht die Frau, die verschmähter Liebe Pein still duldet. Sie wiederholt ihre spontane Lüge noch einmal vor ihrem Mann, der obersten richterlichen Instanz. Der glaubt ihr und macht mit Joseph kurzen Prozess. Durch Kain, der den Abel erschlug, kam der Mord, durch Potiphars Gattin der Rufmord in die Welt.

»Das Schlimmste ist immer das Wahrscheinlichste!« – Rufmord und Intrige

Mit List und Verstellung bahnen sich Tier und Mensch seit Beginn der Schöpfung ihren Weg durchs Leben. Peter von Matt zeigt in »Die Intrige. Theorie und Praxis der Hinterlist«, wie das Intrigensubjekt in einer Notsituation, der es zu entgehen sucht, einen Plan entwirft mit dem Ziel, das Intrigenopfer zu schädigen. Bestimmte Formen der Verstellung, Intrigenstimme und Intrigenschrift befördern den Plan. Der Intrigant, Held oder Schurke, je nachdem, ob der Autor ihn moralisch stützt oder verwirft, muss mitunter eine Jahre währende »Intrigengeduld« aufbringen, um am Ende das Gelingen seiner Machenschaften zu genießen. Immer aber muss er damit rechnen, dass eines Tages das »Verstellungsgefüge« auffliegt. »Aller Spannungsaufbau geschieht über die erwartete, die erhoffte, die gefürchtete Anagnorisis. Sie ist das Phantasiegebilde am Horizont, das die Lektüre begleitet von dem Moment an, wo der Plan ausgedacht wird.« (S. 120)

In seiner »kahlen Abstraktheit« gibt das Intrigenmodell wenig her. Nur im Bezug auf konkrete literarische Texte zeige sich, wie der Mensch am »ungeheuren Verstellungstreiben alles Lebens« teilnimmt.

Der kleine Bruder der Intrige, dieser »Säkularisationsgestalt des Schicksals«, ist der Rufmord. Der Rufmord braucht – anders als die Intrige – keinen ausgeklügelten Plan. Und doch kann er Teil eines solchen sein. Intrigendichter Friedrich Schiller bevorzugte den Rufmord mithilfe von Briefen. In »Kabale und Liebe« wird Luise gezwungen, einen Liebesbrief an den von ihr gar nicht geliebten Hofmarschall zu schreiben. Dieser Brief gelangt intrigenplanmäßig in die Hände ihres Geliebten Ferdinand, der daraufhin verständlicherweise glaubt, er habe sich von Anfang an in ihr getäuscht: »Es ist nicht möglich! (...) Diese himmlische Hülle versteckt kein solch teuflisches Herz. Und doch! (...) jetzt enthüllt sich mir alles, (...) bald hätte selbst mich die himmlische Schminke betrogen.« (1474)

Auch Franz Moor hat in »Die Räuber« leichtes Spiel, mit gefälschten Briefen seinen Vater hinters Licht zu führen. »Mein Name! Mein ehrlicher Name!« (951) seufzt er auf, als er erfährt, dass man seinen Sohn Karl, der doch zu diesem Zeitpunkt nur auf ein versöhnliches Wort wartet, angeblich steckbrieflich sucht. Mit dem Rufmord an Karl will Franz sich den Weg in des Vaters Herz und in Amaliens Bett bahnen.

Rache allein treibt den Neger Berdoa, Oberfeldherr und Oberpriester der Finnen, in Christian Dietrich Grabbes »Herzog von Gothland« zu Rufmord und Intrige. Er brüstet sich damit, Gothlands »Schicksal und Gott« (36) zu sein. Um die Gothland-Brüder zu vernichten, verdächtigt Berdoa den einen Bruder des Mordes an dem anderen. Theodor Herzog von Gothland glaubt der rufmordenden Rede Berdoas, rächt den Tod an dem vermeintlichen Mörder und hat nun gar keinen Bruder mehr. »Das Schlimmste ist immer das Wahrscheinlichste!« (67) erkennt das Rufmordopfer noch kurz vor seinem Tod. Theodor aber begreift zu spät, dass er selbst Opfer von Berdoas Rachefeldzug gegen die Europäer geworden ist.

Eine außergewöhnliche Behandlung des Rufmord-Motivs findet sich in Franz Kafkas Roman »Der Prozess«, der mit dem Satz beginnt: »Jemand musste Josef K. verleumdet haben, denn ohne dass er etwas Böses getan hätte, wurde er eines Morgens verhaftet.« Von nun an muss K. sich gegen die Machenschaften einer Gerichtsbarkeit zur Wehr setzen, hinter deren Aktionen er nichts als Betrug und Korruption vermutet. Dabei bleiben die Anschuldigungen, mit denen er sich konfrontiert sieht, und die dahinterstehenden Absichten im Dunkeln. Bis zum Ende – K. wird von zwei gedungenen Herren »wie ein Hund« ermordet – erfährt man nicht, worin die Vorwürfe eigentlich bestehen, die K. gemacht werden. Alle anderen Personen, so unterschiedlich ihre Funktionen und ihre Beziehungen zu K. sind, stimmen darin überein, dass der gegen K. angestrengte Prozess nicht in Frage gestellt werden darf. Subjektivität und Widerstand eines Individuums gegen seine Sozialgemeinschaft sind in diesem Roman Vergehen, auf denen die Todesstrafe steht. Mit den letzten Worten des Romans: »Es war, als sollte die Scham ihn überleben«, kommentiert das Rufmord- und Prozessopfer K. seinen eigenen Tod.

Mit der Intrige ging es, schreibt von Matt, in dem Moment abwärts, als nicht länger der Vollzug, sondern die Erfahrung, nicht die »Action«, sondern die Psyche in den Fokus der Aufmerksamkeit literarischer Intrigendarstellungen rückte. In der modernen Literatur schrumpfe sie zum Rudiment, lebe aber fort und expandiere ins »Monumentale« in Spionageromanen und Krimis. Das Schicksal der literarischen Intrige ist auch das des literarischen Rufmords. Beliebt als Krimithema und in der Unterhaltungsliteratur gedeiht der Rufmord besonders dort, wo Medien als Rufmordwaffe zur Verfügung stehen. In seinem Roman »Joseph und seine Brüder« aber feierte Thomas Mann den klassischen Rufmord von Potiphars Gattin noch einmal auf 150 Seiten.

»Das Schnauben des Gemeinschaftsstolzes« – Rufmord in Thomas Manns »Joseph«-Roman

Während die Bibel sich mit dem lapidaren »Dass« des Rufmords begnügt, widmet sich Thomas Mann mit aller Genauigkeit dem »Wie«. Er liefert ein vollkommenes Täterinnen- und Opferprofil und zeigt, dass die Gewinnung der Öffentlichkeit, des »Gesindes«, eine unabdingbare Voraussetzung für einen erfolgreichen Rufmord ist.

Die Überlieferung habe, so der Autor, »versäumt hinzuzufügen, wie viel Zeit verging«, bis Potiphars Gattin Mut-em-enet, eine Frau aus den besten Kreisen der ägyptischen Gesellschaft, dem Geliebten ihr erstes Papyrus-Billett schickt: »Komm, dass wir uns eine Stunde des Schlafens machen« (855). Vor allem »Gottverlöbnis« und Treue zu Potiphar, seinem Herrn, machen Joseph zunächst resistent gegen Muts Verführungskünste. Aber er ist nicht länger das reine Opfer wie in der biblischen Darstellung. Wohl führt Joseph, nachdem er die Schwelle des Gemachs seiner Herrin überschritten hat, »die ganze Anmut und Klugheit seines Geistes gegen das Begehren der Frau ins Feld, um es ihr auszureden«. Doch unter »den Erwiderungen des Weibes, den gesprochenen und den stummen, stand sein Fleisch auf gegen seinen Geist, so daß er unter den geläufigsten und gescheitesten Reden zum Esel wurde« (933). Für Potiphars Gattin aber war der Zustand, in dem er floh, »ein besonderer Anlass zur Verzweiflung und rasender Enttäuschungswut, denn schon hatte ihr Verlangen ihn in Mannesbereitschaft erfunden«. Verblüfft hält sie nur noch den »Teil eines Kleides« in den Händen, das die Verlassene »im Paroxysmus begeisterten Schmerzes misshandelte und liebkoste« (933).

Der Ruf nach dem fliehenden Geliebten ist es, der in den Rufmord an ihm übergeht. »Geliebter! Wohin von mir? Bleib! Oh seliger Knabe! Oh schändlicher Knecht! Fluch dir! (...) Den Wüstling haltet! Den Ehrenmörder! (...) Zu Hilfe der Herrin! Ein Unhold kam über mich!« Wäre Potiphars Gattin nicht »halb selig schon« gewesen, sie hätte sich durch Josephs Flucht nicht so »unerträglich betrogen« gefühlt. Sie selbst hält sich für das erste Opfer, noch bevor sie Joseph zu ihrem macht. Der Rufmord ist in ihren Augen nur die Notwehr einer Unterlegenen.

Die Details der Vergewaltigung werden von der Geistesgegenwärtigen nachgeliefert, als die Öffentlichkeit, das Gesinde, sich einstellt. »›Denn dies Grässliche ist geschehen: Allein saß ich in meiner Kemenate, allein im Haus (...) Da machte sich's der Verworfene zunutz und trat bei mir ein, (...) schlafen wollte der Knecht bei der Herrin‹, schrie sie gellend, ›schlafen gewaltsam!‹« (937) In ihrer Rede, die dem »Unwahren Wahrheit« verleihen soll, greift sie zu demagogischen Mitteln. Sie pocht auf das »Ehrgefühl« der von Freibier umnebelten Ägypter, redet die Geschundenen mit »Brüder« an. Sie wiederholt das »wir« und das »einander«, um auf diese Weise »das Schnauben ihres Gemeinschaftsstolzes gegen einen, den es zu vernichten galt«, anzustacheln (936).

Potiphar, der einige Stunde später eintrifft, entschließt sich widerwillig zu einem raschen »Hausgericht« und spricht ein »mildes und weises« Urteil. Joseph aber schweigt. Wer würde ihm schon glauben? Die »unverbrüchliche Sprache der Dinge«, sein Kleid in den Händen der Rufmörderin, sagt alles.

»Was dich quält« – Rufmord mit Medienverstärkung

Thomas Manns Variante der Potiphar-Geschichte zeigt: Zum Rufmord gehören drei: Täter, Opfer und Gesinde. Das Gesinde aber ist das Mächtigste unter ihnen. Während Potiphar bedauert, dass er einen zuverlässigen Mitarbeiter wie Joseph verliert, teilt das Gesinde die Empörung seiner Gattin. Eben noch fühlte es größte Sympathie für Joseph und war überzeugt, dass »die Frau auf den schönen Vorsteher fliege, er sich aber ihrer weigere« (937). Nun aber beginnt es zu zweifeln und spannt, rasch überzeugt, da das Schlimmste immer das Wahrscheinlichste ist, die »Lotterhände des Verruchten« ins Handholz. Denn eigentlich war Joseph, »den man einst angekauft wider gediegenen Rat, (...) und der lange genug den Meister gespielt über uns Echtbürtigen« (938), immer schon verdächtig.

Die unverzichtbare Rolle des Dritten, des Ohren- und Augenzeugen der Verleumdung, übernehmen in postfeudalen Zeiten die Medien. Dafür zwei Beispiele: der Psychothriller »Verleugnung« von Bonnie Comfort und der Jockey-Krimi »Rufmord« von Dick Francis. Die »Verleugnung« spielt in Los Angeles, irgendwann um 1990, und erzählt eine Potiphar-Geschichte mit vertauschten Rollen. Rechtsanwalt Nick Arnholt verliebt sich in seine gutaussehende Therapeutin Frau Dr. Rinsley. Er hat eine schwere Kindheit hinter sich, Kopfschmerzen plagen ihn. Zunächst misstrauisch gegenüber dem Nutzen einer Therapie, schätzt er die mit der attraktiven Therapeutin verbrachten Stunden von Mal zu Mal mehr.

Frau Dr. Rinsley, beruflich erfolgreiche Therapeutin und zudem Moderatorin einer Radiosendung mit dem Titel »Was dich quält«, weiß, dass sie dem Werben des Anwalts, der nächtens um ihr Haus streicht und mit ihr schlafen möchte, nicht nachgeben darf. Doch gibt es Augenblicke, da auch sie den starken Drang verspürt, sich ihrem Patienten gleich auf dem Fußboden ihrer Praxis hinzugeben. Das aber tut sie, zum dauernden Verdruss des Anwalts, nicht.

Nach einem Selbstmordversuch erklärt der so in seiner Liebe verschmähte Anwalt öffentlich, er habe versucht, »sich das Leben zu nehmen, weil sie Geschlechtsverkehr mit ihm gehabt« hätte. Wie Potiphars Gattin legt auch er zum Beweis seiner Behauptung ein Stückchen Stoff vor: »ein rosa Höschen«, das er aus dem Schlafzimmer der Therapeutin gestohlen hatte (292). Dr. Rinsely begreift sofort, was das für sie bedeutet: Zerstörung ihres »mit viel Mühe und Arbeit erworbenen Rufs« (221). Ihr Name wird fortan »öffentlich durch den Schmutz gezogen«. Der Kerker, in dem sie als Rufmordopfer landet, heißt: Aberkennung der Zulassung als praktizierende Psychologin, Arbeitslosigkeit, Rückzug von Freunden und Verwandten, die sich nicht sicher sind, ob nicht doch etwas dran ist an den Vorwürfen.

So gesehen gibt es nichts Neues unter der Sonne. Was sich aber fundamental gewandelt hat, seitdem Potiphars Gattin mit schriller Stimme das Gesinde rief und Schillers Franz mit fingiertem Brief an seinem Bruder Rufmord beging, ist die Tatsache, dass es die Medien ermöglichen, einen Ruf schnellstmöglichst, mit größtem Echo und nachhaltig zu morden, selbst dann, wenn sie vorgeben, das Gegenteil zu beabsichtigen. Kaum wird der Vorwurf des Anwalts bekannt, da tauchen schon die ersten Journalisten in der Praxis der Therapeutin auf und belagern ihre Haustür.

Der psychisch labile Rechtsanwalt nimmt am Ende den Vorwurf zurück. Er ist nur eine verstörte Seele, die wahren Rufmörder aber bleiben die Medien. Der Roman, der die Geschichte der Verleumdung rückblickend aus der Perspektive des Opfers erzählt, beginnt darum am Tage der Verhandlung in dem Gebäude des Obersten Gerichtshofes, auf der Damentoilette. Als die Angeklagte gerade ihre Strumpfhose hochstreift, »tauchte plötzlich eine manikürte Hand mit einem Mikrofon unter der Stellwand auf, und eine gehetzt klingende Stimme fragte: ›Dr. Rinsley, Ihr Patient hat heute Vormittag bei seiner Aussage sehr überzeugend gewirkt. Wie gedenken Sie sich gegen diese ernsten Vorwürfe zu verteidigen?‹« Die Ex-Moderatorin von »Was dich quält« reagiert darauf wenig professionell. Wütend entreißt sie der Hand das Mikrofon, brüllt »Können mich die Menschen nicht mal eine Minute lang in Ruhe lassen«, spült das Mikrofon hinunter und sieht vor ihrem geistigen Auge die Schlagzeile für den nächsten Tag: »Journalistin von Rundfunkpsychologin angepöbelt.« (7 f.)

Medienerfahren dagegen gehen Täter und Opfer in Dick Francis' Krimi »Rufmord« zu Werk. Hier ist der Rufmörder der sympathische Moderator der Sendung »Turf Talk«, Maurice Kemp-Lore, »ein Meister seiner Kunst« und ein »Alptraum der Rennjournalisten, da er ihnen so oft mit einer guten Story zuvorgekommen war« (27). Wegen seines Asthmaleidens muss der Moderator, Sohn eines berühmten Jockeys und Bruder einer erfolgreichen Geländereiterin, jeden Kontakt mit Pferden meiden. Für diesen ihm von Schicksal auferlegten Verzicht nimmt er Rache an allen, die es im Pferdesport zu etwas bringen.

Sein nächstes Opfer: Rob Finn, ein junger Steeplechase-Jockey. Unter dem Vorwand, am Beispiel eines Durchschnittsjockeys die Härten des Berufes darstellen zu wollen, lädt er Finn zum Interview. Wider Erwarten steigt Finn nach diesem Fernsehauftritt in kurzer Zeit zu einem erfolgreichen Jockey auf, und die Medien feiern ihn als neuen Star. Doch nach einem schweren Sturz vom Pferd gibt es für ihn nur noch Niederlagen. Auch die besten Pferde verwandeln sich in müde Traber, wenn Jockey Finn sie besteigt. Kemp-Lore verbreitet die Ansicht, der Jockey habe nach seinem Sturz seinen »Schneid« verloren. Dankbar nehmen die Medien diese Interpretation von Finns Pechsträhne auf.

Von nun an hat Finn das Gefühl, »gegen eine Nebelwand zu kämpfen«. Als Jockey kaum noch gefragt, bemerkt er eine Veränderung in der Art, wie die Leute mit ihm sprechen. »Einige (...) zeigten so etwas wie Verachtung. Einige blickten peinlich berührt, andere mitleidig, wieder andere voller Bedauern.« (100) Auf eigene Faust begibt Finn sich auf die Suche nach der wahren Ursache seiner Pechsträne. Er entdeckt, dass Kemp-Lore die Pferde vor dem Rennen mit präparierten Zuckerstückchen füttert und auf diese Weise matt setzt. Finn gelingt es, ein Rennpferd vor diesem giftigen Geschenk zu bewahren und noch einmal einen Sieg zu erringen. Nun trachtet der Moderator ihm nach dem Leben. Als Finn sich wider Erwarten aus einer schon aussichtslosen Situation retten kann, kommt es zu einem finalen Fernsehauftritt der beiden. Der Moderator, der nicht mehr damit rechnete, sein Rufmordopfer lebend und dazu noch erfolgreich vor der Kamera zu sehen, ist irritiert. Umso mehr, als der durch die Attacken lädierte Finn ihn mit den eigenen Mitteln zu schlagen vermag. Es gelingt dem Jockey, vor dem »roten Auge der Kamera« seine »wahren Gefühle« zu verbergen und dem Moderator auf hinterhältige Fangfragen freundlich, optimistisch und unbeschwert zu antworten. Gegen den »Rufmord« vor laufender Kamera hilft nur eines: ein professioneller Medienauftritt des Opfers. »Sie sind nicht der einzige, der gleichzeitig lächeln und hassen kann«, gesteht der Jockey am Ende dem Moderator. »Ich habe es von Ihnen gelernt.« (242)

»Wie abscheulich, im Sommer Journalist zu sein« – Rufmord als Mediengeschäft

Vom Rufmord mit Medienverstärkung zum Rufmord als Mediengeschäft ist es nur ein kleiner Schritt. Das zeigt Heinrich Bölls Erzählung »Die verlorene Ehre der Katharina Blum«, die den Untertitel trägt »Wie Gewalt entsteht und wohin sie führen kann«. Erschienen 1974, vorabgedruckt im *Spiegel* mit der Begründung, Bölls Erzählung sei »wieder skandalös. Darum drucken wir sie«, aufgestiegen auf Platz eins der Bestsellerliste, von der *Süddeutschen Zeitung* kritisiert als »hemdsärmelig, ja schlampig« geschrieben (Beth, 91), abgestiegen in das Reich der Schullektüre und versehen mit »Königs Erläuterungen und Materialien«. Lernziel: Die Schüler der 9. und 10. Klasse »sollen die Erzählung als literarische Auseinandersetzung bes. mit dem Sensationsjournalismus begreifen« (89f.). Sie sollen »den Text engagiert befragen« (90) und erkennen, dass »Verleumdung und Übertreibungen« dafür sorgen, »das für den Verkaufserfolg wichtige Interesse wachzuhalten« (47).

Der Inhalt der Erzählung: »Da ist eine junge Frau gut gelaunt, fast fröhlich zu einem harmlosen Tanzvergnügen gegangen, vier Tage später wird sie zur Mörderin, eigentlich, wenn man genau hinsieht, aufgrund von Zeitungsberichten.« (131) Katharina Blum, eine unbescholtene Haushaltshilfe, verliebt sich in einen jungen Mann, verbringt mit ihm eine Nacht und verhilft dem Bundeswehrdeserteur, der Geld aus der Kompaniekasse mitgehen ließ, am nächsten Morgen zur Flucht. Bei ihrer Verhaftung wird sie »von vorne, von hinten, von der Seite mehrmals fotografiert, zuletzt, da sie in ihrer Scham und Verwirrung mehrmals ihr Gesicht zu verdecken versuchte (...), mit zerwühltem Haar und recht unfreundlichem Gesichtsausdruck« (21).

Doch Katharina Blum, »so keusch wie Eis, so rein wie Schnee«, entgeht der Verleumdung nicht. Auf der Titelseite der »Zeitung« wird am folgenden Tag mit »Riesenfoto, Riesenlettern« aus der rein Liebenden ein »Räuberliebchen«. Aus der Bemerkung des ihr wohlgesonnenen Arbeitgebers Dr. Blorna, Katharina sei klug und kühl, macht die »Zeitung« »eiskalt und berechnend«, und aus seiner generellen Äußerung über Kriminalität, dass sie »durchaus eines Verbrechens fähig« sei (36). Andere verleumderische Artikel über sie, ihren Ex-Mann, ihre Arbeitgeber folgen. Ihre Mutter, im Krankenhaus von einem Reporter bedrängt, stirbt.

Dass andere Zeitungen für ihre Verhaftung nur »Zehnzeilenmeldungen« übrig haben, ohne ihr Foto, und bemerken, dass es sich hierbei wohl um eine »unglückselige Verstrickung einer völlig unbescholtenen Person« handle, »habe diese nicht getröstet, sie habe nur gefragt: Wer liest das schon? Alle Leute, die ich kenne, lesen die ›Zeitung‹.« In ihrem Gespräch mit dem Staatsanwalt zieht Katharina die beiden Ausgaben der »Zeitung« aus der Tasche und fragt, »ob der Staat – so drückte sie es aus – nichts tun könne, um sie gegen diesen Schmutz zu schützen und ihre verlorene Ehre wiederherzustellen. Sie wisse inzwischen sehr wohl, dass ihre Vernehmung durchaus gerechtfertigt sei (...) aber es sei ihr unbegreiflich, wie Einzelheiten aus der Vernehmung – etwa der Herrenbesuch – hätten zur Kenntnis der ›Zeitung‹ gelangen können, und alle diese erlogenen und erschwindelten Aussagen« (60). Sie wird vom Staatsanwalt aufgeklärt: »Beleidigende und möglicherweise verleumderische Details der Berichterstattung könne sie zum Gegenstand einer Privatklage machen, und – falls sich herausstelle, dass es ›undichte Stellen‹ innerhalb der untersuchenden Behörde gebe, so werde diese, darauf könne sie sich verlassen, Anzeige gegen Unbekannt erheben und ihr zu ihrem Recht verhelfen.« (60)

Diesen Weg beschreitet Katharina nicht. Sie ist der Überzeugung, »diese Leute seien Mörder und Rufmörder, sie verachte das natürlich, aber offenbar sei es doch geradezu die Pflicht dieser Art

Zeitungsleute, unschuldige Menschen um Ehre, Ruf und Gesundheit zu bringen« (106). Darum sinnt sie auf Rache und bestellt unter dem Vorwand, ihm ein Interview geben zu wollen, den Reporter der »Zeitung« Werner Tötges in ihre Wohnung. Rückblickend schreibt sie: »Ich sah sofort, welch ein Schwein er war (...) Er sagte: ›Na, Blümchen, was machen wir zwei denn jetzt? (...) Ich schlage vor, dass wir jetzt erst einmal bumsen.‹ (...) ich dachte: ›Bumsen, meinetwegen‹, und hab die Pistole rausgenommen und sofort auf ihn geschossen. Zweimal, dreimal, viermal.« (135)

Die Lektion, dass »die Boulevardpresse täglich publizistische Gewalt ausübt« (105), könnten Schulkinder auch an einem weniger »schlampig« geschriebenen literarischen Werk lernen. Denn um Bölls Botschaft, dass Zeitungen nur an Auflagen interessiert sind und dabei echte und Rufmordleichen in Kauf nehmen, geht es auch in dem 1922 erschienenen Roman »Kokain« von Pitigrilli alias Dino Segre. Bis 1988 stand dieses Buch auf dem Index jugendgefährdender Schriften.

Ein reicher Onkel in Amerika, zwei falsche Doktortitel und ein erfolgreicher Artikel über Kokainsüchtige haben Tito, den Held von Pitigrillis Roman, zum Journalisten gemacht. Doch schon bald muss er erkennen, »wie abscheulich« es ist, »im Sommer Journalist zu sein, wenn die Abgeordneten in den Ferien sind, die Schauspieltruppen in die Provinz gehen, das Schwurgericht geschlossen hat! Da weiß man nicht, womit man die Zeitungen füllen soll«. Tito kann sich nicht damit abfinden, dass er, »wo immer Stoffmangel herrscht« (82), gezwungen sein sollte, lange Artikel »über die Intelligenz der Ameisen, über Drillingsgeburten, über die Pest in der Mandschurei« zu schreiben. Nach einer erfolgreichen Reportage über die Hinrichtung eines Gouvernantenmörders – sie hat nur einen einzigen Makel: Der Mann wurde rechtzeitig begnadigt –, sendet der Direktor diese begabte Nachwuchskraft nach Bordeaux. Doch auch hier findet Tito nur Grund zur Klage: »Der journalistische Dienst in Bordeaux war ermüdend wegen seines Mangels an Stoff. Nie ein wichtiges Ereignis. Nie ein Skandal. Kein schönes Verbrechen. Kein berühmter Mann der stirbt.« Der Direktor aber lässt nicht locker und bittet darum, möglichst »viele Berichte zu schicken, wirklich hochinteressante Nachrichten!« (107)

Auch hier weiß Tito sich zu helfen. Er diktiert der Sekretärin:
»Ein großer Wurstfabrikant Südfrankreichs, dessen Namen wir
noch nicht angeben können, tötete, als er von dem unerlaubten
Liebesverhältnis seiner Frau mit einem waldensischen Pastor, dem
zwei uneheliche Kinder entsprossen, erfuhr, die Frau und die Kinder. Um das Verbrechen zu verbergen, zerhackte er sie des Nachts
in seiner abgelegenen Fabrik in ganz kleine Stücke und stopfte
Hunderte von Würsten damit, die er über ganz Frankreich verbreitete. Morgen werden wir in der Lage sein, weitere Einzelheiten zu berichten.« (108)

Mit dieser Nachricht ruiniert Tito den Ruf einer ganzen Branche. »Am nächsten Morgen fiel in ganz Frankreich der Preis für
Wurstwaren in unerhörter Weise. Niemand aß mehr Würste (...),
alle Wurstkonsumenten wollten die Fabrikmarke der verbreche-
rischen Würste kennen lernen. Alle zugrunde gerichteten Wursthändler verlangten den Namen des mörderischen Fabrikanten zu
erfahren, der in die Würste Fleisch von Frauen und Kindern anstatt von Eseln getan hatte.« (108)

Der Zeitungsdirektor ist verzweifelt. Doch Tito liefert umgehend den Namen des »mörderischen Fabrikanten« nach: Ein ehrlicher, darum aber wirtschaftlich erfolgloser Wursthändler hatte
sich erschossen, nachdem er durch den Wurstwarenboykott endgültig bankrott gegangen war. Der Rufmord an dieser Leiche, die
nun den Namen für die von Anfang bis Ende erdachte Nachricht
liefert, wird seiner Witwe gebührend vergolten. »Der Direktor
strahlte vor Glück. In der Abendausgabe des Attimo fugente erschien in schwarzen Lettern der ehrliche Name des Selbstmör-
ders (...) Und die Situation war gerettet.« (109) Den Liebhaber
der Gerechtigkeit könnte es trösten, dass Tito, der diesen rufmordenden Zeitungsartikel in die Welt gesetzt hatte, sich am Ende
selbst umbringt. Wäre er einem moralisch fester gebauten Autor
als Dino Segre in die Hände gefallen, dann hätte ein anderes Ende
auf ihn gewartet. Vielleicht ein Schuss in den Kopf aus der Pistole
der Katharina Blum. Aber nützt es wirklich, dem Reporter an die
Kehle zu gehen, wenn die Medien, die mehr als eine haben, die
wahren Rufmörder sind?

Es kommt, schreibt Alfred Polgar, »relativ häufig vor, dass einer
wider den Nebenmenschen unschöne Nachrede führt«. Im Leben
und in der Literatur wird nicht immer ein Rufmord daraus, und

noch seltener zieht sich der Weg von da bis zum Mord. Doch ohne Grundkenntnisse im Rufmorden gibt es kein Überleben in der Mediengesellschaft.

Literatur

Hanno Beth: Rufmord und Mord. Die publizistische Dimension der Gewalt. Zu Heinrich Bölls Erzählung »Die verlorene Ehre der Katharina Blum«, in: Dies. (Hg.): Heinrich Böll. Eine Einführung in das Gesamtwerk in Einzelinterpretationen, Königstein 1980.

Die Bibel. Nach der Übersetzung von Martin Luther, Stuttgart 1990.

Heinrich Böll: Die verlorene Ehre der Katharina Blum, München 2006.

Bonnie Comfort: Verleugnung, Hamburg 1997.

Dick Francis: Rufmord, München 2006.

Christian Dietrich Grabbe: Herzog Theodor von Gothland, in: Ders.: Werke, München 1978.

Alfred Hitchcock: Die drei ???. Rufmord, erzählt von André Minniger, Stuttgart 2001.

Franz Kafka: Der Prozess, Frankfurt am Main 1995.

Gerd Ludwig: Sprache und Wirklichkeit in Heinrich Bölls Erzählung »Die verlorene Ehre der Katharina Blum«. Eine literarische Auseinandersetzung mit dem Sensationsjournalismus, Hollfeld 1986.

Thomas Mann: Joseph und seine Brüder, Frankfurt am Main 1964.

Peter von Matt: Die Intrige. Theorie und Praxis der Hinterlist, München 2006.

Pitigrilli: Kokain, Hamburg 1993.

Friedrich Schiller: Kabale und Liebe; Die Räuber, in: Ders.: Werke, Berlin 2005 (Digitale Bibliothek).

Bernhard von Becker

Schlüsselroman und Schlüsselprozess

Der Fall »Esra«

Einführung

Es gibt Fälle, die nicht lösbar sind. Zu denen zählt wahrscheinlich auch dieser. Zwei Frauen erkennen sich in einem Roman wieder, die eine als Romanheldin (Esra) im Zusammenhang zahlreicher intimer Darstellungen, die andere als deren Mutter in verunglimpfender Darstellung. Auf den ersten Blick eine Abrechnung des Autors mit seiner Ex-Lebensgefährtin und deren Mutter in Form eines Romans. Die Kategorien des Presserechts, nach denen sich jedermann, wenn nicht gerade Person der Zeitgeschichte, gegen erkennbare Darstellungen seiner Person wehren kann, gelangen an ihre Grenzen, wenn die Argumentation in einem Abwägungsdilemma endet, bei dem sich grundsätzlich gleichrangig die elementaren Äußerungsrechte (Meinungsfreiheit, Pressefreiheit, Kunstfreiheit) und das ebenso elementare Persönlichkeitsrecht gegenüberstehen. Der Satz, dass Kunst frei ist und Romane unbelangbar, stimmt nur so lange, wie die Romankunst nicht instrumentalisiert wird zur Herabsetzung realer Personen. Das leuchtet ein. Aber wer zieht die Grenzen? Wenn der Kunst vorgeworfen wird, sie bediene sich zu intensiv aus der Wirklichkeit, so muss man fragen, ob nicht gerade das auch Aufgabe der Kunst ist. Wer soll hier die rechtlichen oder sittlichen Grenzen zwischen Fiktion und Wirklichkeit ziehen? Richter sind überfordert, gleichzeitig müssen die Fälle gelöst werden. Der Roman »Esra« zeigt wie kaum ein anderer Fall aus neuerer Zeit, wie brüchig die Regeln sind, die der Rechtswissenschaft zur Verfügung stehen, um einen auf den ersten Blick »einfachen« Fall zu lösen. Wenn nachfolgend teilweise Kritik an einigen der Gerichtsurteile laut wird, die im Zusammenhang mit dem Verbot des Romans »Esra« ergangen sind, so ist das nicht Kritik am Ergebnis, sondern an der Begründung. Am Ende des Beitrags findet sich in Ansätzen ein eigener Begründungsversuch.

Maxim Billers Roman »Esra«, eine lakonisch und freizügig erzählte Liebesgeschichte mit autobiografischem Einschlag, wurde im Frühjahr 2003 kurz nach Erscheinen im Wege einer einstweiligen Verfügung verboten; bei dem Verbot ist es bis auf den heutigen Tag geblieben, nachdem der Bundesgerichtshof in dritter Instanz am 16. Juni 2005 das Romanverbot bestätigt hat. Die Sache liegt nun dem Bundesverfassungsgericht vor.

Es handelt sich bei dem Roman »Esra« um Kunst, um Fiktion und damit einen Bereich, der sich der Justitiabilität auf ganz besondere Weise verschließt. Künstlerische Äußerungen enthalten Bezüge und Stellungnahmen zur Wirklichkeit nur auf versteckte, »verschlüsselte«, nicht positiv belegbare Weise; sie bilden ihrer Natur nach primär eine eigene Welt ab als parallele Wirklichkeit. Ihnen unerlaubte oder zu weit gehende Unwahrheiten, Diffamierungen oder ehrverletzende Details zu entnehmen, heißt immer, sie auf eine bestimmte Art zu lesen, die jedenfalls nicht zwingend vorgegeben, wenn nicht sogar unangemessen ist. Der Verurteilung geht notwendig eine Deutung voraus, was umso problematischer ist, als diese Deutung, soweit sie überhaupt geeignet ist, eindeutige Schlussfolgerungen in Form juristischer Sanktionen zuzulassen, jedenfalls eine kunstspezifische Betrachtung erfordert, die dem Richter im konkreten Fall vielleicht nicht gegeben ist.

Wir bewegen uns also nicht auf klassisch juristischem Terrain. Die aufgeworfenen Fragen sind primär kunsttheoretischer, literaturwissenschaftlicher und philologischer Natur. Gleichwohl gilt auch hier: Wenn jemand sein Persönlichkeitsrecht geltend macht und gegen ein Werk der Kunst vorgeht, so muss über den behaupteten Anspruch entschieden werden. Es gibt keinen Satz, der dem Richter verbietet, über einen Fall zu entscheiden, wenn er von der Sache nichts versteht. Er muss dann gegebenenfalls das notwendige Fachwissen durch externe Gutachten in den Prozess einbringen. Das ist freilich in keinem der bekannten Fälle aus der letzten Zeit, in denen es um Buchverbote ging, geschehen.

Die vergangenen Jahre brachten nicht wenige Buchskandale. Ihnen allen war gemeinsam, dass es eigentlich nicht, wie bei früheren Buchverboten, vornehmlich um unsittliche Inhalte ging, vor denen jeder Leser hätte geschützt werden müssen, sondern um Inhalte im Bereich zwischen Wirklichkeit und Fiktion, durch die sich Einzelne in ihrer öffentlichen Darstellung gefährdet sehen konnten. Das Szenario lautete also nicht: Die Öffentlichkeit gegen ein Buch, sondern: Ein Einzelner gegen die durch das Buch hergestellte Öffentlichkeit. Es gab Autobiografien, die im Stil eines Boulevardblatts über Angehörige der Unterhaltungsbranche plauderten (Dieter Bohlen: »Hinter den Kulissen«, verboten), unautorisierte Biografien (Ulrich Hoffmann: »Grönemeyer«, verboten), gefälschte Biografien und Autobiografien (William Boyd: »Nat Tate. Ein amerikanischer Kunstler«, »Die neuen Konfessionen«), nicht genügend recherchierte Sachberichte (Nina Zamar: »Ich musste auch töten«, vom Verlag zurückgezogen), Romane mit rechtslastiger Couleur (Thor Kunkel: »Endstufe«, vom Verlag gestoppt), Gesellschaftssatiren, die mehr oder weniger verschlüsselt reale Figuren des Literaturbetriebs schildern (Helmuth Karasek: »Das Magazin«, Martin Walser: »Tod eines Kritikers«), Werke, in denen unter ihrem Namen Personen des öffentlichen Lebens auftreten, deren Schicksal verfremdet wird (Liebermann: »Das Ende des Kanzlers«, verboten), erzählerische Werke, die auf realen Begebenheiten und Personen gründen (Jürgen Kehrer: »Wilsberg und der tote Professor«, Norbert Gstrein: »Das Handwerk des Tötens«, ersteres verboten), Romane, die als Autobiografien daherkommen (Bret Easton Ellis: »Lunar Park«, Thomas Glavinic »Das bin doch ich«), und autobiografisch-intime Berichte, die als Romane daherkommen (Birgit Kempker: »Als ich das erste Mal mit einem Jungen im Bett lag«, Hanif Kureishi: »Intimacy«, Maxim Biller: »Esra«, Alban Nikolai Herbst: »Meere«, ersterer und die letzten beiden verboten).

In den meisten dieser Fälle hat sich das Problem der Ehrverletzung realer noch lebender Personen ergeben. In allen Fällen spielt das Verhältnis zwischen Wirklichkeit und Fiktion eine Rolle. Dabei gilt der Grundsatz: Je mehr ein literarisches Werk den Anspruch erhebt, die Wahrheit oder, weniger pathetisch gesagt, wirklich Geschehenes zu berichten, desto eher muss es sich den Einwand der Unwahrheit oder der Ehrverletzung gefallen lassen. Die Fiktionalität eines Textes kann in diesem Sinne als Zufluchtsort vor Konfrontationen mit der Wirklichkeit verstanden werden. Jedoch bröckelt die Sicherheit dieser Zuflucht dort, wo die Fiktionalität ersichtlich nur vorgeschoben ist, nur dem Scheine nach besteht, wo hinter dem durchsichtigen Gewand der Fiktionalität tatsächlich über die Wirklichkeit, ihre Verhältnisse und ihr Personal berichtet wird. Das Problem dabei ist, dass es in der Literatur, wie allgemein in der Kunst, Durchsichtigkeit im Sinne unwiderlegbarer Evidenz nicht gibt. Für Referenzen zwischen Text und Wirklichkeit kann es Indizien geben, aber niemals Beweise.

Alle Auseinandersetzungen fanden eine breite Resonanz in der Öffentlichkeit und werfen dieselbe Frage auf, nämlich die nach der zulässigen Realitätsnähe von Literatur. Auffällig häufig geht es in den erwähnten Werken darum, dass die Hauptfigur zu Tode kommt, was teilweise bereits im Buchtitel zum Ausdruck gebracht wird (»Wilsberg und der tote Professor«, »Der Tod des Kritikers«, »Das Handwerk des Tötens«, »Das Ende des Kanzlers«). Dieses verweist auf eine paradoxe Nuance der Problematik: Die Betroffenen wehren sich oftmals nicht in erster Linie gegen die offenkundige Verwendung ihrer Person in einem Werk der Literatur, sondern gegen die konkrete unvorteilhafte Darstellung, wozu auch der fiktive Tod der Figur zählen kann, obwohl dieser ja evident denjenigen widerlegen könnte, der behauptet, er sei in der Figur lebensecht wiedergegeben worden. Man kann in der Häufung der gerichtshängig gewordenen Fälle eine neue Klagelust bestätigt sehen.

Im »Deutschen Bücherherbst« 2003 kam es zu den Verboten von »Esra«, »Meere« und »Hinter den Kulissen«. Ein Wort taucht seitdem in den Feuilletons immer wieder auf: Skandal. Es heißt, der Skandal wurde von Autoren und Verlagen bewusst eingesetzt und von Rezensenten gerne aufgegriffen, um Aufmerksamkeit zu erzeugen. In der Literaturwissenschaft wird sogar der Skandal teilweise als für die postmoderne Literatur der Wende zum 21. Jahrhundert typisches Barometer und Stilmittel angesehen, als Ersatz für das Ausbleiben innovativer Inhalte.

Literarische Figuren und ihre Vorbilder

Die Suche nach Vorbildern für literarische Figuren hat von jeher Rezensenten, Literaturwissenschaftler und Leser fasziniert und zu detektivischen Untersuchungen angeregt. Die Frage nach dem »who is who« wird gestellt werden, solange es erzählende Literatur gibt. Die gängigen Literaturlexika geben bereitwillig Auskunft, es handelt sich offenbar um Informationen, die für das Verständnis und den Zugang zu den Werken ebenso wichtig sind wie die

Handlung selbst. Es ist nicht zu bezweifeln, dass das Bedürfnis nach Klatsch, »Insiderinformationen« und pikant-intimen Details, aber auch der Hang, sich Meta-Bedeutungsebenen zu eröffnen, hier eine wichtige Rolle spielen. Ebenso offenkundig gehören aber das Auskundschaften der Bezüge zwischen fiktiver und realer Welt und insbesondere die Erarbeitung der Genese fiktiver Figuren zum ernsthaften Kanon der Interpretation literarischer Texte.

Die Konstellationen, die sich bei der Diskussion über angebliche Vorbilder literarischer Charaktere ergeben können, sind so vielgestaltig wie die literarischen Werke selbst. Autoren oder Verlage können selbst Hinweise auf die Verschlüsselung geben und dadurch die Spurensuche eröffnen. So geschehen etwa im Falle des Romans »Mephisto«, dessen Vorabveröffentlichung in der *Pariser Tageszeitung* am 17. Juni 1936 unter der Überschrift »Schlüsselroman« angekündigt wurde. In diesem Falle bemühte sich der Autor Klaus Mann, der von der Furcht vor einem Skandal umgetrieben wurde, freilich umgehend um eine Richtigstellung, in welcher er klarstellen wollte, was ihm dann keiner mehr glaubte, nämlich dass es sich bei der Figur des Hendrik Höfgen nicht um ein Porträt Gustaf Gründgens' handele, sondern um einen symbolischen Typus. Die Bezüglichkeiten können auch im Einvernehmen zwischen Autor und Vorbild hergestellt werden, so wie zwischen Hugo von Hofmannsthal und seiner langjährigen Freundin Helene Altenwyl, dem Vorbild für die Helene von Nostitz im Stück »Der Schwierige«. Auch eine – gewollte oder nicht gewollte – Symbiose zwischen Vorbild und Abbild kann entstehen, wie etwa bei Boris Pasternaks Figur der Lara aus dem »Doktor Schiwago«. Pasternaks langjährige Geliebte Olga Iwinskaja veröffentlichte 1977, 20 Jahre nach der Erstveröffentlichung des Romans, ihre Memoiren unter dem Titel »Lara – Meine Jahre mit Pasternak«. Sie war in tragischer Weise für die mangelnde Systemkonformität des Buchs verantwortlich gemacht und von den sowjetischen Machthabern wiederholt zu mehrjährigen Gefängnis- und Arbeitslagerstrafen verurteilt worden, während Pasternak ein Jahr nach der Veröffentlichung des »Doktor Schiwago« bereits den Literaturnobelpreis erhielt.

Durch ihre Verwandlung in literarische Figuren können Menschen bisweilen zu ewigem Ruhm gelangen. Charlotte Kestner, geborene Buff, ist bis heute jedem bekannt als die Charlotte aus

Goethes »Leiden des jungen Werthers«. Goethe hatte Frau Buff am 9. Juni 1772 während seiner Wetzlarer Referendarzeit kennengelernt, verliebte sich in die bereits Verlobte, wurde von ihr abgewiesen und blieb dem Paar gleichwohl dauerhaft freundschaftlich verbunden. In dem zwei Jahre später erscheinenden Briefroman erkannten viele sogleich ein Porträt von Charlotte, ihrem Verlobten (als Lotte und Albert) und von Goethe selbst (als Werther). Goethe schickte Vorausexemplare an die beiden, die verstimmt reagierten. Ein zweites Mal diente Charlotte Kestner 165 Jahre später einem ebenfalls bedeutenden Werk der Literatur als Vorlage, diesmal jedoch als reale Person, die an die Stätte ihrer Fiktionalisierung zurückkehrt, in Thomas Manns »Lotte in Weimar«. Hier trifft sie im Jahre 1816 auf den Kellner des Gasthofs »Zum Elephanten«, Mager, der das gesamte erste Kapitel des Romans vor Verwunderung und Ehrfurcht, vor dem Alter Ego der berühmten Romanfigur zu stehen, nur unzusammenhängend stammeln kann.

Thomas Manns Werk ist ein Paradebeispiel für die komplexen Referenzen zwischen realen Erlebnissen und Bekanntschaften des Autors und den hieraus entwickelten Romanfiguren. Jeder weiß, dass der »Tod in Venedig« sich einer realen Reisebegegnung Thomas Manns in genau dem »Hotel des Bains« am Lido verdankt, in dem die Erzählung spielt, dass der »Zauberberg« nach einem Besuch Thomas Manns im Sanatorium in Davos entstanden ist und vor allem die Figur des Peeperkorn in einer Weise auf Gerhard Hauptmann anspielt, die diesem nicht behagte, dass für »Königliche Hoheit« Liebesbriefe des Autors an seine jungvermählte Ehefrau Katia benutzt wurden, dass Arnold Schönberg die Vorlage für den »Doktor Faustus« abgegeben hat, was diesen ebenfalls befremdete. Bibliotheken lassen sich mit der einschlägigen Schlüsselsekundärliteratur füllen. Über das Modell für den Jungen Tadzio aus dem »Tod in Venedig« ist sogar eine eigene Biografie geschrieben worden. Es ist der im Jahr 1900 geborene Pole Władysław Moes, der bereits im Jahr 1965 mit der Behauptung an die Öffentlichkeit getreten war, er sei Thomas Manns Tadzio, alle Figuren in der Erzählung seien in vollkommenster Übereinstimmung wiedergegeben worden, Tadzio, seine Schwestern, die Mutter, die Gouvernante, der Spielkamerad am Strand, alle getreue Abbilder ihrer realen Modelle. In Dietmar Griesers »who is who«

der Romanfiguren findet sich eine Fotografie des jungen Moes mit seinen Geschwistern am Lido und als alter Mann, was wirkt wie eine doppelte Rehabilitierung des Urbildes, nachdem Moes erst im Roman und dann in der berühmten Romanverfilmung von Luchino Visconti aus dem Jahr 1971 sozusagen nur noch Figur war. Wird man sich, wenn von Tadzio die Rede ist, an das von Thomas Mann beschriebene Gesicht, an den Schauspieler Björn Andresen in Viscontis Film oder an das Gesicht Władysław Moes' erinnern?

Auch Marcel Prousts Romanwelt ist bekanntlich bevölkert mit realen Persönlichkeiten, in diesem Fall mit Angehörigen der französischen Aristokratie der Jahrhundertwende. Es war von Anbeginn ein offenes Geheimnis, dass die »Suche nach der verlorenen Zeit« eine literarische Autobiografie des Autors ist, dass der Ich-Erzähler Marcel kein anderer als Marcel Proust selbst ist, dass Combray in Wirklichkeit ein Ort namens Illiers ist und das Badehotel in Balbec aus »Im Schatten junger Mädchenblüte« dem noch heute existierenden Hotel in Cabourg an der Küste der Normandie nachempfunden ist, wo Proust wiederholt mit seiner Mutter den Sommer verbrachte. Eine der Hauptfiguren der gesamten »Suche« ist der Dandy und Lebemann Swann, für den Proust Charles Haas als Vorbild wählte. Swann wurde nach Veröffentlichung des Romans von einigen Freunden nur noch Swann-Haas genannt. Proust spricht im Band »Die Gefangene« in einem Haas gewidmeten Abschnitt diesen und gleichzeitig seine Romanfigur direkt an. Pikant ist die Zeichnung des als pervers dargestellten Baron Charlus, insbesondere in dem Band »Sodom und Gomorrha«. Robert de Montesquiou konnte sich unschwer in dieser Gestalt wiederentdecken und war derart empört, dass Proust ihm – um ihn zu beruhigen – bis ins Einzelne die Abweichungen in den Äußerlichkeiten der Figur auseinandersetzen musste und ihm außerdem erklärte, dass Montesquiou selbst unter seinem Namen einen kurzen Auftritt in der »Suche« hat, so dass er nicht gleichzeitig Charlus habe sein können. Proust bekannte sich nie explizit zu Anspielungen; von ihm ist die Bemerkung überliefert: »Es gibt keinen Schlüssel zu den Figuren in meinen Romanen. Oder vielmehr, es gibt acht oder zehn Schlüssel zu jeder Gestalt.«

Schlüsselliteratur

Der Begriff des Schlüsselromans stammt aus der französischen Literatur des 17. und 18. Jahrhunderts (livres à clef). Typisch für den Schlüsselroman als einer Art verdecktem Porträt ist die vom Autor beabsichtigte und bewusst eröffnete Möglichkeit, bestimmte fiktionalisierte Begebenheiten und Figuren im Roman zu dekodieren und so ihren Realitätsbezug zu ermitteln. Der Schlüsselroman ist an eine Kommunikationssituation gebunden, in der die Lust des Autors am Verschlüsseln auf ein Eingestimmtsein des Lesers aufs Dechiffrieren trifft. Die Verschlüsselung der zugrundeliegenden wahren Begebenheiten und realen Personen dient regelmäßig dazu, Redetabus zu brechen und Dinge zur Sprache zu bringen, die in unverschlüsselter Form als anstößig empfunden würden. Zu unterscheiden ist der Schlüsselroman von der künstlerischen Verarbeitung von Urbildern und Modellen, bei der es gerade nicht die Absicht des Autors ist, dass hinter der fiktionalen Handlung reale Begebenheiten wiedererkannt werden. Die Abgrenzung zwischen der künstlerischen Verarbeitung von Urbildern und dem Schreiben eines Schlüsseltextes ist im Einzelnen schwierig. Gleichwohl wird die subjektive Absicht des Autors, einen vom Leser zu dechiffrierenden Text zu liefern, in der Literaturwissenschaft überwiegend als Merkmal des Schlüsseltextes angesehen.

Die der Schlüsselliteratur innewohnende Eigentümlichkeit, sich nicht werkimmanent aus sich selbst heraus zu erschließen, sondern nur über ihre Bezüge zu realen Vorgängen, setzt sie dem Vorwurf aus, auf literarisch niederer Ebene angesiedelt, ja ästhetisch fragwürdig zu sein. Da ohne die Entschlüsselung, das heißt die Rückführung auf reale Begebenheiten, der Schlüsselroman nicht vollständig verständlich ist, wird er in der Literaturwissenschaft als Grenzgattung zwischen fiktionalem und nicht-fiktionalem Text betrachtet. Wegen der Evidenz der Verknüpfung von »Abbild« und »Urbild« wohnt jedem Schlüsselroman notwendig eine gewisse Indiskretion inne. Der Philosoph Hans-Georg Gadamer spricht von der »pseudokünstlerischen Indiskretion des Schlüsselromans«. Nach Gadamers Begriffsbildung ist zu unterscheiden zwischen dem grundsätzlich unkünstlerischen Verhältnis von »Abbild« und »Urbild« (Beispiel: Passbild oder Abbildung in Verkaufskatalog) und dem darstellenden Bild als Emanation des Urbilds mit eigener Seinswirklichkeit. Das Porträt ist für ihn eine Sonderform des darstellenden Bildes mit Bezugs- und Sinnanspruch.

Verbreitet ist der Schlüsselroman auf dem Gebiet der Schilderung politischer Vorgänge (Beispiele sind die Werke »Erfolg« von Lion Feuchtwanger, »Der aufhaltsame Aufstieg des Arturo Ui« von Bertolt Brecht oder »Das Treibhaus« von Wolfgang Koeppen) und auf dem Gebiet der Gesellschaftssatire, insbesondere der Literatursatire (etwa Klaus Manns »Mephisto« oder Martin Walsers »Tod eines Kritikers«). Der Schwerpunkt des Schlüsselromans kann auf der Schilderung bestimmter Gesellschafts- oder Personengruppen liegen oder auf der Auseinandersetzung mit einer ganz bestimmten realen Person. Ersterenfalls werden nicht selten gesellschaftliche Missstände oder Skandale aufgegriffen, über die offen zu schreiben nicht ohne weiteres möglich wäre, so in einigen Romanen Theodor Fontanes, die gesellschaftlich tabuisierte Themen wie Ehebruch (»L'Adultera«, »Effi Briest«) oder Selbstmord (»Schach von Wuthenow«) aufgreifen. Letzterenfalls kann der Schlüsselroman zum Schlagabtausch mit einer einzigen Person geraten. Der Schlüsselroman kann sich auch darauf beschränken, Porträts bekannter Persönlichkeiten einzubetten in eine ansonsten autonome Romanhandlung, so in einigen Romanen Thomas Manns (»Buddenbrocks«, »Zauberberg«, »Doktor Faustus«). In diesen Fällen wird man im Einzelfall untersuchen müssen, ob tatsächlich ein Schlüsselroman vorliegt oder nur die künstlerische Verarbeitung realer Vorbilder. Anders als beim klassischen Enthüllungsjournalismus, der in Teilen ähnliche Strukturen wie die Schlüsselliteratur aufweisen mag, geht es bei letzterer nicht um das Aufdecken bestimmter Zusammenhänge, also nicht um Wahrheitsfindung. Kunst verfügt nicht über die semantischen Mittel der Tatsachenbehauptung und erhebt daher auch keinen Wahrheitsanspruch.

Die Umsetzung von Lebenserfahrung in Literatur und deren Rückverfolgung zu ihren Quellen in der Wirklichkeit ist keine Besonderheit der Schlüsselliteratur, sondern bildet ein wesentliches Merkmal jeder Literatur und jeder Literaturwissenschaft. Die Schlüsselliteratur zielt aber, vom Autor gewollt, auf die Aufdeckung dieses Prozesses, eben auf die Entschlüsselung. Ob Maxim

Biller die Entschlüsselung seines Romans nicht zumindest billigend in Kauf genommen hat, wird sich kaum je klären lassen; er bestreitet es zumindest. Nach Erlass der einstweiligen Verfügung gegen den Roman »Esra« äußerte sich Biller in einer »Stellungnahme zum Prozess um Esra verfasst für das Landgericht München« wie folgt: »Mein Roman Esra ist Literatur, (...) nicht Schlüsselroman. Es war nicht meine Absicht, dass reale Personen sich bei der Lektüre wiedererkennen oder gar geschmäht fühlen.«

Eines der Wesensmerkmale der Schlüsselliteratur liegt also darin begründet, dass eine bekannte Persönlichkeit oder eine bestimmte gesellschaftliche »Szene« in verfremdeter, »verschlüsselter« Form zum Gegenstand tendenziell satirischer Beschreibungen gemacht wird und es in der Anlage und Intention des Werks liegt, dass vom durchschnittlichen Leser eine Dechiffrierung vorgenommen wird, die für das eigentliche Verständnis des Werks notwendige Voraussetzung ist. Ohne die gewollte Entschlüsselung funktioniert der Schlüsselroman nicht.

Der Roman »Esra« und das Gerichtsverfahren

Der Roman »Esra«, der als sechstes Buch des Schriftstellers Maxim Biller Ende Februar 2003 im Verlag Kiepenheuer & Witsch erschienen ist, erzählt auf 206 Seiten in 73 kleinen Kapiteln die Geschichte von Adam und Esra, dem Schriftsteller und der Schauspielerin. Die problematische Liebesbeziehung zwischen den beiden Hauptfiguren spielt in München-Schwabing und wird über einen Zeitraum von etwa vier Jahren von Adam als Ich-Erzähler geschildert. Aus der Sicht Adams ist es auch eine tragische Geschichte, da sich der Liebesbeziehung Umstände aller Art in den Weg zu stellen scheinen: Esras Familie, insbesondere ihre herrschsüchtige Mutter, Esras Tochter aus der ersten, gescheiterten Ehe, der Vater ihrer Tochter und vor allem Esras passiver schicksalsergebener Charakter. Die Geschichte ist voller Lokalkolorit, Straßen, Plätze, Cafés und Restaurants in Schwabing werden wiederholt beim Namen genannt.

Der Roman »Esra« ist kein typischer Schlüsselroman, da er weder eine allseits bekannte Persönlichkeit noch eine bestimmte gesellschaftliche »Szene« zum Gegenstand hat, sondern lediglich Vorgänge aus der Privatsphäre seines Helden. Auch ist die Dechiffrierung der Figuren für das Verständnis des Romans nicht wesentlich. Gleichwohl trägt das Werk dadurch deutliche Merkmale des Schlüsselromans, dass der Autor sich selbst als bekannte Persönlichkeit des Medienbetriebs porträtiert. Hierdurch werden sozusagen reflexartig auch die anderen – a priori unbekannten – Figuren des Romans von dem bewusst eingesetzten Verschlüsselungsmechanismus ergriffen. Der Autor Biller spielt in dem Roman mit der Möglichkeit, durch Handhabung seiner eigenen medialen Präsenz Personen seines Umfelds gegen deren Willen vor die Augen der Öffentlichkeit zu tragen. Dadurch bringt er die Instrumentarien moderner Massenmedien innerhalb des Mediums seiner Kunst zur Wirkung, und der Roman gerät auf diese Weise sozusagen zum privaten Schlüsselroman einer Medienfigur.

Gleichzeitig ist das Buch aber nach den oben erwähnten Kriterien ein typisches Beispiel für den postmodernen Roman. Die Selbstreferentialität des Romans geht so weit, dass im Text die spätere juristische Auseinandersetzung vorweggenommen wird, so dass es nicht verwundern kann, wenn dem Autor vorgeworfen wird, er habe diese, um im juristischen Sprachgebrauch zu bleiben, zumindest billigend in Kauf genommen. Die Verwischung von Fiktion und Wirklichkeit ist ebenfalls mit so gnadenloser Konsequenz betrieben worden, dass in der Diskussion schnell das Wort vom Rachefeldzug des Autors gegen eine frühere Lebensgefährtin gefunden war, ohne dass reflektiert worden wäre, warum eigentlich nicht der postmoderne Roman der Ort für persönliche Auseinandersetzungen sein darf oder sogar sein muss.

Am 3. März 2003 erließ die neunte Kammer des Landgerichts München I auf Antrag der beiden Klägerinnen eine einstweilige Verfügung gegen den Verlag, in der unter Androhung eines Ordnungsgeldes beziehungsweise von Ordnungshaft bis zu sechs Monaten die weitere Veröffentlichung und Auslieferung sowie der Vertrieb und die Bewerbung des Romans »Esra« untersagt wurden. Gegen die einstweilige Verfügung, die unabhängig von ihrer Richtigkeit zu beachten ist, legte der Verlag am 27. März 2003 Widerspruch ein, den dieselbe Kammer des Landgerichts mit Urteil vom 23. April 2003 unter Bestätigung der einstweiligen Verfügung zurückwies.

Der Verlag legte Berufung beim Oberlandesgericht München ein. Dieses hob daraufhin am 23. Juli 2003 das Urteil des Landgerichts auf, da eine Wiederholungsgefahr nicht mehr vorgelegen habe, nachdem der Verlag in der mündlichen Verhandlung vor dem Landgericht am 23. April 2003 eine strafbewehrte Unterlassungserklärung abgegeben hatte, in der er sich zur Streichung bestimmter individualisierender Stellen in dem Roman verpflichtete. Das Oberlandesgericht war wegen der Vielzahl der zugesagten Streichungen davon ausgegangen, »dass ein erneutes Erscheinen vor der Entscheidung (...) zur Hauptsache eher unwahrscheinlich ist«. Damit waren die einstweilige Verfügung rechtskräftig aufgehoben und das Verfahren des einstweiligen Rechtsschutzes beendet, freilich unter dem Vorbehalt einer Entscheidung im Hauptsacheverfahren.

Wenige Wochen nach der Entscheidung des Oberlandesgerichts veröffentlichte der Verlag eine auf der Unterlassungserklärung vom 23. April beruhende »geweißelte Fassung« des Buchs, die teilweise wegen der Auslassungen kaum mehr lesbar war. Diese zweite Auflage war mit dem Aufkleber »Gerichtlich gebilligte Fassung« versehen und enthielt einen Hinweis auf die Entscheidung des Oberlandesgerichts. Der in der Erstauflage abgedruckte gängige Hinweis auf die Fiktionalität des Textes »Sämtliche Figuren und Handlungen dieses Romans sind frei erfunden. Alle Ähnlichkeiten mit Lebenden und Verstorbenen sind deshalb rein zufällig und nicht beabsichtigt« wurde in dieser zweiten Auflage wie folgt erweitert und präzisiert: »Die fiktiven Figuren dieses Romans sind angeregt durch reale Personen, aber nicht mit ihnen identisch. Die Handlung dieses Romans ist nicht die dokumentarische Darstellung tatsächlicher Vorgänge. Darum erhebt dieser Roman keinesfalls den Anspruch, die geschilderten Vorgänge könnten wahr sein oder sich so zugetragen haben.«

Auch gegen die zweite Auflage wurde noch im August eine weitere einstweilige Verfügung erlassen.

Durch die am 18. Juni 2003, also noch während der Anhängigkeit des Verfahrens über die einstweilige Verfügung, wiederum beim Landgericht München I eingegangene Klage wurde dann das Hauptsacheverfahren eröffnet. Gegenstand des Hauptsacheverfahrens wurde eine Fassung des Buchs, die gar nicht erschienen ist, nämlich eine sozusagen virtuelle Fassung mit weniger Auslassungen als in der erschienenen zweiten Auflage (also eine nur halb entschärfte Fassung) gemäß einer von den Klägerinnen zunächst angenommenen Unterlassungserklärung des Verlags vom 18. August 2003. Streitgegenstand war also im Hauptsacheverfahren – anders als im Verfügungsverfahren – nicht ein erschienenes Buch, sondern eine von der Beklagten angebotene alternative Fassung.

Die zuständige neunte Kammer des Landgerichts München I hatte ihre Meinung, wie zu erwarten war, seit dem Verfügungsverfahren nicht geändert. Die angebotenen Entschärfungen sah sie als nicht ausreichend an und sprach durch Urteil vom 15. Oktober 2003 das Buchverbot (für die Fassung laut Verpflichtungserklärung vom 18. 8. 2003) erneut aus. Besonders berücksichtigte das Landgericht nun den Umstand, dass aufgrund der Erstfassung sowie der sich anschließenden gerichtlichen Auseinandersetzung und der hierzu ergangenen Berichterstattung in den Medien einem großen Teil der Leser die Bezüglichkeiten auf die Klägerinnen bekannt seien und daher durch die angebotenen Auslassungen ein Schutz der Klägerinnen nicht mehr wirksam erzielt werden könne. Das Oberlandesgericht München hat das Landgericht durch Urteil vom 6. April 2004 bestätigt und die entsprechende Berufung zurückgewiesen. Der für Pressesachen zuständige VI. Zivilsenat des Bundesgerichtshofs unter dem Vorsitz von Frau Dr. Gerda Müller hat sich der Meinung der Vorinstanzen vollumfänglich angeschlossen und mit Urteil vom 21. Juni 2005 die Revision gegen das Urteil des Oberlandesgerichts zurückgewiesen.

Die Urteilsbegründung des Bundesgerichtshofs fußt auf zwei Gesichtspunkten und folgt hierin im Wesentlichen den beiden Vorinstanzen, wenngleich sich im Detail einige nicht unwichtige Nuancenverschiebungen ergeben. Vereinfacht gesagt, prüft der Bundesgerichtshof zweistufig: Zunächst wird festgestellt, dass das Persönlichkeitsrecht der Klägerinnen tatbestandsmäßig betroffen sei, da sie für den Leser erkennbar in den Romanfiguren verkörpert worden wären. Dieser tatbestandsmäßige Eingriff in das Persönlichkeitsrecht sei auch rechtswidrig, so der Bundesgerichtshof in der zweiten Prüfungsstufe, da eine Güter- und Interessenabwägung zwischen dem Persönlichkeitsrecht der Klägerinnen und der Kunstfreiheit des Autors Biller zu dem Ergebnis führe, dass das jeweilige »Abbild« im Roman gegenüber seinem »Urbild« nicht genügend durch künstlerische Umgestaltung verselbständigt erscheine.

Ein ohne jede Verfremdung gezeichnetes Porträt in Romanform müssten sich die Klägerinnen nicht gefallen lassen, da das Werk seinen Charakter als Fiktion verloren habe und daher die Leser nicht mehr zwischen Fiktion und Wirklichkeit unterscheiden könnten. Das wiederum führe dazu, dass alle dargestellten Eigenschaften und Abläufe, insbesondere solche, welche die Klägerinnen in einem negativen Licht erscheinen lassen oder die Intimes berühren, diesen zugeordnet werden, ob wahr oder nicht. Die der Grundrechtsdogmatik geschuldete Unterscheidung zwischen Tatbestandsmäßigkeit und Rechtswidrigkeit darf nicht darüber hinwegtäuschen, dass die beiden geschilderten Prüfungsschritte des Bundesgerichtshofs auf das engste miteinander verwoben sind. Gerade der Umstand, dass das Urbild im Abbild kaum verfremdet wurde, kann ja dazu führen, dass ein Leser in der Romanfigur die reale Person sieht; oder anders gesagt: Wird erst einmal die Erkennbarkeit bejaht, so fällt es schwer, ohne in Widersprüche zu geraten, im zweiten Schritt eine mangelnde künstlerische Verselbständigung der Romanfigur nicht anzunehmen. Es geht um ein und dieselbe Fragestellung: Hat der Autor so offensichtlich eine reine Beschreibung realer Personen vorgenommen, dass sein Werk insgesamt nicht mehr als fiktionales Konstrukt, sondern als Tatsachenbericht über bestimmte Personen und Ereignisse gelesen wird? Genau um diese Frage nach der Literaturgattung geht es letztlich. Das ist in den Urteilen verkannt worden.

Der Verlag hat am 29. August 2005 Verfassungsbeschwerde bei dem für Grundrechte zuständigen Ersten Senat des Bundesverfassungsgerichts eingelegt. Das Bundesverfassungsgericht hat den Verband deutscher Schriftsteller, das P.E.N.-Zentrum Deutschland, den Börsenverein des Deutschen Buchhandels und den Kulturstaatsminister im Bundeskanzleramt aufgefordert, Stellungnahmen zu dem Fall abzugeben.

Die Opferperspektive

Jeder Mensch hat Anspruch darauf, als erkennbare Person nicht dargestellt, abgebildet und der Öffentlichkeit preisgegeben zu werden. Es wäre von großem Interesse, dem Fundament und normativen Gefüge dieses Anspruchs im Einzelnen auf den Grund zu gehen. Jedenfalls fußt er in den westlichen Zivilisationen auf dem

Gedanken des Persönlichkeitsrechts, der als Errungenschaft der Aufklärung neben Werten wie Individualität und Menschenwürde im späten 18. Jahrhundert entstanden ist und im heutigen deutschen Rechtssystem in Artikel 1 und 2 des Grundgesetzes und in einigen einfachgesetzlichen Normen seinen Ausdruck findet.

Es gibt wiederholt Bemühungen, in den Fällen der medialen Zurschaustellung einzelner Personen die Opferperspektive verstärkt in den Fokus der Betrachtung zu ziehen. Es wird darauf hingewiesen, dass gerade die nicht prominenten und medienunerfahrenen Zeitgenossen unter ehrenrühriger oder falscher Berichterstattung erheblich zu leiden hätten und keinerlei Mittel zur Gegenwehr besäßen. Auch in rechtstatsächlicher und rechtssoziologischer Hinsicht wird neuerdings zunehmend das Schicksal von Medienopfern, insbesondere deren subjektiv empfundene Eingliederungs- und Kommunikationsprobleme nach erfolgter negativer Berichterstattung untersucht. Richtig ist, dass die sozialen Folgen von Presseberichten für den Betroffenen gravierend sein und eine erhebliche Einbuße an Lebensqualität bewirken können. Daher wird zu Recht die Sorgfaltspflicht der Presse angemahnt und von der Rechtsprechung immer wieder postuliert und in die Abwägung einbezogen.

Zwar ist nicht auszuschließen, dass es auch bei »Opfern« fiktionaler Beiträge zu sozialen Ausgrenzungen kommen kann. So wurde darauf hingewiesen, dass im Falle »Esra« die beiden Betroffenen nach der Romanveröffentlichung in ihrer türkischen Gemeinschaft einen empfindlichen Ehrverlust erleiden und auf Ablehnung stoßen könnten. Gleichwohl liegt der Fall entscheidend anders als bei journalistischen Presseveröffentlichungen. Das Vorbild für einen Roman kann jederzeit und mit gutem Grund, wenn es »erkannt« worden sein sollte, die Fiktionalität und mangelnde Wirklichkeitstreue des Textes in Anspruch nehmen. Die in der Fiktionalität begründete Vermutung der Unrichtigkeit der Tatsachen wird gerade mit Sicht auf im Text enthaltene intime Details niemand ohne weiteres widerlegen können, während im Pressebereich den Betroffenen die Widerlegung einzelner Behauptungen regelmäßig die größten Probleme bereitet, wenn sie nicht ganz und gar unmöglich ist. Die persönlichkeitsrechtliche Problematik stellt sich also in diesem zentralen Punkt deutlich anders dar als bei den presserechtlichen Standardfällen.

Ein Grundsachverhalt gesellschaftlichen Zusammenlebens ist aber auch, dass die Freiheit des einen mit der Freiheit des anderen verträglich gemacht und ausgeglichen werden muss. Das Typische bei der Kollision von Freiheitsgrundrechten (hier: Kunstfreiheit und Persönlichkeitsrecht) ist dabei die Komplementarität der sich gegenüberstehenden Rechtspositionen in dem Sinne, dass gerade die positive Ausübung einer bestimmten Freiheit durch den einen die entsprechende negative Freiheit des anderen berühren kann: Die positive Freiheit des einen zu rauchen, kann in die negative Freiheit des anderen eingreifen, nicht von Rauch belästigt zu werden; die positive Freiheit des einen, im Schulunterricht religiöse Symbole angebracht zu sehen, kann in die negative Freiheit des anderen eingreifen, den Unterricht frei von religiösen Symbolen zu erleben; die positive Freiheit des einen, sich künstlerisch über seine Mitmenschen zu äußern, kann in die negative Freiheit des anderen eingreifen, nicht zum Gegenstand künstlerischer Darstellungen zu werden.

Wenn es erlaubt ist, einen Vorschlag zu unterbreiten: Im Rahmen der Betroffenheitsprüfung (Tatbestandsebene) sollte der Begriff der subjektiven Erkennbarkeit durch den Begriff der objektiven Ähnlichkeit ersetzt werden. Dann muss die Frage lauten: Kann jemand nachvollziehbar unter Darlegung objektiver Ähnlichkeitskriterien vorführen, dass er in dem Roman dargestellt oder porträtiert wurde? Im Rahmen der Güterabwägung (Rechtswidrigkeit) muss dann in einer Gesamtschau des Romanwerks ermittelt werden, ob im Vordergrund eine künstlerische Aussage steht (wofür eine gewisse Vermutung sprechen sollte) oder eine reale Aussage über eine reale Person – unwahre Behauptungen oder beleidigende herabsetzende Äußerungen –, für die die künstlerische Einkleidung sozusagen nur ein Vorwand, ein Mittel zum Zweck war.

Im Oktober 2007 kam das Urteil des Bundesverfassungsgerichts: Mit fünf zu drei Stimmen wird das Romanverbot aufrechterhalten. Die beachtliche Senatsminderheit stellte sich gegen die Mehrheitsentscheidung, da Romane grundsätzlich nur dann verboten werden dürften, wenn sie ersichtlich nur Vorwand sind, um persönliche Diffamierungen zu verbreiten, was hier jedoch nicht der Fall gewesen sei.

Roland Kirbach
unter Mitarbeit von Thomas Assheuer

Zum Abschuss freigegeben

Fernsehshows und ihre Opfer

Der Tag, an dem ihre Tochter eingeschult wurde, sollte ein ganz besonderer Tag für die Deutsch-Türkin Nil Schaller werden. Es war der 31. August 2004, das Fernseh-Regionalmagazin *Maintower* vom Hessischen Rundfunk war in die Kirchner-Grundschule im Frankfurter Stadtteil Bornheim gekommen, um über den Ehrentag der Erstklässler zu berichten. Doch dann nahm das Verhängnis seinen Lauf. Für einen kurzen Moment nahm Nil Schaller die Schultüte ihrer Tochter in die Hand, weil die Kleine sich die Schuhe zubinden sollte. In diesem Augenblick filmten die *Maintower*-Leute die stolze Mutter.

Sechs Tage später lief die kurze Passage aus dem hessischen Lokalfernsehen erneut über den Bildschirm – diesmal bundesweit, auf ProSieben. Nil Schaller war Stefan Raab und seinem *TV Total* in die Hände gefallen. »Mir ist eine Erstklässlerin aufgefallen, die meines Erachtens nach vielleicht ein bisschen zu alt dafür ist«, sagte Raab grinsend. Im Bild erschien Nil Schaller, die Schultüte im Arm. »Unfassbar, oder?« kommentierte Raab dazu. »Die Dealer tarnen sich immer besser.«

Ein harmloser Scherz? 1,13 Millionen Menschen sahen Raabs Sendung. Was das bedeutet, hat Nil Schaller in den folgenden Tagen und Wochen erlebt. Von fremden Menschen sei sie auf der Straße gefragt worden, ob sie ihnen »Stoff« verkaufen könne, berichtet ihr Essener Anwalt Frank Roeser. Zu dem Imbiss, in dem sie als Bedienung arbeitete, seien die Menschen gepilgert, um sich über die »Drogendealerin« lustig zu machen. Bis es dem Inhaber zu dumm geworden sei und er die Frau entlassen habe. Nil Schaller ist eine einfache Frau. Dem Wirbel nach Raabs Sendung stand sie hilflos gegenüber. Als auch noch zwei große türkische Zeitungen, *Hürriyet* und *Türkiye,* darüber berichteten und die

Ehrverletzung im deutschen Fernsehen geißelten, habe sich seine Mandantin vor lauter Scham nicht mehr auf die Straße getraut, sagt Roeser. Er verklagte Raab, der sein Privatleben übrigens in der Öffentlichkeit rigoros schützt, wegen Persönlichkeitsrechtsverletzung auf Schmerzensgeld für seine Mandantin. Er habe die Frau »lächerlich« und »zum Objekt« gemacht. Die Klage wurde in erster Instanz jedoch abgewiesen.

Ganz oben, unterm Dach eines stattlichen Mietshauses am Fuß des Zürichbergs, liegt die Praxis des Zürcher Psychotherapeuten Mario Gmür. Neben den üblichen Verängstigten, Verzweifelten und Verstörten finden seit einiger Zeit vermehrt solche Hilfesuchenden den Weg hier herauf, die »in die Medienfalle geraten« sind, wie der 60-jährige Therapeut es ausdrückt. Prominent und nicht prominent. Gmür gilt inzwischen als Medienexperte, er hat sogar ein Buch zum Thema geschrieben (»Der öffentliche Mensch – Medienstars und Medienopfer«). Er weiß, was Medien bei Menschen anrichten können. Immer aufdringlicher rücke die Branche dem Publikum auf den Leib, um angesichts der enormen Konkurrenz noch gehört zu werden. Immer schriller, immer marktschreierischer gebärde sie sich. So sei eine permanente Aufgeregtheit entstanden, ein Sensationsjournalismus, der auch nüchterne Themen »so spektakulär aufbereitet, dass Gefühle ausgelöst und aufgepeitscht werden«, meint Gmür.

Auch auf die sogenannte Qualitätspresse habe die Boulevardisierung längst übergegriffen. Als Vorreiter dieser Emotionalisierung der Medien hat Gmür die Trash-Talkshows der Privatsender am Mittag und Nachmittag ausgemacht. Sie hätten »Themen in die öffentliche Arena eingeführt, die zuvor als privat galten«. Beispiel: »17, schwanger, arbeitslos – was willst du deinem Kind bloß bieten?« Für einen Politiker, der beim Wahlvolk ankommen will, reiche es seither nicht mehr, mit brillanten Stellungnahmen auf seinem Fachgebiet zu glänzen, meint Gmür, »mindestens ebenso wichtig ist es, dass er mitteilt, er wasche seine Socken selber oder spiele mit seinen Enkelkindern Fußball«.

Der um sich greifende Gefühlsjournalismus ist auf Provokation aus, auf Steigerung der Gefühle, egal welche. Trete etwa ein Minister »bleich« vor die Presse, so habe sich der Verlauf eines Skandals zu seinen Ungunsten verändert – egal, was er in der Sache sage. Gmür: »Der Emotionsjournalismus hat bereits das Urteil über ihn gesprochen.« Alle Genres, alle Medien durchziehe diese Lauerhaltung, auch schon lang bestehende Formate wie Quizshows. Diese lebten längst nicht mehr, wie zu Zeiten Hans-Joachim Kulenkampffs, »von der Bewunderung für den enzyklopädischen Alleswisser, sondern vom gespannten Verfolgen der Anzeichen von Stress auf dem Gesicht des Kandidaten, das die Kamera meist in Naheinstellungen fixiert«.

Oft sind es Sekunden, die darüber entscheiden, ob jemand Medienopfer wird oder nicht. Deshalb versuchen Medienberater wie Marcus Knill den Klienten klarzumachen: Entscheidend ist, dass man im ersten Moment überlegt reagiert. Bei einer verbalen Attacke, die durchaus freundlich daherkommen könne, gelte es, kühlen Kopf zu bewahren und Zeit zu gewinnen. Knill lebt und arbeitet eine knappe Autostunde von Zürich entfernt. Er berät vermehrt Politiker, Manager, hohe Beamte und Spitzensportler aus der Schweiz, aber auch Führungskräfte aus Deutschland. Er bringt ihnen bei, wie man vermeiden kann, Medienopfer zu werden. Entscheidend sei, so sein Rat an die Mandanten, stets auf indiskrete Fragen vorbereitet zu sein. Denn ein Emotionsjournalist setze auf das Überraschungsmoment. Auch mitten in einem sachlichen Gespräch könne plötzlich die unverschämte Frage im Raum stehen: »Wann hatten Sie das letzte Mal Sex?«

Der ehemalige Schweizer Botschafter in Deutschland etwa, Thomas Borer-Fielding, von dem eine Schweizer Boulevardzeitung behauptete, er habe eine Affäre mit einer Kaufhaus-Visagistin gehabt, »lag nach den ersten 30 Sekunden flach«, wie Knill formuliert. Von Journalisten gefragt, ob der Vorwurf stimme, habe der Diplomat den größten Fehler begangen und damit sein Karriereende besiegelt: Borer-Fielding ging auf die Frage ein. Aufgebracht bestritt er die Vorwürfe, beschuldigte die Presse und öffnete damit ein Einfallstor. »Wer dementiert, liefert Zündstoff für die Lügendiskussion und heizt damit die Sieg-Niederlage-Dynamik erst richtig an.« Der Botschafter hätte sagen müssen, erklärt Knill: »Das ist meine Privatsache, das geht Sie nichts an!« Wäre dennoch weiter berichtet worden, hätte er dagegen juristisch vorgehen können.

Ein Volk von Voyeuren ist so herangezogen worden, das vor allem eines sehen will: Sieger und Verlierer. Und ein Heer von

Exhibitionisten stellt sich nur zu gern zur Verfügung. Geltungsbedürfnis, der Wunsch, wenigstens für einige Momente prominent zu sein, drängten den »kleinen Mann« vor die Kamera – und sei es als Loser oder Taugenichts. Scharenweise outeten sich die Alkoholiker oder Fetischisten, die Bettnässer oder Kleptomanen – »in der Hoffnung auf einen Beurteilungsbonus für ihre freiwillige Selbstoffenbarung«, sagt der Zürcher Psychologe Gmür. Aber niemand honoriere es ihnen, wenn die Scheinwerfer ausgeschaltet sind.

»Es sind oft labile Menschen, die im Rampenlicht stehen möchten«, sagt der Therapeut. Menschen, deren gesteigertes Geltungs- und Aussprachebedürfnis in einem Trauma wurzele. Oder Menschen mit einer »ich-schwachen«, unausgereiften Persönlichkeit, wie sie die heutige Zeit, die kaum noch Orientierung biete, mehr und mehr hervorbringe. Im Fernsehen jedoch erfahren sie statt Bestätigung Desillusionierung, wenn sie merkten, »dass sie nur für eine Dramaturgie missbraucht wurden«, wie Gmür sagt.

Die Privatsender produzieren die meisten Medienopfer, allen voran Stefan Raab, »des Teufels Moderator«, wie ihn der *Spiegel* nannte. Ein Heer junger Leute, meist Studenten, ist für Raab von früh bis spät damit beschäftigt, Fernsehsendungen zu sichten. Welches Material gibt eine Pointe nach dem Gusto des Moderators her? Der riesige Raum, in dem die Hilfskräfte sitzen, die erste Etage eines ehemaligen Fabrikgebäudes, wird auch »der Stollen« oder »das Bergwerk« genannt. Hier, im früheren Industriegebiet und heutigen Medienstandort Köln-Mülheim, residiert die Firma Brainpool TV, die Raabs Sendung produziert. Es ist früher Nachmittag, vor einer Wand mit neun Monitoren sitzt ein stämmiger junger Mann und verfolgt neun Fernsehsendungen gleichzeitig, vor ihm auf dem Tisch liegt eine dicke Programmzeitschrift, etliche Sendungen dick angestrichen, die auf jeden Fall auf Video aufzunehmen sind: die *Oliver Geissen Show* auf RTL, *Britt – Der Talk um eins* auf Sat.1, *SAM* auf ProSieben, eine Bundestagsübertragung in ARD und ZDF. Ein paar Tische weiter sitzen Studenten um einen runden Konferenztisch, sie tragen Kopfhörer, jeder von ihnen starrt auf einen Monitor und sucht eine bereits aufgezeichnete Sendung nach verwertbaren Stellen ab. Szenen werden in Zeitlupe wiederholt, Ausschnitte herangezoomt.

»Sich über jemanden lustig zu machen, ist legitim«, meint Jörg Grabosch, der Brainpool-Chef. »Wir nehmen ja nie Leute, die noch nie im Fernsehen waren. Wir zeigen sie im besten Fall in einem neuen Kontext.« Grabosch sitzt ein paar Etagen weiter oben in dem Fabrikgebäude in einem verglasten Büro. Neben seinem Schreibtisch läuft ein Fernseher ohne Ton, auf Videotext werden ständig neue Einschaltquoten von Sendungen des Vortags eingespielt. Nicht Raab sei zynisch, so Grabosch, sondern jene Redakteure von Rundfunkanstalten, die unter der Hand ihre eigenen Sendungen zum Ausschlachten einschickten.

Dabei kann der »neue Kontext«, in den Raab seine Opfer stellt, ein völlig anderer sein und – wie im Fall Lisa Loch – zum Albtraum werden. Für die damalige Schülerin wurde zum Verhängnis, dass sie vor drei Jahren in Köln an einer Miss-Wahl teilnahm und einem Team von RTLs *Explosiv* den schlichten Satz in die Kamera sprach: »Guten Tag, mein Name ist Lisa Loch, und ich bin 16 Jahre alt.« Zwei Tage später zeigt Raab die kurze Sequenz, kündigt sie an mit den Worten: »Es geht um die Kandidatinnen einer Miss-Wahl, und ... eine hat einen sehr interessanten Namen, schauen Sie mal.« Auf dem Bildschirm erscheint Lisa mit ihrem Satz. Ins Gelächter des Studiopublikums hinein fährt Raab fort: »Ja, die Lisa Loch, meine Damen und Herren! Man muss doch heute nicht Lisa Loch heißen! So was kann man doch heutzutage notariell ändern lassen, zum Beispiel Lotti Loch, oder vielleicht war Lisa Loch ihr Künstlername, und die heißt nämlich Petra Pussy.« Das Publikum lacht, Raab ist nicht mehr zu bremsen: »Toller Name, auch wenn man ins Pornogeschäft einsteigen will. Der neue Film von Lisa Loch. Hallöchen!«

Auch an den folgenden zwei Tagen gefällt es Raab, seine Sendung mit Späßen über den Namen des Mädchens zu bestreiten. Sie habe sich schon gar nicht mehr getraut, den Fernseher einzuschalten, sagt ihr Anwalt Frank Roeser, der auch sie schon gegen Raab vertrat. Wohin seine Mandantin auch gekommen sei, in die Schule, auf Feiern oder zu Freunden – jeder Gang sei für sie zu einem Spießrutenlauf geworden. Bei ihr zu Hause in Essen meldeten sich anonyme Anrufer mit »Hey, Petra Pussy!« und legten auf.

Irgendwann ließ die Aufregung nach. Weil Lisa im Rahmen des Schulunterrichts auch ein Betriebspraktikum absolvieren musste, bewarb sie sich – durchaus naiv – bei Brainpool. Sie wollte Raab

sagen, »dass er so nicht mit mir umgehen kann«. Antwort erhielt
sie nie, dafür legte Raab in seiner Sendung nach fünf Monaten
noch einmal nach. In einem Beitrag über einen Grünen-Vorschlag,
das Wahlalter auf 16 Jahre zu senken, machte er sie zur Namens-
geberin einer »Lisa Loch Partei«. Auf dem Wahlplakat war ein
kopulierendes Paar zu sehen, ein Mann saugt einer Frau, Lisa ähnlich, an den Brüsten. Unter dem Bild der Slogan: »Loch für alle«.
Nun häuften sich wieder die Schmähungen, Lisa traute sich vor
Scham nicht mehr aus dem Haus, vorübergehend brachten ihre
Eltern sie in das Ferienhaus der Familie nach Norddeutschland.
Im Sommer wagte sie es nicht mehr, Kleider anzuziehen, sie trug
Hosen statt Röcke. Aus der unbeschwerten Gymnasiastin aus gut-
bürgerlichem Haus, die Violine, Klavier und Tennis spielte, war
ein verängstigtes, depressives Mädchen geworden, das einen The-
rapeuten brauchte.

Für Anwalt Roeser hat die Verletzung der Persönlichkeitsrechte
seiner Mandantin eine »menschenverachtende« Dimension. Roeser erwirkte gegen Raab eine Unterlassungsverfügung, in zweiter
Instanz verurteilte das Oberlandesgericht Hamm Raab 2004 dazu, Lisa Loch Schmerzensgeld über 70 000 Euro zu zahlen. Abgeschlossen ist das Kapitel für Lisa immer noch nicht. Wenn sie in
der Apotheke ein Rezept einlöst oder in der Drogerie Fotos ab-
holt – stets werde sie dann noch auf Raabs Sendung angesprochen,
erzählt sie. »Ja«, räumt Brainpool-Chef Grabosch ein, »im Fall
Lisa Loch sind wir etwas zu weit gegangen, das war nicht sehr
feinfühlig.«

Neu ist das Muster nicht. Die moderne Mediengesellschaft
sucht, wie schon in der Antike, nach einem Opfer, auf dem sie
ihre inneren Spannungen, ihre Ängste und Aggressionen abladen
kann. Dabei spielt es keine Rolle, ob der Sündenbock schuldig
oder unschuldig ist. Hauptsache, er eignet sich dafür, Unmut und
negative Affekte auf sich zu ziehen. In alten Zeiten wurden Sün-
denböcke in die Wüste gejagt. Heute besteht ihre »Opferung«
darin, dass Unschuldige lächerlich gemacht und an den Pranger
gestellt werden. Ihr Bild wird wieder und wieder gezeigt. Das heißt,
die Opfer werden gerade durch die Dauerpräsenz ihres Bildes aus
dem Publikum »ausgeschlossen«.

Man kann das Betriebsgeheimnis von Raabs Sendung so beschreiben: Indem er ständig neue Opfer ausfindig macht und sie

an den TV-Pranger stellt, versucht er, ein Gemeinschaftsgefühl unter den Fernsehzuschauern zu stiften. Alle Affekte sollen sich auf das »Opfer« richten und es schuldig sprechen, auf Teufel komm raus. In diesem Akt der emotionalen Entladung soll ein kollektives Wohlfühlklima entstehen – eine harmonische Gemeinschaft der Lachenden und Feixenden. So macht Raab Quote auf dem Rücken Unschuldiger. Je härter die Zeiten, desto mehr braucht man davon. Anders gesagt: Je gnadenloser der Wettbewerb zwischen den Medien, desto »blutiger« die »Opferungen«.

Der Zürcher Therapeut Gmür vergleicht Medienopfer mit Traumaopfern – nur dass sie nicht »körperliche Todesangst«, sondern »soziale Todesangst« litten. Sie fühlten sich tatsächlich als Sündenbock. Sie fürchteten, Job, Ansehen, Freunde zu verlieren – ihre ganze Existenz. Und die Angst höre nie auf: »Bei den körperlichen Bedrohungen ist das äußere Trauma einmal beendet und wird in verinnerlichter Form als Erinnerung weitergelebt«, sagt Gmür. Beim Medienopfer dagegen bestehe die Bedrohung fort, denn die einmal in die Welt gesetzten Behauptungen und Schmähungen könnten nicht wieder gelöscht werden. Die Angst vor einer Wiederkehr des traumatischen Erlebnisses äußere sich in Überempfindlichkeit, Schamgefühlen und Verfolgungswahn. Medienopfer fürchteten Diskriminierung, Hohn und Spott. Deshalb verhielten sie sich oft überangepasst und brav. Symptome, die Gmür bei Medienopfern beobachtet hat: depressive Verstimmung, Selbstmordphantasien, innere Unruhe, Schlafstörungen, Gefühl der Wehrlosigkeit, zwanghafte Rachephantasien, Schuldgefühle.

Ein Frühlingsvormittag in Zürich. Die Sonne strahlt von einem blauen Himmel herab. Doch Marcel Maderitsch hat sämtliche Fensterläden in seiner kleinen Altbauwohnung verriegelt. Er muss das Licht anschalten, so dunkel ist es in den Zimmern. An der Tür und am Briefkasten hat er die Namensschilder entfernt. Eine Zeitlang sei er stets, wenn er nach Hause kam, mit seinem Auto erst einmal um den Block gefahren, um sicherzugehen, dass ihm niemand gefolgt sei, erzählt er.

Marcel Maderitsch, 31 Jahre alt, groß gewachsen, sportlich, war für wenige Wochen ein Star. Er war »der Bachelor«, die Hauptfigur der gleichnamigen siebenteiligen Kuppelshow, die

Ende 2003 in Deutschland von RTL und in Österreich vom ORF ausgestrahlt wurde. Durchschnittlich 3,6 Millionen Menschen sahen in Deutschland zu, wie der aus Konstanz stammende Bankangestellte aus 25 jungen Frauen nach und nach seine Traumfrau wählte. Am Ende jeder Folge verteilte er Rosen an jene, die bleiben durften – die anderen Kandidatinnen mussten, ohne Blumen, nach Hause gehen. Gedreht wurde der Plot in einer mondänen Villa in Südfrankreich an der Côte d'Azur.

Die Fernsehshow wurde mit publizistischem Feuer begleitet – und der Hauptdarsteller mit reichlich Häme überschüttet. »Von Folge zu Folge mehr und mehr«, urteilte die *Süddeutsche Zeitung,* habe sich Marcel »als seelenloses Psychowrack erwiesen« – er wirke »emotional verarmt, sexuell verelendet, moralisch verwahrlost«. Die *Welt* attestierte ihm ein »Kataloggesicht« und meinte, ästhetisch laufe die Serie »auf verschwiemelten Softcore hinaus: das noble Interieur, die Weichzeichnerei, hier ein Röschen, da eine Kerze, dort ein Küsschen, da ein Augenaufschlag, die Musik, alles – Grauen erregend«. In Österreich musste sich »der Bachelor« vor allem des Vorwurfs der Frauenfeindlichkeit erwehren. Politikerinnen aller vier Parteien im Wiener Parlament protestierten gegen diese »stumpfsinnige Fleischbeschau« – und lösten eine erregte Debatte darüber aus, warum sich der öffentlich-rechtliche ORF auf eine solch frauenfeindliche Koproduktion mit einem Privatsender eingelassen habe. Dass es auch noch eine Frau war, die ORF-Intendantin Monika Lindner, die dieser Zusammenarbeit zugestimmt hatte, erhöhte den Zorn der Frauen.

Alles indes nur Geplänkel im Vergleich zu den Nachstellungen der Boulevardpresse, denen sich Maderitsch ausgesetzt sah. Allein die *Bild*-Zeitung habe 22-mal über ihn berichtet, stets in großer Aufmachung, immer mit mindestens einem Foto, erinnert er sich. Er hat die Berichte gesammelt, die Schlagzeilen: »Keine Millionen, kein Schloss – RTL-Bachelor lebt noch bei Mama« – »Macht der Bachelor die Frauen mit Alkohol gefügig?« – »Wer den Bachelor nicht knutscht, ist raus!« – »Ist der Bachelor ein mieser Po-Grabscher?« – »Der Bachelor war eine Niete im Bett«. Boulevardjournalisten befragten Nachbarn und Verwandte nach den sexuellen Vorlieben des Darstellers. »*Bild* hat meine Eltern terrorisiert«, sagt Maderitsch. Die junge Reporterin, die vorwiegend über ihn schrieb, »war für mich eine Bedrohung«.

Täglich um Mitternacht, wenn die Online-Ausgabe der *Bild*-Zeitung des nächsten Tages ins Netz gestellt wurde, saß er in banger Erwartung vor dem Bildschirm, um zu sehen, »was heute wieder für ein Dreck über mich drinsteht«. Während die Serie lief und auch danach sei er stets auf der Flucht gewesen. »Ich habe viele, viele Reisen unternommen.« Noch immer wird er auf der Straße erkannt, auch in Zürich, wo er heute lebt.

Aber ist Marcel Maderitsch wirklich ein Medienopfer? Muss sich solche Schlagzeilen nicht gefallen lassen, wer sich freiwillig für die Hauptrolle in einer Kuppelshow entscheidet? Natürlich habe er sich geschmeichelt gefühlt, am Ende eines Castings von 140 Bewerbern übrig geblieben zu sein, sagt Maderitsch. Auch mögliche Folgen habe er bedacht. »Ich hatte von Anfang an Anwälte dabei. Ich wollte nicht jeder Regieanweisung Folge leisten, wenn es zum Beispiel heißt: Spring mal nackt in den Pool!« Die Medienresonanz habe er jedoch »total unterschätzt«. Er habe sich vorher informiert, welche Reaktionen es auf die Sendung in Frankreich, Italien, Norwegen, Schweden und den USA gegeben habe, wo das Format schon gelaufen war. »Dort gab es kein Medieninteresse.« Maderitsch dachte, alles im Griff zu haben – und war am Ende nur ein Getriebener.

Für den Berliner Medienanwalt Christian Schertz gilt: »Medienopfer ist, wer nicht in die Medien will.« Das heißt im Umkehrschluss: Wer sich freiwillig in die Medien begibt, insbesondere seine Privat- und Intimsphäre verkauft, kann sich hinterher nicht als Medienopfer bezeichnen. Aus diesem Grund ist auch Dana Gottschalk für Schertz kein Medienopfer, denn sie habe genau gewusst, worauf sie sich einließ. Dana Gottschalk, 28 Jahre alt, fühlt sich von Oliver Pocher beleidigt. Der Comedian moderierte im Januar 2005 bei *Wetten, dass ...?* in Hannover die sogenannte Außenwette. Dana Gottschalk kam zu ihm auf die Bühne und sagte, sie heiße mit Nachnamen Gottschalk, wie der *Wetten, dass ...?*-Moderator, als Beleg zeigte sie ihren Ausweis vor. Pocher blickte darauf und sagte den folgenreichen Satz: »Ich will ja nichts sagen, aber du siehst ganz schön alt aus für dein Alter.«

Darauf sie: »Ja, danke schön.« Pocher, nun in die förmliche Anrede wechselnd: »Es gibt übrigens eine schöne Operationsshow bei ProSieben, da könnte ich Sie mal vorschlagen.« Darauf sie, beim Du bleibend, schließlich kennt man sich seit einer Begegnung auf der Tribüne von Hannover 96: »Vielen herzlichen Dank, Olli. Beim nächsten Mal im Fußballstadion werde ich dich verprügeln.«

Nach Einschätzung von Schertz, in diesem Streit Anwalt von Pocher, zeige dieser Wortwechsel, dass es »ein Dialog auf gleicher Augenhöhe« gewesen und Dana Gottschalk keineswegs ein Opfer sei. Sie habe den Auftritt ja geradezu gesucht und sich dann auch durchaus medienerfahren verhalten. Dana Gottschalk dagegen fühlt sich beleidigt und verletzt. Ihr Anwalt verklagte Pocher auf 35 000 Euro Schmerzensgeld. Zu Hause, an ihrem Wohnort, berichtet die Klägerin, sei sie Dauergesprächsthema gewesen. Ob an der Tankstelle oder beim Gang über den Marktplatz – man habe sie mit den Worten angesprochen: »Du siehst ja echt Scheiße aus, die OP haste dringend nötig.« Die Privatsender hätten ihr aufgelauert, zwei Fernsehübertragungswagen hätten vor dem Zeitungsvertrieb, in dem sie angestellt ist, Position bezogen. Ihr Arbeitgeber habe daraufhin Bodyguards angeheuert, um sie abzuschirmen.

Medienopfer oder Medientäter – nicht immer sind die Grenzen klar. Christian Schertz hat Oliver Pocher schon einmal vertreten, da war dieser selbst Opfer geworden – ein Opfer der *Bild*-Zeitung. In der Talkshow *Johannes B. Kerner* im vergangenen Oktober hatte Pocher auf die Frage, ob es auch ein Thema gebe, über das er keine Witze reiße, geantwortet, beim Thema Kindesmissbrauch sei er »extrem sensibilisiert«. Er erzählte von einem Fall, der sich in seiner Jugendzeit in seiner Heimat zugetragen und von dem er selbst erst viel später erfahren habe. Es hätten Menschen dem Opfer helfen wollen, aber das Mädchen sei nicht zur Aussage bereit gewesen. Unter solchen Umständen sei es schwer, einen Verdächtigen seiner Strafe zuzuführen, meinte Pocher. So laufe der Mann heute noch frei herum, was ihn wütend mache.

Einige Tage später titelte die *Bild*-Zeitung auf ihrer ersten Seite: »Oliver Pocher – TV-Star schützt Kinder-Schänder«, daneben ein Foto Pochers. Das Blatt nannte es einen »Skandal«, dass Pocher von einer Kindesmisshandlung wisse, aber den Täter nicht anzeige. Sein Zitat, dass man nicht einfach jemanden beschuldigen und damit vor Gericht Erfolg haben könne, kommentierte *Bild* mit den Worten: »Was denkt sich der TV-Star bloß bei solchen

Aussagen – in Zeiten, wo fast täglich Kinder in Deutschland geschändet werden?« Pocher müsse nun »zum Polizeiverhör«. *Bild* verschwieg, dass der Fall lange zurücklag, das Blatt erweckte den Eindruck, Pocher decke einen Kinderschänder und verharmlose das Thema. Anwalt Schertz setzte für Pocher eine Gegendarstellung durch, ebenfalls auf Seite eins. *Bild* musste sich sogar bei Pocher entschuldigen.

Mit ihm selbst habe *Bild* nicht gesprochen, sagt Oliver Pocher. Erst nach der Veröffentlichung habe eine *Bild*-Redakteurin bei seiner Managerin Nina Brkan angerufen – und gedroht, weitere belastende Informationen zu veröffentlichen, wenn Pocher weiterhin nicht bereit sei, mit *Bild* zu reden. *Bild* bestreitet den Vorwurf der Erpressung nicht. Offenbar hatte sich der Comedy-Star unbeliebt gemacht, weil er sich weigerte, dem Blatt ein Interview zu geben. Vor allem nach dem Erfolg seiner Werbekampagne für den Media Markt (»Lass dich nicht verarschen!«) 2004 habe es »viele Anfragen von *Bild* gegeben, ich habe immer abgelehnt«, sagt Pocher und sieht sich dabei in guter Gesellschaft: »Leute, die Rückgrat haben, reden nicht mit der *Bild*-Zeitung.«

Wie demütigend es ist, wenn *Bild* seine Drohungen wahr macht, hat Sibel Kekilli, Hauptdarstellerin des preisgekrönten Films »Gegen die Wand«, leidvoll erfahren. Am Samstag noch strahlende Berlinale-Gewinnerin, wurde sie zwei Tage später auf der Titelseite der *Bild*-Zeitung als »Porno-Star« geoutet. Über Wochen hinweg, zeitweise täglich, breitete *Bild* genüsslich die Vergangenheit der jungen Deutsch-Türkin als Pornodarstellerin aus. In der *Frankfurter Allgemeinen Sonntagszeitung (FAS)* klagte sie über die »ziemlich gerissenen« Methoden des Boulevardblatts: »Die *Bild*-Zeitung sagt mir zum Beispiel: Wir wollen jetzt an deine Eltern ran. Aber wir können sie in Ruhe lassen, wenn du uns ein Interview gibst. Ich lass mich ganz bestimmt von denen nicht erpressen.« *Bild* machte daraufhin seine Drohung wahr und sprach mit den Eltern. Und der Vater sagte dem Blatt, er wolle Sibel nie wieder sehen. Die Familie hat ihre Tochter verstoßen. Dass ihre Porno-Vergangenheit ans Licht kommen würde, damit habe sie gerechnet, sagte Kekilli der *FAS* – »aber so riesig, so schmutzig, das hätte ich nicht gedacht«.

Diese Bloßstellung wollte sie nicht auf sich sitzen lassen. Als im Herbst 2004 die Bambi-Verleihung im Fernsehen übertragen wurde, nutzte sie die Gelegenheit, öffentlich die Boulevardmethoden anzuprangern: »Und denen ich nicht danke, das sind *Bild* und *Kölner Express*. Hört endlich auf mit dieser dreckigen Hetzkampagne! Das, was ihr macht, nennt man Medienvergewaltigung«, stieß sie hervor und begann zu weinen.

Hört man sich in der Medienbranche um, bei Managern von Künstlern etwa, so fällt immer wieder ein Name, der mit diesen Methoden in Verbindung gebracht wird: Martin Heidemanns, bei *Bild* für das Unterhaltungsressort verantwortlich. »Seine Interviews in Verhörform sind ebenso berüchtigt wie die rüden Recherchemethoden«, schrieb die *Woche* 2001 über ihn. Heidemanns sei »als ›harter Hund‹ gefürchtet, bleibt aber selbst im Hintergrund«.

Neben dem Prominenten-Bashing betreibt das Blatt aber auch nach wie vor das klassische Geschäft des Geschichtenerfindens wie zu Günter Wallraffs Zeiten, der schon 1979 eines seiner *Bild*-Enthüllungsbücher »den Opfern« gewidmet hatte. Immer noch unterhält Wallraff aus privaten Mitteln einen Rechtshilfefonds für *Bild*-Opfer. 2005 hat sich Friedrich F., 53 Jahre alt, hilfesuchend an ihn gewandt. Der gebürtige Bayer lebt seit geraumer Zeit in Thailand, in einem kleinen Bungalow im Urlauberparadies Pattaya. Er habe eine »Kälte-Allergie«, sagt er. Wenn er kalte Luft einatme, »fühle ich mich schlecht, dann wird mir im Magen unwohl, und ich bin im Kopf benommen«. Deshalb sei er schon vor langer Zeit nach Thailand gezogen, wo es das ganze Jahr über warm ist. Dort hält sich F. mit Sprachen- und Gitarrenunterricht über Wasser, jeden Monat schickt ihm seine Mutter etwas Geld.

Vergangenen Sommer ist der Deutsche in seinem Bungalow von zwei Unbekannten überfallen und ausgeraubt worden. Das Opfer wurde dabei verprügelt, das Gesicht war voller Blutergüsse und Schwellungen. Als Friedrich F. zur Polizeistation kam, sei da »ein Haufen Reporter« gewesen. Keiner habe mit ihm gesprochen, sagt er, aber es seien Fotos von seinem zerschundenen Gesicht gemacht worden. Eines davon fand den Weg zur *Bild*-Zeitung. Und die kolportierte eine passende Geschichte dazu, Überschrift: »Thai-Hure boxt deutschen Sex-Tourist k. o.« Im Text heißt es, »Geschäftsmann Friedrich F.« habe »ein Thai-Mädchen« engagiert und ihr »viel Geld für ein privates Pornovideo« versprochen. Nach dem Sex habe F. nicht zahlen wollen. Wie von Sinnen habe dann »die Hure« auf ihn eingeschlagen. »Vergeblich versuchten andere Prostituierte und die Bordellchefin dazwischenzugehen.« In das Foto mit F.s malträtiertem Gesicht hat *Bild* noch vier spärlich bekleidete thailändische Prostituierte im Hintergrund montiert.

Die Mutter von Friedrich F. in Bayern hatte den Bericht als Erste entdeckt. Ihr fiel niemand anderes ein als Günter Wallraff, an den sie sich wenden konnte. Der vermittelte den Hamburger Anwalt Helmuth Jipp. Eine Unterlassungserklärung habe *Bild* schon abgegeben, sagt er, nun wolle er noch auf Widerruf klagen und ein Schmerzensgeld von 30 000 Euro für seinen Mandanten erstreiten. Das Landgericht Hamburg hat Friedrich F. dafür Prozesskostenhilfe bewilligt – was das Gericht nicht getan hätte, hielte es die Klage für aussichtslos. Die Version des Boulevardblatts dagegen: F. habe mit einer Thailänderin drei Pornofilme aufgenommen, sei danach das volle, verabredete Honorar schuldig geblieben. An jenem Abend habe die Frau versucht, die Filme von F. zu bekommen. Dabei sei es zwischen ihr, einem Freund und F. zu Gewalttätigkeiten gekommen. Zur Stützung dieser Version hat *Bild* inzwischen einen Journalisten für eine »Nachrecherche« nach Thailand geschickt – er soll belegen, dass sich alles so, wie beschrieben, oder zumindest so ähnlich zugetragen habe. Dabei behält *Bild* sich vor, die Kosten der Recherche bei F. mittels einer »Widerklage« einzutreiben. Opferanwalt Jipp weist darauf hin, dass die umstrittenen Filme von der örtlichen Polizei bislang nicht gefunden wurden, auch sei das gegen F. eingeleitete Verfahren mittlerweile eingestellt worden. »Die Filme gibt es nicht.«

Geändert hat sich allem Anschein nach der Umgang der Öffentlichkeit mit den Methoden von *Bild*. Sie reagiert gelassener, man erwartet von diesem Blatt offenbar nichts anderes. Im Internet führen neuerdings vier Medienjournalisten nebenberuflich unter www.bildblog.de in ironischem Ton ein Tagebuch über »die kleinen Merkwürdigkeiten und das große Schlimme« in der *Bild*-Zeitung. Es ist unterteilt in die Ressorts »Grob Fahrlässiges«, »Merkwürdiges«, »Moralisches«, »Kommerzielles«. Vor einem Jahr ging Bildblog online, inzwischen klicken Tag für Tag 15 000 Leser die Seite an. Ein Heer von Zuträgern weist auf Falschmeldungen und Nonsens im Blatt hin. »Wir wollen aufklären, versuchen aber, es unterhaltsam zu machen«, sagt Christoph Schultheis, presserechtlich verantwortlich für den Auftritt im Netz. *Bild* soll vor allem der Lächerlichkeit preisgegeben werden. »Aber wenn nötig, regen wir uns auch auf.« Seit Kai Diekmann 2001 die Chefredaktion übernahm, sei das Blatt härter geworden, es fahre wieder mehr Kampagnen.

Ausgerechnet Udo Röbel, Diekmanns Vorgänger, findet Bildblog »phantastisch«. »Wir unterschätzen noch«, meint Röbel, »was da für eine publizistische Gegenmacht im Internet heranwächst.« Zusammen mit anderen ehemaligen leitenden Kollegen von *Bild* und einem Hamburger Medienanwalt hat er im Mai 2005 das Internet-Portal www.fairpress.biz gestartet. Es soll Opfern von falscher oder einseitiger Berichterstattung die Gelegenheit geben, mit einer öffentlichen Gegenrede zu reagieren. Anders als eine Gegendarstellung, die oft erst nach Wochen oder Monaten vor Gericht erstritten wird, könne »die juristisch nicht bewehrte Gegenrede« schnell erfolgen. Fairpress soll außerdem zu einem Internet-Archiv für presserechtliche Auseinandersetzungen und zu einem Recherchepool für Journalisten werden. Ist das nicht eine Kampfansage an *Bild* & Co.? Röbel lächelt bei dieser Frage. »Sie meinen, ich habe mich vom Saulus zum Paulus gewandelt?« Nein, er sieht Fairpress eher als Fortsetzung seiner Arbeit als Chefredakteur von *Bild*: »Ich habe die Korrekturspalte bei *Bild* eingeführt«, eine der meistgelesenen Kolumnen. Nichts steigere die Glaubwürdigkeit einer Zeitung mehr, als Fehler zuzugeben.

Nachtrag

Dieser Beitrag wurde am 9. Juni 2005 in der *Zeit* abgedruckt. Nach der Veröffentlichung passierte Folgendes: Die zivilrechtliche Klage von Nil Schaller, die in erster Instanz abgewiesen wurde, führte im parallel angestrengten Strafverfahren beim Landgericht München – dort war Raab erstinstanzlich zu 150 000 Euro Geldbuße zugunsten der Landeskasse Bayerns verurteilt worden – zu einem Vergleich: Gegen Rücknahme des Strafantrags verpflichtete sich Raab, 20 000 Euro an Nil Schaller zu zahlen. Lisa Loch hat sich nicht aus der Öffentlichkeit zurückgezogen und arbeitet als Model (www.lisaloch.de). Der Rechtsstreit zwischen Friedrich F. und *Bild* hält im Oktober 2007 noch an.

Uwe Krüger

Die Gesetze der Seifenoper

Die Medien und die Entführungsopfer Natascha Kampusch und Susanne Osthoff

Natascha Kampusch: 1. Akt

Es kommt nicht oft vor, dass Professor Ernst Berger ratlos ist. Mit seinen 59 Jahren hat der Wiener Kinder- und Jugendpsychiater schon viel Leid erlebt und viele Probleme gelöst. Aber seit einigen Tagen ist er mit dem spektakulärsten Kriminalfall der neueren österreichischen Geschichte befasst, genauer gesagt mit dessen Opfer: Natascha Kampusch. Über acht Jahre musste das Mädchen im Keller ihres Entführers hausen; am vergangenen Mittwoch gelang ihr endlich die Flucht. Nun ist Samstag, der 26. August 2006, früher Nachmittag. Die 18-jährige Natascha ist trotz des sommerlichen Wetters blass wie eine Kalkwand, und sie geht langsam und unsicher, stützt sich dabei auf den Arm ihrer zur Freundin gewordenen Jugendanwältin. Sie braucht vor allem Schutz und Ruhe. Was sie auf gar keinen Fall braucht, ist dieses neue Problem, das jetzt drängt.

Das Problem heißt *Kronen Zeitung, Österreich, News, Bild*-Zeitung, ORF, RTL, ARD, ZDF. Es trägt auch die Namen einiger berüchtigter britischer Boulevardblätter. Sie alle haben angerufen, alle wollen ein Interview mit dem Mädchen, das ihre Jugend im Keller verbringen und ihren Entführer »Gebieter« nennen musste. Alle wollen Fotos und Fernsehaufnahmen, alle warten auf eine Zusage. Es hat sich Druck aufgebaut, und der wird größer. Wenn man ihm nachgibt, droht Natascha gleich wieder eine Gefangene zu werden, eine Opfer der Öffentlichkeit und der Medien, ein Objekt fremden Handelns. Muss man das akzeptieren, oder kann man sich gegen eine Vereinnahmung wehren? Wie kann man dem Druck entkommen? Die Ärzte, Psychologen und Anwälte im Beraterteam haben zwar aus früheren Fällen einige Medienerfahrung, aber die schiere Masse der Anfragen überfordert sie. Doch da kommt Ernst Berger ein Mann in den Sinn, der das vielleicht

hinkriegen könnte, mit ihm hat er schon einmal zusammengearbeitet.

Das Handy von Dietmar Ecker klingelt auf einer Pferderenn-
bahn, 50 Kilometer von Wien entfernt. Eckers Tochter bestreitet
gerade ein Turnier auf einem seiner Pferde, sie ist gut in Form.
Am Handy ist Ernst Berger: »Du, Dietmar, kannst du uns helfen?
Es geht um die Frau Kampusch, die geflohen ist, und wir haben
da ein paar Journalistenanfragen.« Ecker hat von dem Fall schon
gehört und sagt sofort zu. Zwar hat er so etwas noch nie gemacht:
das Image eines ehemaligen Entführungsopfers zu managen; doch
der 42-Jährige mit dem gepflegten Drei-Tage-Bart und den Ge-
heimratsecken weiß, wie Medien funktionieren. Ihm gehört die
viertgrößte PR-Agentur des Landes, er war Sprecher des österreichischen Finanzministers und Image-Arbeiter für die Sozialde-
mokratische Partei. Er hat die Limonade Almdudler in den Markt
gepeitscht und die Gewerkschaftsbank BAWAG durch eine Rie-
senaffäre gelotst. Für den neuen Auftrag verlangt er kein Geld,
weil er sich der Gefahr bewusst ist, dass er sonst in ein übles Licht
geraten könnte. Aber er hat noch keine Vorstellung davon, dass
die nächsten zwei Wochen ein Trip an die Grenzen seiner Belast-
barkeit werden.

Am Abend des nächsten Tages die erste Besprechung: Dietmar
Ecker fährt mit seinem Porsche ins Allgemeine Krankenhaus der
Stadt Wien. Das Kampusch-Team trifft sich – Ironie der Geschichte – im Keller. Und so sitzt Ecker in einem kahlen, fenster-
losen Raum unter Neonlicht zusammen mit Ernst Berger, dessen
Psychiaterkollegen Professor Max Friedrich, einem Arzt, zwei
Anwälten und dem Chef des Weißen Rings Österreich. Sie wollen
von ihm wissen, welche Vorstellungen er hat. »Grundsätzlich
muss das Mädchen geschützt werden, ich muss schauen, was die
Fakten sind, und wir müssen zunächst die Anfragen sammeln«,
meint er vorsichtig, »alles muss in Abstimmung mit dem medizi-
nischen Personal geschehen.« Sie erläutern ihm den Zustand des
Mädchens, das er erst am nächsten Tag kennenlernen wird, und
Ecker ist klar: »Dann machen wir keine Pressekonferenz. Das
muss man steuern, das geht nur bei einem Einzelinterview.« Ihm
schwebt vor, die Sache mit einer Qualitätszeitung über die Bühne
zu bringen, in aller Ruhe.

Susanne Osthoff: 1. Akt

Der Medienberater von Susanne Osthoff, die gerade nach fast vier Wochen Entführung im Irak freigekommen ist, heißt – Susanne Osthoff. Vom Auswärtigen Amt, das ihre Freilassung erwirkte, hat sie keinen Medienberater gestellt bekommen, sondern einen Psychologen. Und der rät allen Entführungsopfern: Meiden Sie die Medien, es kommt nichts Gutes dabei heraus.

Doch Susanne Osthoff ist kein Kind mehr. Sie ist 43 Jahre alt, studierte Archäologin und Kennerin der arabischen Welt. Jahrelang hat sie im Jemen gelebt und immer wieder im Irak gearbeitet, hat Arzneien für Krankenhäuser herangeschafft und für den Erhalt von antiken Stätten gekämpft. Nun, nach 24 Tagen Geiselhaft bei einer Untergruppe des berüchtigten Terroristen Al Sarkawi, nach Todesangst und schlaflosen Nächten, muss sie ins Fernsehen. Das hat sie den Emiren ihrer Entführer versprochen – die wollen, dass sie als Frau öffentlich demonstriert, dass sie anständig behandelt worden ist. Eine Frage der Ehre, nichts ist wichtiger in der arabischen Welt.

Osthoff, die sich in Katars Hauptstadt Doha befindet, gibt im Studio von Al Dschasira ein Interview. Damit sie dorthin kann, unterbrechen sogar die Beamten des Bundeskriminalamts die Verhöre, die sie seit der Freilassung mit Osthoff führen. Das Interview läuft gut, hat aber einen unangenehmen Nebeneffekt: Durch einen Übersetzungsfehler glaubt man nun in Deutschland, dass sie wieder in den Irak zurückkehren möchte. Das hat Osthoff gar nicht gesagt, aber viele Politiker regen sich angesichts der Kosten der gerade stattgefundenen Befreiung auf, und der deutsche Außenminister warnt sie öffentlich vor einer Rückkehr in das Krisenland.

Einem Redakteur des ZDF, den sie persönlich kennt, sagt sie ein Interview für das *heute journal* zu – es wird ihr erster Auftritt in deutschen Medien. Sie wollte zwar schon kurz nach ihrer Befreiung, als sie in die deutsche Botschaft in Bagdad gebracht worden war, Danke sagen für die Anteilnahme und die Mahnwachen. Aber der Botschafter und ein BKA-Mann hatten ihr abgeraten.

Nun wird sie wieder zum Studio von Al Dschasira gefahren, hier soll die Aufzeichnung mit dem ZDF stattfinden. Das Ganze steht unter keinem guten Stern. Es muss alles plötzlich ganz schnell gehen. Kaum ist sie angekommen, muss sie vor die Kamera, in ihrer indigofarbenen Burka, die sie in Katar zu ihrem Schutz trägt. Für eine Maskenbildnerin ist keine Zeit, und sie kann den Schleier nicht einfach abnehmen, weil er schon blaue Flecken in ihrem Gesicht hinterlassen hat. Zudem ist ihre Verfassung miserabel – sie leidet noch unter dem Schlafentzug in der Geiselhaft, und die Medikamente, die sie zurzeit einnimmt, lösen Krämpfe in ihren Muskeln aus.

Damit nicht genug: Die Technik funktioniert nur zur Hälfte. In Mainz kann man sie sehen, aber sie sieht ihre Interviewerin nicht. Sie hört nur ihre Stimme: »Ach, Frau Osthoff, ich grüße sie. Das freut mich. Mein Name ist Marietta Slomka, ich bin Moderatorin beim ZDF.« Die Interviewerin sagt, dass »ich es ganz wichtig finde, dass man erst mal ein Vorgespräch führt und sich ein bisschen kennenlernt«. Die vertrauensbildende Maßnahme geht gründlich in die Hose. »Kennenlernen werden sie mich sicherlich nicht mehr«, entgegnet Osthoff trocken und will wissen, ob sie eine Entschädigung für den Auftritt bekommt und in welcher Höhe, immerhin habe sie Ausgaben. Slomka kann keine verbindlichen Zusagen machen, betont aber, »dass Sie Gelegenheit haben, Ihre Sicht der Dinge darzustellen und damit auch Missverständnisse wie zum Beispiel das Thema Irak und Rückkehr, über das Sie sich ...« – »Jetzt habe ich keine Sicht mehr, Sie, ich werde die Frage nicht beantworten, das betrifft das ganze Thema nicht«, unterbricht Osthoff ungehalten, »Sie werden jetzt mal logische Fragen stellen, die in dem Zusammenhang des Verbrechens stehen.« Slomka fragt vorsichtig: »Wollen Sie denn auch während des Gesprächs verschleiert bleiben?« – »Ich hab dafür eindeutig Gründe, das hätte ich vorher noch abklären können, wenn mir dann irgendjemand noch eine Zusage gegeben, ich bin jetzt nicht mehr in der Verfassung, noch in mein Gesicht, äh, ich meine, ich kann nicht mehr, ja? Das ist die Sitte des Landes so, und ich passe mich halt hier eben an.«

Natascha Kampusch: 2. Akt

Wien hat innerhalb weniger Tage die Aufmerksamkeit der ganzen Welt auf sich gezogen, wegen eines zierlichen, schwächlichen Teenagers. Rund 200 Journalisten sind angereist. Manche von ihnen stehen vor dem Haus, in dem der Entführer sein Opfer so lange eingepfercht hatte; viele warten vor dem Krankenhaus, in dem das Mädchen sich zu erholen versucht. Besonders Unverfrorene stehen in Dietmar Eckers Büro und sagen Sätze wie: »Hier ist der Geldkoffer, fahren wir mit Ihnen also jetzt zur Frau Kampusch.« Ecker lehnt ab, aber am Telefon hört er ähnliche Angebote: »Wir buchen jetzt den Flug, in den nächsten zwei Tagen machen wir das Interview, sagen Sie uns wann und wie viel.« Die Medienwelt handelt mit Emotionen, und Dietmar Ecker ist der Wachhund vor einem ganzen Haufen großer, hochwertiger Emotionen.

Beim Kampf darum geht es nicht zimperlich zu. In Großbritannien dichtet man sich die gewünschte Story bereits zusammen: »Sex Slave – Pregnant by the Beast«. Auch in deutschsprachigen Medien zieht Gefahr für den Ruf des Entführungsopfers herauf. Sie würde ihre Mutter nicht lieben, heißt es da, weil sie nicht gleich mit ihr reden und nicht bei ihr wohnen wolle. Auch könnten die achteinhalb Jahre im Keller im Grunde eine gemütliche Zeit gewesen sein. In Wien spekulieren Journalisten bereits, ob sie nicht ein G'schpusi mit ihrem Entführer gehabt habe; seriöse Zeitungen wie die *FAZ* sekundieren mit Psychologen-Interviews zum Stockholm-Syndrom. Ecker muss das alles korrigieren, und er weiß, dass er nur wenig Zeit dafür hat. Denn egal, ob es um eine neue Limonadenmarke, einen zur Wahl antretenden Politiker oder um ein Entführungsopfer geht: Stets beträgt die Aufmerksamkeitsspanne der Öffentlichkeit für ein Thema rund vier Wochen, die öffentliche Meinung verfestigt sich in der zweiten und dritten Woche. Genau dann muss er steuernd eingreifen.

Eckers Arbeitstage sind lang, sie beginnen gegen 7 Uhr morgens und enden gegen Mitternacht. Zwei Assistenten nehmen alle Anrufe entgegen und gruppieren sie, ein dritter erstellt den Pressespiegel. 400 Anfragen prasseln auf Eckers Agentur ein, innerhalb weniger Tage hat sich eine weltweite Welle aufgeschaukelt, die auf das blasse Mädchen im Krankenhaus zurollt. Es sind US-Riesen wie ABC und CNN, es sind die großen arabischen Sender wie

Al Dschasira, japanische Fernsehstationen, Venezuela Radio, neu-
seeländische Zeitungen, russische Nachrichtenagenturen, alle großen deutschen und europäischen Medien sowieso.

Ecker versucht, ein Gefühl für die Situation zu bekommen. Fünf
Tage lang telefoniert er von früh bis spät. Er redet mit Herausge-
bern internationaler Leitmedien, um herauszubekommen, wohin
die Berichterstattung geht. Er bekommt zu hören, dass alle überrascht sind von der Dimension und Geschwindigkeit des Hypes.
US-Chefredakteure sagen ihm: »Wir haben das am Anfang nicht
so eingeschätzt, aber wir können jetzt gar nicht mehr umhin, das
in den Hauptnachrichten zu bringen – die Nachfrage ist so riesig.«
Er ruft einen befreundeten Wiener Medienwissenschaftler an, der
weiß keinen Rat: »Du, das haben wir auch noch nicht erlebt.«
70, 80 Telefonate absolviert Ecker pro Tag, sein Ohr glüht.

Er befragt Boulevardblattmacher zu seinem Plan, die Geschichte ohne Bilder von Natascha zu bringen, um sie zu schützen. »Wir verstehen Sie«, bekommt er zur Antwort, »aber verstehen Sie auch uns. Wenn Sie das tun, werden wir weitere Fotografen
und Reporter herschicken, und wir werden sie finden.« Ecker
versteht: Ohne Bilder geht aus diesem Kessel der Druck nicht
heraus, er wird Natascha um die Ohren fliegen. Für heimlich auf-
genommene Handyfotos aus dem Krankenhausumfeld gibt es bereits einen Schwarzmarkt – ist eine Frage der Zeit, bis sie gedruckt
werden. Noch begnügen sich Zeitungen und Sender mit selbst her-
gestellten Phantombildern Nataschas, am Computer generiert auf
der Basis der vorhandenen Kinderfotos.

Er beschäftigt sich kurz mit den Medienkarrieren anderer Entführungsopfer. Oft genug ist es schief gelaufen: Susanne Osthoff,
die Irak-Geisel von 2005, hat kein gutes Bild von sich hinterlassen. Ebenso Renate Wallert, die mit ihrer Familie Anfang der
neunziger Jahre auf der Dschungelinsel Jolo festgehalten worden
war. Parallel zu Natascha beschäftigt Deutschland gerade das
Schicksal einer 13-Jährigen aus Dresden, die fünf Wochen ein-
gesperrt die Torturen eines Sexualverbrechers über sich ergehen
lassen musste. Sie und ihre Anwälte gehen gerade mit einem de-
taillierten, schockierenden Erlebnisbericht über den *Spiegel* und
die Talkshow *Johannes B. Kerner* an die Öffentlichkeit, um das
Gericht zur Höchststrafe für den Täter zu zwingen. Ihr Gesicht
bleibt allerdings verborgen. Jeder Fall ist anders. Ecker telefoniert

mit Leuten aus dem Umfeld von Entführungsopfern. Er hört, dass diese oft monatelang verfolgt wurden und ständig auf der Flucht vor Journalisten waren. Überall Besonderheiten, nirgendwo gibt es ein Patentrezept. Es gibt nur das Heer der wartenden Journalisten da draußen, die endlich die Geschichte von Natascha Kampusch erfahren wollen, um sie ihren Lesern und Zuschauern zu verkaufen.

Ein Versuch, die Medienöffentlichkeit zur Mäßigung zu bewegen, scheitert inzwischen: Am 30. August liest Psychiater Max Friedrich auf einer Pressekonferenz einen offenen Brief von Natascha Kampusch vor, an die »Journalisten«, die »Reporter« und die »Weltöffentlichkeit«. Sie beschreibt kurz das Verhältnis zu ihrem Entführer und bittet um Beachtung ihrer Privatsphäre. Überall wird der Brief abgedruckt und analysiert; der hingeworfene Brocken ist gierig verschlungen, sättigt aber nicht. Die distinguierte *Frankfurter Allgemeine Sonntagszeitung (FAS)* veröffentlicht stellvertretend für die Öffentlichkeit einen Antwortbrief an Natascha Kampusch: Die Medien sind selbst Getriebene, sie können das Opfer nicht einfach in Ruhe lassen. Warum? »Die raffinierte Antwort lautet«, so die *FAS* hintergründig, »wir glauben, dass die Öffentlichkeit ein Recht darauf hat, Ihre Geschichte zu erfahren – ob Sie das wollen oder nicht.« Und: »Die Leute wollen das Neue, das Dramatische, das Ungewöhnliche, sie wollen den Eklat und den Skandal. Wir wissen nicht, warum, aber wir können nichts dagegen tun.«

Nach fünf Tagen Herumtelefonieren weiß Dietmar Ecker ungefähr, was zu tun ist. Seine ursprüngliche Idee mit der Qualitätszeitung lässt er fallen; vom Boulevard geht eine so große Gefahr aus, dass er ihn einbinden muss – nur so kann er ihn dazu bringen, Natascha Kampusch auch später zu beschützen. Es muss ein Fernsehinterview geben, das innerhalb weniger Stunden auf der ganzen Welt zu sehen ist; nur dann wird der Druck spürbar nachlassen. Nataschas künftiges Leben muss materiell abgesichert werden; die Medien sollen zahlen, wenn sie schon aus ihrem Leid Profit schlagen.

Es wird eine logistische Meisterleistung. Das Fernsehinterview bekommt der ORF, und zwar kostenlos – dafür übernimmt er in Kooperation mit Reuters-TV und einer anderen Agentur den weltweiten Vertrieb. Zwei Print-Interviews gehen an die *Kronen Zei-*

tung und die Wochenzeitschrift *News;* beide östereichischen Blätter sagen langfristige materielle Unterstützung für Natascha Kampusch zu. Die drei Interviews absolviert das Mädchen innerhalb von drei Tagen; alle erscheinen etwa zur selben Zeit.

Das Fernsehinterview verlangt besondere Sorgfalt. Ecker und Kampusch suchen gemeinsam den Interviewer aus: Christoph Feurstein, der den Entführungsfall schon vor achteinhalb Jahren journalistisch begleitet hat. Die Interviewsituation wird trainiert. Zweimal vier Stunden sitzt Ecker mit Kampusch in einem Videoraum, sie gehen Fragen und Antworten durch, Gesten und Blicke. Sie schauen sich die Aufnahmen an und werten sie aus. Dann wird es ernst: Der ORF zeichnet auf. Feurstein und Kampusch sitzen auf der Studiobühne und bearbeiten den abgesprochenen Fragenkatalog, Ecker und die anderen Betreuer am Rand. Ein paar Mal wird unterbrochen, weitergemacht. Am Abend des Tages bekommt das Kampusch-Team die erste Schnittversion vom ORF zugeschickt. »Das hat der Feurstein sehr gut gemacht, sehr sensibel«, lobt Ecker. Es sind nur zwei, drei kleine Dinge, die er und die Psychologen noch geändert haben wollen. Hat das noch etwas mit Journalismus zu tun, wenn das Objekt der Berichterstattung und ihr PR-Berater derart die Kontrolle über das Endprodukt haben? »Es ist ein Graubereich«, gibt Ecker zu. »Aber die eigentliche Frage ist doch: Sollte jemand wie Frau Kampusch überhaupt in die Medien?«

Das Resultat überzeugt nicht nur das Kampusch-Team, sondern auch Millionen Zuschauer von weltweit 180 Fernsehstationen. Der ORF verbucht 2,7 Millionen und einen Marktanteil von 80 Prozent, RTL registriert über sieben Millionen Zuschauer. Es ist der perfekt durchgestylte Auftritt einer selbstbewussten jungen Frau, die in der Einsamkeit ihrer Gefangenschaft stärker geworden ist und sogar gebildeter als ihre Altergenossen. Und die – ganz wichtig – ihre Mutter liebt:

Sie sind jetzt zwei Wochen in Freiheit. Wie haben Sie diese neue Freiheit erlebt? Was machen Sie die ganze Zeit?

In erster Linie mich von den Strapazen der Flucht erholen. Mich entspannen. Mit meinen Eltern telefonieren. Ich hab mich gestern und vorgestern schon mit meiner Mutter getroffen. Auch bei der Polizei hab' ich mich schon mit meinen Eltern getroffen.

Wer sind die Menschen, mit denen Sie am meisten sprechen? Denen Sie am meisten vertrauen?

Ja also ... Denen ich am meisten vertraue? Hm, ich weiß nicht. Der Dr. Friedrich zum Beispiel. Aber auch die ganzen Psychologen und so, die sich um mich kümmern. Aber hauptsächlich vertraue ich eigentlich meiner Familie. Und auf mich.

So unbegreiflich ist das alles und so rührend, wie sie von der Stille und dem Hunger in ihrem Verlies berichtet und von ihren Plänen, nun mit einer eigenen Stiftung selbst Opfern zu helfen. Das lilafarbene Kopftuch, unter dem sie ihr langes Haar versteckt, lässt sie aussehen wie eine Madonna, die gerade das Wunder erlebt hat.

Susanne Osthoff: 2. Akt

Auch Susanne Osthoff trägt im Fernsehen ein Tuch. Allerdings bedeckt es das ganze Gesicht, lässt nur einen schmalen Schlitz für die Augen frei. Osthoff sieht für die Zuschauer des ZDF aus wie eine Ehefrau derjenigen, aus deren Fängen sie gerade befreit wurde. Tatsächlich ist Osthoff selbst Muslimin, war in den neunziger Jahren konvertiert. Und mit der smarten Studiofrau Slomka, die sie nicht sehen kann, findet sie keine gemeinsame Sprache.

Frau Osthoff, ich grüße Sie. Wie geht es Ihnen?

(nach quälenden Sekunden des Schweigens:) Schlecht.

Wie haben Sie die letzten drei Wochen erlebt?

Das waren nicht drei Wochen, das war genau ein Monat, vom Freitag, dem 25. 11., wo ich betonen will, freitags haben alle Banken und öffentlichen Läden – zu Ihrer Information – geschlossen. Nicht dass irgendwelche Journalisten wieder auf Ideen kommen, ich hätte da Gelder transferiert, nur zur Information, dass Sie mal Fakten wissen. Freitag, 25. 11., bis den letzten 25. 12., das war Samstag, war dann schon Sonntag, 1 Uhr 20, war ich nicht, war ich unter, war ich nicht freier Mensch, ganz einfach. (...) Und wie es einem dann geht, denn rein die körperliche Verfassung wird irgendwann absinken, denn dann wird man nicht viel schlafen können, nämlich gar nicht.

Mögen Sie uns erzählen, wie das an dem Tag der Entführung abgelaufen ist? Sie waren in einem Auto, und plötzlich wurden Sie dort herausgezerrt?

Ich glaube, diese Details sind uninteressant. Das interessiert niemanden, ein Kidnapping läuft mit Gewalteinwirkung ab in der Regel. Die Leute schauen ja viel Fernsehen, die sehen ja vielleicht, dass man nicht freiwillig dann sich schnappen lässt. Da ist eine kurze Gewalteinwirkung, die natürlich so ist, dass man da keine Möglichkeiten mehr hat und wo das stattfindet und so weiter. Das hat alles das BKA aufgenommen, in detaillierter Form, deswegen dauerte das auch ab dem Zeitpunkt, wo ich draußen war, von derselben Minute an bis 25. 12., 1 Uhr 30. Und das sind Tatsachen, die nicht nur auf ein kurzes Verbrechen zurückschließen, sondern das geht in die lange Geschichte zurück.

Über diese lange Geschichte, über den Kontext ihrer Entführung würde Susanne Osthoff gern reden, lieber als über Details ihres Martyriums und ihres Seelenlebens. Die Interviewerin geht nicht darauf ein, statt dessen fragt sie: Wie war das denn so in der Gewalt der Kidnapper? Kontext ist so wenig gewünscht wie im Fall Natascha Kampusch. Auch hier fragt keiner nach den Dingen, die den Vorfall relevant für die öffentliche Diskussion gemacht hätten: der Verrohung und Vereinzelung in der Gesellschaft; der mangelnden sozialen Kontrolle durch die Nachbarschaft; den Ursachen dafür, dass Menschen so bindungsunfähig werden, dass sie aus Sehnsucht nach einer dauerhaften Beziehung zu Verbrechern werden.

Immer wieder schneidet Osthoff Themen von öffentlicher Bedeutung an: dass die deutschen Terrorexperten bei der Analyse der Videobotschaft der Entführer meilenweit daneben lagen. Dass Gerhard Schröder mit seiner Fernsehbotschaft eine wichtige Rolle bei ihrer Freilassung gespielt hat, da er das Ehrgefühl angesprochen und betont hat, immer gegen den Irakkrieg gewesen zu sein. Dass die deutsche Botschaft keine gute Figur gemacht hat, als es darum ging, ihr Kulturprojekt in Mosul zu unterstützen, das 40 irakischen Familien den Lebensunterhalt sicherte. Marietta Slomka geht auf all das nicht ein, und vieles davon wird herausgeschnitten, als das Interview für den Abend sendefertig gemacht wird.

Ist das denn falsch zitiert im Interview mit Al Dschasira, dass Sie in den Irak zurück möchten? Stimmt das nicht?

Diese Frage wurde nicht einmal gestellt. Wir kamen nicht auf so einen privaten Pipifax, denn dort bei Al Dschasira haben sie sich um politische Dimensionen und das Kidnapping gekümmert. Um Fakten eben, und das muss ich einmal klarstellen, das sollten Sie sich mal überlegen, dass es auch einmal wichtig wäre, dass die Bürger mal solche Dinge erfahren. Weshalb wir da überhaupt noch etwas tun? Denn wie Sie wissen, sind fast eine halbe Million Iraker in Deutschland, die wohnen bei uns, als politische Asylanten. Und da müssten Sie sich auch mal Gedanken dazu machen. Warum denn jetzt diese Leute nicht mehr zurück können.

Also stimmt es nicht, dass Sie in den Irak zurückkehren?

Es ist eine komplette Lüge, ich habe die Kassetten hier, und die sind genau aufgezeichnet, ich habe davon noch nie etwas behauptet. So eine doofe Frage wurde mir von den Arabern noch nie gestellt.

Natascha Kampusch: 3. Akt

Die Interviews sind gelaufen, die Lage entspannt sich. Berater Ecker verabschiedet sich von den wichtigsten Medien, hört sich an, welcher Eindruck hängengeblieben ist. Es sieht gut aus, und seine Agentur vermeldet auf der Homepage: Auftrag erfüllt. Ecker selbst ist ziemlich fertig, das gibt er zu: »Das hat mich seelisch und körperlich sehr beansprucht, denn das war ja wirklich ein Graubereich, der Frau Kampusch das alles zuzumuten.« Ausgelaugt zieht er sich für drei Tage auf seinen Pferdehof zurück und entspannt sich bei Arbeiten im zehn Hektar großen Privatwald. Mit seinen Pferden säubert er den Wald von heruntergefallenen Ästen und umgekippten Bäumen, hackt Holz für den Winter.

Völlig ruhig ist es an der Medienfront allerdings noch nicht. Der *Stern* hat drei Rechercheure in die Spur geschickt und veröffentlicht eine Titelgeschichte mit der Information, Natascha Kampusch sei mit ihrem Entführer vor einem halben Jahr Skifahren am Semmering gewesen – Augenzeugen erinnern sich an die Szene. Kampusch erzählt der *Kronen Zeitung*, einem ihrer neuen Hausblätter: »Ich war niemals am Semmering, das ist Blödsinn.«

Am nächsten Tag gibt ihr Anwalt zu, dass sie doch dort Skifahren gewesen sei, aber keine Gelegenheit zur Flucht gehabt habe. Ihr Image scheint auf der Kippe zu stehen; wie leicht kann sie nun zur Lügnerin gestempelt werden! Doch statt »Was verheimlicht sie uns noch?« titelt die *Bild*-Zeitung lieber: »Neues Glück im Arm ihrer Mama«, mit einem verschwommenen Paparazzoschnappschuss von einer gemeinsamen Einkaufstour und dem Ikonenfoto, wie Natascha mit lila Kopftuch gen Himmel schaut. Die nahtlose Fortsetzung des Rührstücks ist offenbar eine sicherere Bank als ein ketzerisches Kratzen am dicken Image-Lack.

Schließlich wird Natascha Kampusch sogar von der Satire-Szene entdeckt. Das Magazin *Titanic* schmückt seinen Titel mit Angela Merkel mit lila Kampusch-Kopftuch und schreibt dazu: »Kohls Mädchen: ›Ich musste Kanzler zu ihm sagen!‹«. Die *Welt* veräppelt in ihrer Online-Satireabteilung eine ehemalige *Tagesschau*-Sprecherin, die in einem Buch die Rückbesinnung der Frau auf das alte Herd- und Kinder-Paradigma fordert: »Eva Herman geht in Priklopils Keller: ›Endlich jemand, zu dem ich Gebieter sagen darf!‹« Was auffällt: Nicht Natascha Kampusch selbst wird durch den Kakao gezogen; ihre zum Symbol gewordene Geschichte wird dazu benutzt, andere Prominente aufs Korn zu nehmen. Das Entführungsopfer hat mit ihrem Medienauftritt den Zeichenvorrat zur gesellschaftlichen Kommunikation bereichert, man kann auf diesen Code zurückgreifen, um Mitteilungen zu machen. »Ihr Image ist mittelfristig stabil«, sagt der Regisseur des Auftritts, Dietmar Ecker, im Nachgang. »Sie muss aber weiterhin aufpassen, für alle Ewigkeit muss das nicht gelten.«

Susanne Osthoff: 3. Akt

Die glückliche Rückkehr der Susanne Osthoff in den Schoß ihrer Familie und aller bangenden Landsleute hätte eine rührende Weihnachtsgeschichte werden können, am 18. Dezember kam sie frei. Aber Osthoff hat die Regeln der Seifenoper nicht beachtet; die Medien reagieren enttäuscht und wütend.

»Irrer TV-Auftritt«, titelt *Bild* und stellt fest: »Redete wirres Zeug, ohne Zusammenhang, reagierte kaum auf die Fragen.« Der *Spiegel* mutmaßt, dass sie »manisch-depressiv« sein könnte, *Focus* bringt die Schlagzeile »Die wirre Geschichte der O.«, die

Münchner *Abendzeitung* fragt besorgt: »Wie krank ist Susanne Osthoff?« Vor allem stört, dass sie nicht sofort Kontakt zu ihrer Familie aufgenommen hatte. »Warum ruft sie nicht mal ihre Mutter an?« empört sich die *Bild*-Zeitung, und ihr Kolumnist Franz Josef Wagner legt noch ein paar Kohlen nach: »Warum ist das Herz der Tochter Susanne so kalt?«

Und dann ist da noch die 12-jährige Tochter Tarfa, die Osthoff nicht sofort nach ihrer Freilassung sehen wollte. In der zweiten Januarwoche, in der ARD-Talkshow *Beckmann* und in einem langen *Stern*-Interview, bekommt sie Gelegenheit, alles in Ruhe zu erläutern – dass sie ihre Tochter über alles liebt und ein sehr gutes Verhältnis zu ihr hat, aber unmittelbar nach der Entführung psychisch nicht in der Lage war, sie zu sehen; sie wollte nicht, dass ihre Tochter sie in diesem Zustand sieht. Aber es ist alles irgendwie zu spät, es läuft die vierte Woche nach ihrer Freilassung, der Zug ist abgefahren. »Ich glaube«, sagt sie den *Stern*-Interviewern, »die Deutschen hassen mich.«

Mario Gmür
im Gespräch mit Ralf Mielke

Rampenlicht ersetzt Kerzenlicht

Therapeutische Hilfe für Medienopfer

Mario Gmür praktiziert als Psychiater, Psychotherapeut und Psychoanalytiker in Zürich und ist Dozent an der dortigen Universität. Zum ersten Mal beschäftigte er sich in seinem Buch »Der öffentliche Mensch« (München 2002) mit der Frage, wie Menschen zu Medienopfern werden. In seinem in Kürze erscheinenden Buch »Das Medienopfersyndrom« beschreibt er zehn Kategorien von Medienopfern.

Medienstars und Medienopfer sind keine neuen Phänomene. Was unterscheidet ihre Situation heute von früher?
  Es gibt dieses Phänomen nicht erst seit ein paar Jahrzehnten, sondern wir kennen auch schon aus dem letzten und vorletzten Jahrhundert Medienopfer. Am Weihnachtsabend des Jahres 1880 etwa hat sich der designierte Schweizer Bundespräsident Anderwert vor dem Bundeshaus umgebracht, weil er in den Medien verhöhnt und verspottet worden war. Dadurch war er in seiner Persönlichkeit sehr verletzt worden. Und weil er fürchtete, dass die Medienkampagne weiter anhalten würde, hat er seinem Leben schließlich ein Ende gesetzt. Und ich erinnere an den Fall Eulenburg zu Zeiten Wilhelms II. Anfang des 20. Jahrhunderts, als ein Berater des Kaisers, eben jener Philipp zu Eulenburg, wegen seiner sexuellen Neigungen angegriffen und diskreditiert wurde. Eulenburg, ein erfolgreicher Diplomat, zog sich schließlich aus dem politischen Leben zurück. Und denken Sie auch an Heinrich Bölls »Die verlorene Ehre der Katarina Blum« ...

... eine Erzählung aus dem Jahr 1974, die nach Bölls Worten frei erfunden ist, aber auf Erfahrungen mit der Bild-Zeitung beruht ...
  ... ja genau. Darin schildert Böll die Geschichte einer Zeitungs-

kampagne, die am Ende in eine regelrechte Hexenjagd mündet. Der Unterschied zu heute ist, dass die Medienopferproduktion zu einer Art Business geworden ist. Sie hat einen Selbstzweck-Charakter angenommen und ist Ausdruck einer immer weiter um sich greifenden boulevardesken Betriebsamkeit und Aufgeregtheit.

Wie wirkt sich das auf das Leben von Menschen aus, die zum Medienopfer geworden sind?
Die mediale Verletzung hat zumeist eine reale psychische und/oder soziale Beschädigung zur Folge. Es gibt Fälle, in denen ein Medienopfer seinen Beruf aufgeben musste. Manche Medienopfer waren für lange Zeit aus der ihnen vertrauten Gemeinschaft ausgestoßen. Die Wirkungen eines Medienberichts spürt das Opfer immer in seiner näheren Umgebung. Es wird von Verwandten, Kollegen und Freunden darauf angesprochen. Es muss sich erklären, wird möglicherweise geschnitten, aus Vereinen, Freundeskreisen etc. ausgeschlossen. Es kann aber auch weit Harmloseres zu einer Belastung werden. Ich selbst war vor kurzem in einer Fernsehsendung zu Gast. Seither werde ich unentwegt darauf angesprochen. Wie gesagt, im Vergleich ist das natürlich sehr harmlos.

Manchmal endet es für ein Medienopfer aber auch mit dem Tod, wie Sie es in ihrem Buch beschreiben. In dem geschilderten Fall geriet der Zwillingsbruder eines Sexualtäters ins Visier der Medien und sah sich Schlagzeilen ausgesetzt wie jener, ob er auch einen »Vergewaltiger« in sich trage.
Ja, das war ein dramatischer und trauriger Fall. Aber um zu verstehen, was Medien anrichten können, gewollt oder fahrlässig, reichen weniger dramatische Beispiele. Stellen Sie sich einfach mal vor, eine Zeitung hätte über Sie fälschlicherweise berichtet, Sie seien nach Australien ausgewandert. Wenn Sie nun Freunden oder Bekannten begegnen, werden Sie natürlich mit Fragen überhäuft: »Bist du wieder zurück?«, »Hast du es dort nicht ausgehalten?«, »Warum bist du überhaupt weggegangen?«. Dabei waren Sie die ganze Zeit hier. Nur es nützt Ihnen nichts. Sie müssen mit dieser Falschmeldung umgehen. Etwas unangenehmer wird es, wenn etwas über Sie öffentlich wurde, das Sie lieber für sich oder doch im engeren Kreis behalten hätten. Vielleicht, dass Ihre

Firma Pleite gegangen ist. Künftig werden Sie sich im beruflichen Umfeld immer fragen, ob das Gegenüber davon weiß und wenn ja, ob es dieses Wissen zum Negativen für Sie ausnutzt. Sollte die Meldung dann noch nicht einmal zutreffend gewesen sein, Sie ihre Firma zum Beispiel einfach nur verkauft haben, dann kommen zur Verunsicherung noch Zorn und ein Gefühl, ungerecht behandelt zu werden, dazu. Und so entsteht ein Gefühl der dauerhaften Beeinträchtigung, das auch paranoide Züge tragen kann.

Welche Symptome entwickeln Menschen, wenn sie zu einem Medienopfer geworden sind?
Das hängt von der Art der medialen Verletzung ab. Typisch sind erstens Symptome einer agitierten Depression, zum Beispiel innere Unruhe, Schlafstörungen. Zweitens haben sie ein Gefühl des Enteignetwerdens. Sie werden ständig von der Sorge umgetrieben, ihr Innerstes, ihre Persönlichkeit sei in der Öffentlichkeit zum Abschuss freigegeben. Das Ganze wird meistens als kompletter Kontrollverlust erlebt. Drittens kommt es, wie schon erwähnt, zu einer Beeinträchtigungshaltung, die paranoid gefärbt ist. Viertens erleben wir oft einen sogenannten sozial-phobischen Rückzug, die Angst also, sich in die Öffentlichkeit zu begeben. Oft empfinden diese Menschen auch ein Fremdheitsgefühl sich selbst gegenüber. Das Bild, das in der Öffentlichkeit von ihnen existiert, entspricht nicht mehr dem eigenen Selbstbild.

Wie helfen Sie?
Es gibt kein Patentrezept. Jeder Fall muss in seinem Kontext behandelt werden. Das hängt von der Persönlichkeit ab, von der Familie, von seinem Umfeld. Das wichtigste ist in meinen Augen zu erreichen, dass dieses Empfinden einer erlittenen Beschädigung, diese Unbillerfahrung, nicht zu einer dauerhaften zweiten Identität für den Rest des Lebens wird, sich nicht verfestigt. Die Fähigkeit, verlieren zu können, spielt eine wichtige Rolle. Es ist entscheidend, dass jemand eine solche Krise mit Humor ertragen kann. Das ist der beste Weg, einer dauerhaften Viktimisierung entgegenzuwirken.

Wann sollte jemand denn professionelle Hilfe suchen?
Dies ist dann nötig, wenn die Symptome die Lebensqualität

stark beeinträchtigen und der Betroffene über längere Zeit keine Möglichkeit sieht, diese aus eigener Kraft oder mithilfe seiner Bezugspersonen zu überwinden, wenn also eine Chronifizierung sich abzeichnet.

Können Sie Beispiele nennen, wie es gelingen kann, jemanden aus der Medienopferrolle zu befreien?

In meinem Buch »Das Medienopfersyndrom« habe ich die Behandlung und Prophylaxe des Medienopfersyndroms ausführlich beschrieben. Neben der symptomatischen Behandlung psychischer Störungen wie Schlafstörungen und vegetativer Beschwerden ist es wichtig, die aufgetretenen Symptome im Kontext der Biografie, der früheren Kränkungsgeschichte und der spezifischen Empfindlichkeiten des Medienopfers zu erhellen und zu besprechen. Eine Patientin beispielsweise genas rasch durch die Einsicht in ihre perfektionistische Haltung, ein Patient durch eine Auflockerung seines rigiden Bedachtseins auf einen tadellosen Ruf.

Gibt es womöglich ein Therapieschema, das auf die einzelnen Fälle angepasst angewendet wird?

Ich bin kein Anhänger von schematischen Methoden in der Behandlung psychisch Kranker. Als Leitlinie kann die Kombination von erstens solidarischer Haltung, zweitens nüchterner Analyse der Medienwirkung und drittens Erhellung der psychodynamischen Verhältnisse beim Medienopfer empfohlen werden. Die individuelle Vorgeschichte, die Besonderheit des Traumas und der Umstände verlangen eine individuelle Behandlung des Medienopfersyndroms.

Ist es ein Ziel bzw. das Prinzip der Hilfe, Menschen, die Ohnmacht gegenüber Medien erlebt haben, dieses Gefühl der Ohnmacht zu nehmen, ihnen also zu helfen, die Kontrolle über ihr Leben zurückzugewinnen?

Bezüglich Zielsetzung verlangt die Psychotherapie die gleiche Haltung wie der Sport: Es braucht gleichzeitig den Willen zum Erfolg und die Bereitschaft, eine allfällige Niederlage zu akzeptieren. Freilich ist es ein Unterschied, ob eine Niederlage selbstverschuldet oder eine Folge von Misshandlung, Unfairness etc. ist. Doch auch eine nicht selbstverschuldete Verletzung und ein irreversibler Schaden stellen einen immer vor die Aufgabe, das Beste aus der Situation zu machen, so trivial dies auch klingen mag. Die Frage, die einen in den Wahnsinn treiben könnte, ist: Wie lebt man in einer nach Grundsätzen des Rechtsstaates funktionierenden demokratischen und offenen Gesellschaft mit einem Fehlurteil? Es gibt kaum eine extremere Isolation, als wenn man das Opfer einer Fehlbeurteilung in zivilisierten gesellschaftlichen und politischen Verhältnissen wird, obwohl alles mit rechten Dingen zugegangen ist. Man ist dann völlig ohnmächtig und wehrlos. Psychotherapeutische und realpolitische Gesichtspunkte lassen sich oft nicht in Übereinstimmung bringen. Einerseits hat man das Recht auf moralische und gesellschaftliche Rehabilitierung, andererseits muss man sich nach der alten Volksweisheit »Der Gescheitere gibt nach« auch die Frage der Verhältnismäßigkeit eines solchen kräftezehrenden Kampfes stellen und die Tugend des Verlierenkönnens pflegen. Meistens kommt es zu einer Klärung der richtigen Einstellung im Lichte der Aufarbeitung der individuellen Lebensgeschichte, der aktuellen Lebenssituation und der Lebensperspektive. So kann es dem Medienopfer tatsächlich gelingen, die Kontrolle über sein Leben zurückzugewinnen.

Was raten Sie Menschen ganz praktisch, die in den Mahlstrom der Medien geraten sind? Wie sollen sie damit umgehen, wenn sie etwa auf einen Zeitungsbericht angesprochen werden? Offensiv?

Die Ratschläge müssen immer maßgeschneidert sein und gegebenenfalls nach dem Prinzip Versuch und Irrtum korrigiert werden. Entscheidend ist, wie stark die Wirkung der Medienattacke war. Das kann von ganz banalen Dingen abhängen. Wird der Politiker zwei Wochen vor der Wahl oder zwei Woche danach Opfer einer Medienkampagne? Hat der Politiker die Wahl schon gewonnen, ist ihm die Kampagne möglicherweise egal. Muss er noch um Stimmen kämpfen, wird sie ihn wahrscheinlich belasten.

Wie lange kann eine Therapie dauern?

Das hängt vom Schweregrad und der Dauer des Traumas ab, ferner von Flexibilität und Umstellfähigkeit des Medienopfers, von der Unterstützung, die es von seiner Umgebung erfährt, und auch von seiner Persönlichkeitsstruktur. Die Dauer der Therapie variiert von einer einzigen klärenden Beratung hin bis zu langjährigen Betreuungen bei existentiell völlig zugrunde gerichteten Opfern.

Was kann der Betroffene selbst tun?
Pauschalantworten und Patentrezepte wären hier fehl am Platz. Von Gras darüber wachsen lassen bis eine Gegenkampagne einleiten sind viele Reaktionen zu prüfen.

Helfen Medikamente? Wenn ja, welche?
Medikamente können höchstens Symptome der Erregung, Schlaflosigkeit und Angstsymptome lindern. Tranquilizer, Schlafmittel und Antidepressiva ersetzen aber nicht die Gesprächstherapie, ebenso wenig wie ein Regenguss den Gärtner.

An wen kann sich ein Medienopfer in Deutschland wenden, wenn es professionelle Hilfe sucht?
Jeder Psychotherapeut ist geeignet, psychische Störungen wie akute Belastungsstörung, depressive Reaktionen und Entwicklungen und posttraumatische Syndrome zu behandeln. Spezialisierte Behandlungsstellen sind deshalb noch nicht vorhanden, weil die Bedeutung des Medienopfersyndroms erst neuerdings ins Bewusstsein der Öffentlichkeit dringt.

Gibt es so etwas wie Selbsthilfegruppen oder Opferhilfeseiten im Internet?
Aus dem gleichen Grund sind auch noch keine Selbsthilfegruppen entstanden, die zweifellos geeignet wären, den Medienopfern aus der Isolation zu helfen, in die sie ganz besonders oft und tief geraten.

Kennen Sie Fälle, in denen jemand diese Symptome entwickelt, obwohl die Medien gar nicht falsch oder einseitig oder verleumderisch berichtet hätten? Ich denke zum Beispiel an Politiker, Prominente oder meinethalben Fernsehentertainer, die unter dauernder Beobachtung stehen.
Prominenz, woher sie auch rührt, ist eine lebenslängliche Gefangenschaft in der Öffentlichkeit. Es gibt keine Möglichkeit mehr, sich unerkannt in der Öffentlichkeit zu bewegen. Zechprellerei und Nasebohren sind dann definitiv out. Viele Prominente

entwickeln kleine Abwehrstrategien, gehen etwa nur mit Sonnenbrille aus, setzen sich im Restaurant stets mit dem Gesicht zur Wand. Psychisch kann es für einige zum Problem werden, dass sie nicht mehr so gut unterscheiden können, welche Identität ihr wahres Ich ist: die, die in der Öffentlichkeit gezeichnet wird, oder die, die sie im Spiegel sehen. Für andere Prominente ist es manchmal schwer einzuschätzen, ob andere Menschen sie beispielsweise nur wegen des Prominentenstatus mögen oder doch wegen ihrer Persönlichkeit selbst.

Einige grundsätzliche Fragen: Sind die Massenmedien heute mächtiger als damals, was ihre Wirkung auf das öffentliche Empfinden angeht?

Ich meine ja. Das liegt zum Teil an der gewachsenen Medienvielfalt und paradoxerweise gerade an der Pluralisierung und Demokratisierung der Medien besonders im elektronischen Bereich. Dadurch ist eine kommerziell organisierte Medienindustrie entstanden, die ihre Geschäfte mit der Ware Öffentlichkeit macht und die die öffentliche Aufmerksamkeit nach ökonomischen Gesichtspunkten bewirtschaftet. Diese Medienindustrie gehorcht keinen übergeordneten, politischen Werten mehr und folgt auch keinem möglicherweise ideologisch gefärbten Engagement, sondern es hat sich hier eine gewisse Eigengesetzlichkeit entwickelt. Die Medien werden zudem immer stärker von der Werbung vereinnahmt. Dadurch gerät ihre Unabhängigkeit in Gefahr auf Kosten des Sachlichkeitsgebots.

Angesichts der Durchdringung unseres Alltags mit Medienangeboten: Gehen wir Menschen heute erfahrener und routinierter mit den Medien um?

Die Medienwelt ist heute insgesamt vielgestaltiger als noch vor 20, 30 Jahren. Interaktive und die Partizipation ermöglichende Elemente haben in der Medienproduktion zugenommen. In manchen Bereichen verwischen sich die Grenzen zwischen Produzenten und Konsumenten immer mehr. Dazu kommt die Technologie des Internets, wodurch die Möglichkeiten der Selbstveröffentlichung enorm gestiegen sind. Die Schwelle zur Öffentlichkeit ist niedriger geworden, der Zugang nicht mehr so exklusiv.

*Sind wir denn durch die neuen Techniken und den Umgang damit
besser dagegen gewappnet, Medien zum Opfer zu fallen?*

Eher nicht. Wer sich auf das Spielfeld der Medien begibt, betritt Glatteis. Und dort kann man bekanntlich rasch ausrutschen.

Sie sprechen vom Spielfeld der Medien. Wer tummelt sich dort?

Die Medien funktionieren als ein Zusammenspiel von Medienproduzent, Darsteller und Publikum. Die Mitspieler haben jeweils ein spezifisches materielles, aber auch psychisches Interesse. Dem Produzenten geht es um Auflage oder Einschaltquote, dem Darsteller im weitesten Sinne um die Befriedigung seiner Zeigelust, seiner Geltungssucht oder seines Bekanntheitswunsches, dem Zuschauer um die Befriedigung seiner Gafflust, seiner Neugierde und seiner Klatschsucht.

Wer bestimmt in diesem Zusammenspiel die Regeln?

In erster Linie der Markt. Je außergewöhnlicher, je seltener ein Ereignis ist, umso größer die Aufmerksamkeit, umso stärker der Zulauf, umso höher der Marktwert. Wobei bei der süchtigen Entwicklung des Unterhaltungskonsums die Ansprüche an die Außergewöhnlichkeit eines Ereignisses immer geringer werden. Das führt zu einem interessanten Wechselspiel: der Banalisierung des Außergewöhnlichen und der Dramatisierung des Gewöhnlichen, mit dem die Medien eine Dauerstimulation des Publikums bewirken.

Wer sind die Gewinner in diesem Spiel?

Der erfolgreiche Verkäufer einer Sensation zählt natürlich rein kaufmännisch betrachtet zu den Gewinnern. Er kann seinen ökonomischen Gewinn auf seinem Bankkonto verbuchen. Der Medienstar ist auch ein Sieger in diesem Spiel, ist doch Bekanntheit häufig die Voraussetzung für eine ökonomische, politische oder künstlerische Karriere. Er kann andererseits aber auch zu einem Verlierer werden, wenn die Medienpräsenz zu häufig oder zu schrill ist. Das führt zu Trivialisierung. Wer immer in den Medien präsent ist, verliert sein Geheimnis, sein Charisma und unter Umständen seine Bedeutung. Der dauerpräsente Medienstar erleidet Abnutzungserscheinungen.

Kann aus einem Medienstar ein Medienopfer werden?

Ein Medienstar ist wegen der großen Fallhöhe besonders geeignet und prädestiniert dafür, ein Opfer zu werden. Zum Teil liegt dies daran, dass er, wenn er idealisierte und überhöhte Erwartungen nicht erfüllt, Enttäuschung und Wut auslöst. Umgekehrt kann es attraktiv sein, ein Medienopfer aus der tiefsten Tiefe in die Höhe bis an die Spitze zu heben. Das Spiel der Boulevardmedien ist oft die Geburt und Hinrichtung eines Helden. Es ist ein beliebiges Spiel mit den Gefühlen des Publikums, ob Freude, Rührung, Enttäuschung oder Gefühl. Dies ist das, was ich Emotionsjournalismus nenne.

Sie haben zehn Kategorien von Medienopfern definiert – wo liegen die Unterschiede?

Es gibt Paparraziopfer, Outingopfer, Lügen- und Falschdarstellungsopfer, Tribunalisierungsopfer / Moralisierungsopfer, Instrumentalisierungsopfer, Stigmatisierungsopfer, Ignorierungsopfer, Desorientierungsopfer, Verhöhnungsopfer und Oberflächlichkeitsopfer. Generell ist öffentliche Präsenz mit der Gefahr einer undifferenzierten Wahrnehmung durch die Masse verbunden. Und mit dem Risiko, dass die Privat- und Intimsphäre verletzt werden. Jeder, der in der Öffentlichkeit steht, kann zu ihrem Opfer werden.

Unter Paparazzi- und Lügenopfer kann man sich schnell etwas vorstellen. Aber was meinen Sie mit Instrumentalisierungsopfer?

Darunter verstehe ich jemanden, der sich für mediale Inszenierungen oder Dramatisierungen gebrauchen und möglicherweise missbrauchen lässt, ohne dass er eine Verfügungsgewalt über diese Inszenierung hat. Ein gutes Beispiel sind die aus den TV-Castingshows hervorgehenden Musikstars, die in den Himmel gehoben werden, solange die Show läuft, und danach fallen gelassen werden. Ein anderes, eher aus dem ganz normalen Leben stammendes Beispiel sind Menschen, die im Rahmen einer Mediengeschichte dazu bewogen wurden, Informationen über ihren Nachbarn, Kollegen oder Sportskameraden preiszugeben, der in den Mittelpunkt des öffentlichen Interesses geraten ist. Unter Umständen werden ihre Aussagen später in einen Zusammenhang gestellt, den sie selbst gar nicht gesehen haben.

Was verstehen Sie unter Ignorierungsopfer? Ist es nicht ein Vorteil, wenn einen die Medien nicht beachten?

Es gibt Menschen, die auf die Zusammenarbeit mit den Medien angewiesen sind. Nehmen Sie beispielsweise den Künstler, für dessen Erfolg es sehr wichtig sein kann, dass er in der Presse auftaucht, dass etwa seine Ausstellungen in den Feuilletons besprochen werden. Wenn ihn die Medien beharrlich ignorieren, kann ihn das durchaus zu einem Medienopfer machen. Ein Politiker, der vor einer Wahl nicht in eine Diskussionsrunde eingeladen wird oder der von einer für die Wahl bedeutenden Zeitung als einziger Kandidat nicht groß porträtiert wird, darf sich zum Beispiel auch mit gutem Recht als Medienopfer sehen.

Was ist ein Desorientierungsopfer?

Wer aufgrund falscher oder fehlerhafter Informationen in den Medien Maßnahmen ergreift, die ihm nicht nützen, sondern schaden, der fällt für mich in diese Gruppe. Wenn etwa im Ratgeberteil einer Zeitung ein Gesundheitstipp gegeben wird, der bei der Anwendung aber zu Verletzung oder Krankheit führt, dann haben wir sogar im körperlichen Sinne Opfer zu beklagen.

Sie fassen den Begriff des Medienopfers sehr weit. Muss man nicht vor allem Opfer zunehmender Boulevardisierung der Medien darunter verstehen?

Ja, hier liegt gewissermaßen der Ursprung, der mich erst dazu brachte, mich mit dem Thema zu befassen. In diesem engeren Sinne ist das Medienopfer jemand, der durch eine aggressive, verletzende, bloßstellende Publizistik psychisch oder sozial geschädigt worden ist.

Gibt es eine bestimmt Gruppe von Menschen, die für die Rolle als Medienopfer besonders prädestiniert ist?

Es mag wie eine Binsenweisheit klingen, aber: Wer ohnehin bereits in der Öffentlichkeit steht, etwa aus beruflichen Gründen, für den ist die Gefahr, ihr zum Opfer zu fallen, natürlich am größten. Der Schritt in die Öffentlichkeit ist stets eine Gefahr. Und es kann schnell zu einer Belastung werden, im Lichte der Öffentlichkeit zu stehen, sei sie nun wohl- oder übelmeinend. Das ist in der Regel auch gar nicht steuerbar.

Tragen Medienopfer eine Mitschuld an ihrem Schicksal?

Ja und nein. Es gibt Menschen, die verrichten ihre Arbeit unter den Augen der Öffentlichkeit, auch unter der gewollten Anteilnahme der Öffentlichkeit. Politiker gehören dazu, Funktionsträger ganz allgemein wie zum Beispiel der Direktor eines zoologischen Gartens oder der Chef einer Polizeiwache oder der Leiter eines Forschungsinstituts. Aber auch Sportler und Künstler. Die Privatsphäre dieser Menschen sollte vor den Medien geschützt sein. Denn sie stehen ja nicht ganz freiwillig unter öffentlicher Beobachtung – und schon gar nicht mit ihrem Privatleben. Etwas anderes ist es bei Menschen, die von sich aus ins Rampenlicht der Öffentlichkeit treten, wenngleich auch hier manche Medien die Unbedarftheit und Naivität der Leute ausnutzen. Wenn zum Beispiel Menschen nach einem traumatischen Erlebnis, einem Unfall etwa oder einer Naturkatastrophe, das – in solchen Fällen völlig normale – Bedürfnis haben, darüber zu reden, finden sich immer wieder Journalisten, die sich dieses Bedürfnis zunutze machen. Dabei müssten diese traumatisierten Opfer eigentlich besonders geschützt werden. Meines Erachtens haben Medienschaffende die ethische Pflicht zur Zurückhaltung in solchen Fällen.

Sind die Boulevardmedien aggressiver geworden?

Nicht nur die Boulevardmedien sind aggressiver geworden, sondern auch die seriösen Zeitungen, Magazine und Fernsehsender. Wir erleben seit einiger Zeit ein mediales Wettrüsten, das sich dadurch auszeichnet, mit immer schärferen Maßnahmen das knappe Gut Aufmerksamkeit auf sich zu ziehen.

Gibt es dabei einen bestimmten Mechanismus, wie Menschen Opfer von Medien werden? Einen, der ab einem bestimmten Punkt dann auch nicht mehr aufgehalten werden kann?

Es gibt nicht den einen Mechanismus oder gar Automatismus. Wenn jemand zum Medienopfer wird, wirken viele Dinge ineinander. Das Verhältnis des Einzelnen zur Öffentlichkeit ist aber von einigen Konstanten geprägt. Erstens ist es gekennzeichnet durch Asymmetrie, es entspricht also einer David-gegen-Goliath-Situation. Zweitens ist Öffentlichkeit irreversibel, das heißt, wenn etwas erst einmal in den Medien ist, kann es nicht mehr, jedenfalls nicht vollständig, rückgängig gemacht werden. Drittens herrscht heutzutage eine Omnipräsenz der Medien. Eine Information in den Medien, ob richtig oder falsch, ist weltweit jedermann zugänglich.

Welches ist das »gefährlichste« Medium – Presse, Fernsehen oder Internet?
Alle drei Medien haben ihr spezifisches Gefahrenpotential. In der Presse ist es die angenommene Autorität des gedruckten Wortes. Die meistens Leser neigen dazu, ihrer Zeitung oder ihrem Magazin zu glauben. »Wenn es da steht, wird es wohl schon so sein«, sagen sie sich. Im Fernsehen ist es die suggestive Kraft der Bilder, die eine wenn auch noch so abwegige Meinung zu beglaubigen scheint. Und im Internet ist es meines Erachtens die weltweite Omnipräsenz, die jedwede Hoffnung eines Medienopfers auf Vergessen oder Verschwinden der belastenden Inhalte illusorisch werden lässt. Selbst wenn jemand ans andere Ende der Welt auswandert, können sie ihn immer noch einholen. Der potentielle Chef oder Vermieter hat sie vielleicht im Internet gelesen. Es gibt kein Entrinnen, kein Exil mehr.

Wer ist eigentlich verantwortlich dafür, wenn jemand ein Medienopfer ist: nur die Medien oder auch das Publikum?
Es ist müßig darüber zu diskutieren. Genauso gut könnte man fragen, was am Ende für den Fang eines Fisches ausschlaggebend war: der Angler, die Angel, der Wurm oder der Fisch selbst. Natürlich genießt das Publikum die Skandalisierung. Aber die Medien erzeugen die Skandale und nutzen die massenpsychologischen Entfesselungen für ihre eigenen Zwecke.

Kennen Sie auch Fälle, in denen das nicht funktioniert hat, in denen die massenpsychologische Entfesselung nicht gelungen ist?
Es gibt solche, wenngleich seltene Fälle, in denen die Skandalisierung ins Leere läuft, in denen der Versuch sogar auf die Medien zurückfällt nach dem Motto: »Wer so etwas schreibt, richtet sich selbst.« In unserer charakterlosen, beliebigen Zeit der entfesselten Boulevardgesellschaft, in der die Medien von einem Skandal zum nächsten hetzen, sind solche »Misserfolge« aber nicht nachhaltig. Das Publikum giert nach der nächsten Sensation, die Medien liefern sie.

Hilft es, juristisch gegen ein Medienunternehmen vorzugehen, etwa wie es einem Verbrechensopfer helfen kann, wenn ein Täter für seine Tat bestraft wird?

Im Vorfeld einer Veröffentlichung, wenn jemand erfährt, dass eine Zeitung oder eine TV-Redaktion etwas Enthüllendes über ihn verbreiten will, hilft es manchmal, mit der Chefredaktion Kontakt aufzunehmen. Meiner Erfahrung nach sind Redaktionen unter Umständen für solche Interventionen empfänglich, wenn sie auf berufsethische oder rechtliche Grenzen aufmerksam gemacht werden. Ich empfehle immer eine frühe Intervention und einen Appell an die medienethische Vernunft. Wenn es um die nachträgliche Wiedergutmachung geht, kann es oft eine Genugtuung sein, vor einem Gericht Recht bekommen zu haben. Boulevardmedien lassen sich von einem Rechtsstreit in der Regel aber nicht beeindrucken, weil sie selbst die Entschuldigung oder die Richtigstellung noch boulevardesk verwerten. Etwaige Geldstrafen zahlen sie wie die Geldbuße für falsches Parken. Es ist so, als würde man einem Einbrecher als Strafe nur die Kosten für die Reparatur des zerstörten Haustürschlosses aufbürden, den geraubten Schmuck aber dürfte er behalten.

Was sagt es eigentlich über eine Gesellschaft aus, die eine relativ hohe Anzahl von Medienopfern produziert? Ist das eine Art Kompensation? Warum brauchen wir das?

In der Postmoderne hat das Rampenlicht das Kerzenlicht ersetzt. Die Scheinwerfer der Öffentlichkeit können sich willkürlich auf jeden richten und ihn an den Pranger stellen. Medienstars und Medienopfer sind dabei die Spielfiguren einer von Langeweile bedrohten Gesellschaft, die das Event, den Hype als Nahrungsmittel braucht, damit sich ein wohliges Sättigungsgefühl einstellt. Dadurch findet sie zu einer Identität, zu einer Gemeinschaft.

Was bedeutet in diesem Zusammenhang die immer noch wachsende Verbreitung des Internets und neuer Angebote wie YouTube? Kommen wir zu einer Art Big Brother*-Gesellschaft, in der jeder jeden beobachtet, in der jeder minütlich zum Star und im nächsten Moment zum Opfer werden kann?*

Wir leben in einem Zeitalter, ich nenne es das isovalente, in dem Distanzlosigkeit und totale Transparenz herrschen. Angebote wie

YouTube verstärken diese Entwicklung. Die Folge ist eine Entzauberung der Welt. Sie verliert ihre Geheimnisse. Diese dauernde Erzeugung von Medienstars und Medienopfern ist eine Spielart der Spannungserzeugung, die die Konsumenten vor einem Absinken in die Monotonie bewahrt.

Ist dieses Bild nicht allzu negativ?

Das Bild, das ich hier von den Medien zeichne, fällt zweifellos negativ aus, ebenso wie das von Medikamenten, wenn man als Arzt ein Referat über Nebenwirkungen hält. Die Vorderseite der Medaille darf natürlich nicht übersehen werden. Viele Medien erfüllen ihre Aufgaben – Information, Kommentar, Unterhaltung – in hochqualifizierter Weise. Die moderne Technik bringt viele Menschen auch einander näher, das weiß ich alles zu schätzen, doch beruflich habe ich zumeist mit der anderen Seite zu tun.

Thomas Leif

Macht und Elend des Presserats

Selbstkontrolle als Alibi – oder:
Die Unfähigkeit zu wirksamen Reformen

Rufmord gibt es nicht. Zumindest könnte man zu diesem Schluss kommen, wenn man die Jahrbücher des Deutschen Presserats durchforstet. Das (Un)-Wort kommt weder im Stichwortverzeichnis noch in den einführenden Reflexionen vor. Auch in der weit gefächerten Presserechtsliteratur findet man nur selten Anmerkungen zu diesem besonderen »Mord«, der die Öffentlichkeit zwar nutzt, aber in der Öffentlichkeit nicht ausführlich analysiert wird. Im »Brockhaus« bringt die Redaktion für die Definition lediglich eineinhalb Zeilen auf: »Zerstörung des Ansehens (Rufs) einer Person durch öffentliche Verleumdung« (Ausgabe 2005, S. 757).

Rufmord – in allen Spielarten und Variationen – gibt es aber dennoch. Und eigentlich ist der Presserat zuständig, denn er soll Auswüchse in der deutschen Presse ahnden. Als freiwillige Selbstkontrolle der Printmedien beschäftigt sich der Deutsche Presserat eigenen Worten zufolge »grundsätzlich mit zwei großen Zielen: der Lobbyarbeit für die Pressefreiheit in Deutschland und dem Bearbeiten von Beschwerden aus der Leserschaft«. Der Trägerverein des Deutschen Presserats ist ein freiwilliger Zusammenschluss der Journalisten- und Verlegerverbände und untersteht keinerlei staatlicher Kontrolle oder Zugehörigkeit. Er wurde am 20. November 1956 gegründet; die Geschäftsstelle sitzt in Bonn. Mitglieder sind nur die vier Verbände, die auch den Trägerverein bilden: der Bundesverband Deutscher Zeitungsverleger (BDZV), der Verband Deutscher Zeitschriftenverleger (VDZ), der Deutsche Journalisten-Verband (DJV) und die Fachgruppe Journalismus in der Vereinten Dienstleistungsgewerkschaft ver.di (dju).

Da der Presserat keine juristische Instanz ist, kann er nur die Maßnahmen erwirken, die in seiner Satzung niedergeschrieben sind, also Hinweis, Missbilligung und Rüge aussprechen, wenn gegen den 1973 verabschiedeten Kodex verstoßen wird. Schadensersatz, Entschuldigungen, Wiedergutmachungen oder Widerrufe können nicht vom Presserat, sondern müssen auf dem Rechtsweg erstritten, erforderlichenfalls durch Gerichte festgelegt werden. Er kann nicht verhindern, dass bestimmte Artikel erscheinen, denn: »Ein Eingreifen in die Veröffentlichungspraxis der Medien wäre nicht im Sinne der Pressefreiheit und könnte als zensurähnliche Maßnahme angesehen werden. Dies kann somit auch nicht vom Presserat erwirkt werden.«

Der Pressekodex enthält unter anderem folgende Grundsätze:

1. Die Achtung vor der Wahrheit, die Wahrung der Menschenwürde und die wahrhaftige Unterrichtung der Öffentlichkeit sind oberste Gebote der Presse. Jede in der Presse tätige Person wahrt auf dieser Grundlage das Ansehen und die Glaubwürdigkeit der Medien.

2. Recherche ist ein unverzichtbares Instrument journalistischer Sorgfalt. Zur Veröffentlichung bestimmte Informationen in Wort, Bild und Grafik sind mit der nach den Umständen gebotenen Sorgfalt auf ihren Wahrheitsgehalt zu prüfen und wahrheitsgetreu wiederzugeben. Ihr Sinn darf durch Bearbeitung, Überschrift oder Bildbeschriftung weder entstellt noch verfälscht werden. Unbestätigte Meldungen, Gerüchte und Vermutungen sind als solche erkennbar zu machen.

3. Veröffentlichte Nachrichten oder Behauptungen, insbesondere personenbezogener Art, die sich nachträglich als falsch erweisen, hat das Publikationsorgan, das sie gebracht hat, unverzüglich von sich aus in angemessener Weise richtigzustellen.

4. Bei der Beschaffung von personenbezogenen Daten, Nachrichten, Informationsmaterial und Bildern dürfen keine unlauteren Methoden angewandt werden.

5. Die Presse wahrt das Berufsgeheimnis, macht vom Zeugnisverweigerungsrecht Gebrauch und gibt Informanten ohne deren ausdrückliche Zustimmung nicht preis. Die vereinbarte Vertraulichkeit ist grundsätzlich zu wahren.

6. Journalisten und Verleger üben keine Tätigkeiten aus, die die Glaubwürdigkeit der Presse in Frage stellen könnten.

7. Die Verantwortung der Presse gegenüber der Öffentlichkeit gebietet, dass redaktionelle Veröffentlichungen nicht durch private oder geschäftliche Interessen Dritter oder durch persönliche wirtschaftliche Interessen der Journalistinnen und Journalisten beeinflusst werden. Die Verleger und Redakteure wehren derartige Versuche ab und achten auf eine klare Trennung zwischen redaktionellem Text und Veröffentlichungen zu werblichen Zwecken. Bei Veröffentlichungen, die ein Eigeninteresse des Verlages betreffen, muss dieses erkennbar sein.

8. Die Presse achtet das Privatleben und die Intimsphäre des Menschen. Berührt jedoch das private Verhalten öffentliche Interessen, so kann es im Einzelfall in der Presse erörtert werden. Dabei ist zu prüfen, ob durch eine Veröffentlichung Persönlichkeitsrechte Unbeteiligter verletzt werden. Die Presse achtet das Recht auf informationelle Selbstbestimmung und gewährleistet den redaktionellen Datenschutz.

9. Es widerspricht journalistischer Ethik, mit unangemessenen Darstellungen in Wort und Bild Menschen in ihrer Ehre zu verletzen. (…)

10. Die Berichterstattung über Ermittlungsverfahren, Strafverfahren und sonstige förmliche Verfahren muss frei von Vorurteilen erfolgen. Der Grundsatz der Unschuldsvermutung gilt auch für die Presse.

Bei Verstößen kann der Presserat Hinweise mit der Bitte um Unterlassung bis hin zu sogenannten Rügen (dem schärfsten Sanktionsmittel) aussprechen, die die betroffene Zeitung abdrucken muss. Zumindest haben sich 95 Prozent aller Verlage dazu verpflichtet, öffentliche Rügen auch abzudrucken. Das heißt nicht, dass sie dies immer anstandslos tun. (Weitere Hinweise über das Verfahren finden sich unter www.presserat.de.)

Wie zu sehen ist, betreffen etliche Punkte des 16 Ziffern umfassenden Kodexes das Phänomen Rufmord. Aber die Rufmord-Vorgänge in den Medien scheinen den Presserat lediglich am Rande zu interessieren. Der Referent des Beschwerdeausschusses sieht die Beschäftigung mit nicht weiter klassifizierten »Beschwerden« nur als Punkt fünf im Aufgabenspektrum. Die vier weiteren Aufgaben haben für den Deutschen Presserat – jenseits der lästigen Nestbeschmutzung der eigenen Branche – in der Praxis eine höhere Bedeutung. Dazu gehören: »Missstände im Pressewesen festzustellen und auf deren Beseitigung hinzuwirken. Entwicklungen entgegenzutreten, die die freie Information und Meinungsbildung des Bürgers gefährden könnten. Für den ungehinderten Zugang zu Nachrichtenquellen einzutreten. Empfehlungen und Richtlinien für die publizistische Arbeit herauszugeben.« (Weyand 2006, S. 235)

Die selbstgewählten Aufgabenfelder und deren Bedeutungshierarchie richten sich nach dem Prinzip der »Umkehr von Wichtigkeiten«, blickt man auf die tägliche Medienpraxis. Denn selbst wenn sich der Presserat nach langwierigen, internen Verhandlungen der Betroffenen zu einer Position durchringt, bleibt das Fehlverhalten meist ohne wirksame Sanktion, da die »Sanktionsinstrumente« Missbilligung und Hinweise in einer Mitteilung anonymisiert dargestellt werden. Öffentliche Rügen sind eine seltene Ausnahme; nicht alle Gerügten drucken die Rügen dann auch ab. Die selbstorganisierte Ohnmacht des Presserats wird im Jahrbuch mit defensivem Charme begründet:

»Der Presserat sieht sich bei der Beurteilung von Beschwerden nicht als Richter, sondern als kollegialer Ratgeber, d. h. Kritik wird von Praktikern an Praktikern geübt, mit dem Ziel, ein übergreifendes journalistisches Berufsethos in den Redaktionen zu etablieren.« (Weyand 2006, S. 237) Dies kommt einer Legitimation des Nichthandelns gleich, obwohl immer häufiger die gesetzten Grenzen durch viele Medien verletzt werden. Die wenigen behandelten Fälle, die seltenen Rügen, die kaum vernehmbaren Äußerungen des Presserats zu problematischen Tendenzen im Journalismus sind ein Zeichen für die eher symbolische (Kontroll-)Politik, zu der sich der Presserat lediglich verpflichtet fühlt.

Das wirksamste Mittel gegen die Rufmord-Verfehlungen der Presse wäre das Dringen auf intensivere Recherche. Denn Recherche ist das Gegengift zu Gerüchten, Spekulationen und Vermutungen. Die intensive Prüfung aller zur Verfügung stehender Quellen, die Nachfrage bei den Betroffenen und Beteiligten und die Nutzung von Dokumenten, Belegen und Beweisen ergibt im Rechercheprozess ein möglichst umfassendes Bild der Vorgänge und Geschehnisse. Über die Förderung der Recherche erfährt man von den Trägern des Presserats allerdings sehr wenig. Sicher – es gibt einen Satz im Pressekodex dazu –, aber eine breitere Würdigung und Beförderung in der Praxis fehlt. Die Vernachlässigung des großen Themas »Recherche« ist nur eine Seite der Medaille, auf der anderen Seite steht der allzu laxe Umgang mit dem Konfliktfeld Public Relations / Öffentlichkeitsarbeit (PR) und Schleichwerbung.

PR-Blindheit symbolisiert ethisches Vakuum

»Wir glauben, dass keine Reklame und Propaganda veröffentlicht werden soll, wenn diese nicht Informationen bringt, die zu erfahren die Leser ein Anrecht haben. Bei allen solchen Veröffentlichungen soll die Quelle deutlich angegeben werden.« Diese Ziffer 8 zur journalistischen Berufsethik stammt aus dem Jahr 1925. Karl-Hermann Flach, der große Liberale, setzte Willard Grosvenor Bleyers »Code of Ethics for Journalism« vor seine heute noch erhellende Analyse »Macht und Elend der Presse« aus dem Jahr 1967. Schon vor 40 Jahren schrieb Flach auf, was heute selbst Vorsitzenden großer Journalistengewerkschaften und Mitgliedern im Deutschen Presserat nicht mehr präsent ist: »Eine der stärksten Bedrohungen der Meinungsfreiheit in der Massendemokratie geht von der Macht der organisierten Interessen aus. Die Interessenverbände unterhalten Bürokratien, die sich mit der Staatsbürokratie messen können, sie besitzen Apparate, ein Funktionärskorps, weit gegliederte Organisationen und ein Vermögen, dem gegenüber die politischen Parteien Habenichtse sind. Sie versuchen ständig, die öffentliche Meinung in ihrem Sinne zu mobilisieren, und erhalten zu diesem Zweck fachkundige Stäbe der Öffentlichkeitsarbeit.« (Flach 1967, S. 64 f.)

40 Jahre nach dieser Analyse haben sich die Verhältnisse nicht geändert. Vielmehr ist heute unter professionellen Medienbeobachtern, empirisch arbeitenden Kommunikationswissenschaftlern und engagierten Journalisten der Befund eindeutig: PR-Akteure, Pressesprecher und Kommunikationsbeauftragte und die zentralen Akteure in der Werbung beeinflussen die Berichterstattung der Medien nachhaltig. Es geht hier nicht nur darum, wie Themen und Personen schön- und hochgeschrieben, Kritik ausgeblendet und konkurrierende Akteure rufmordend vernichtet werden. Es geht im Kern um eine neue Aushöhlung der Pressefreiheit, die leise ausgehebelt und lautlos angegriffen wird. Einzelheiten und

Belege zu dieser These sind mittlerweile reich dokumentiert. Einen bemerkenswerten Einblick in die Welt der neuen Manipulation gibt eine Titelgeschichte im *manager magazin* (6/2007), die sich mit den Manipulationstechniken in der Wirtschaft und dem Aktionsradius spezialisierter PR-Agenturen in Politik und Wirtschaft beschäftigt.

Am Beispiel der »Siemens-Chaostage« führt die Autorin Ursula Schwarzer aus, wie Medienberater arbeiten. »Sie alle haben ihre eigenen Sprachrohre. Und diese lancieren Meldungen, werfen Nebelkerzen, testen Stimmungen, füttern Zeitungen und Magazine mit Exklusiv- und Falschmeldungen, um den eigenen Mann (also den Auftraggeber) ins strahlende Licht zu rücken und den Rivalen zu diskreditieren.« (S. 41) Die Spezialisten dieses »sanften« und »lautlosen« Rufmords werden genau beschrieben. Das Fazit des Dossiers: »Niemals zuvor wurden die Medien von der Wirtschaft so dreist instrumentalisiert wie während der Münchner Chaostage. Der Machtkampf bei Siemens ist der vorläufige Höhepunkt einer Fehlentwicklung, in der die Medien zur Billardkugel der Topmanager werden. Man spielt über Bande. Und die Wahrheit – ein großes Wort – wird zur Quantité négligeable.« (ebd.)

Eigentlich wäre es Aufgabe des Presserats, diese neuen Formen der Gefährdung von Pressefreiheit offensiv aufzugreifen und zu einem Schwerpunktthema seiner Arbeit zu machen. Der Presserat und vor allem seine Verleger verfügen schließlich über die notwendige »Sprachmacht«. Sie könnten diese Macht nutzen, um die wirklichen Probleme der Medien – gerade in der Grauzone zwischen Rufmord und PR – aufzuhellen. Aber bisher ist von den maßgeblichen Akteuren im Presserat dazu nichts zu vernehmen. Der Grund für diese Misere liegt auf der Hand: Verleger und Journalisten sind Mitspieler in dem vom *manager magazin* geschilderten Prozess. Im Presserat sollen sie etwas kontrollieren, an dem sie (in)direkt beteiligt sind.

Eigentlich müsste dieses grundlegende Problem auch bei den Mitgliedern des Deutschen Presserats angekommen sein. Eigentlich. Aber das Selbstkontrollorgan der deutschen Presse reagiert auf entsprechende Anregungen eher mit zynischer Distanz. Seit sich vor einigen Jahren Journalisten zum »Netzwerk Recherche«

zusammengeschlossen haben, um gewissenhafte Recherche zu fördern, treten sie auch dafür ein, den PR-Einfluss auf die Medien kritischer zu betrachten. Das Netzwerk hat einen Medienkodex veröffentlicht, der den Pressekodex erweitern sollte. In Punkt fünf heißt es dazu knapp und deutlich: »Journalisten machen keine PR.« Der Vorsitzende des Deutschen Journalistenverbandes (DJV), Michael Konken, bewertete diese Forderung als »überflüssig wie ein Kropf.« (*journalist* 4/2006, S. 7) Im Gewerkschaftsorgan *M* geißelte die Chefredakteurin Karin Wenk die »Arroganz der Netzwerker«, da die neuen »Kodexierer«-Regeln »alltagsfern und in ihrer Reinheit kaum durchsetzbar sind«. »Netzwerk Recherche« hatte vor allem die unpräzise Ziffer 7, »Trennung von Werbung und Redaktion«, und die weitgehende Ausklammerung der PR-Invasion in den Medien durch den Presserat kritisiert. Der deutsche Presserat und die beiden Journalistenverbände verteidigten ihre tolerante Haltung zu Journalismus und PR als gleichberechtigte Disziplinen der Medienarbeit unter anderem mit der ökonomischen Notwendigkeit für Journalisten, PR machen zu müssen. Sowohl im DJV als auch in der dju sind PR-Fachleute, Pressesprecher und zum Teil auch Werbetexter organisiert. Auf diese Mitglieder möchte man nicht verzichten. Das ist ihr gutes Recht. Höchst problematisch ist es jedoch, wenn schiere Verbandsinteressen notwendige Korrekturen und Verschärfungen des Pressekodexes zur Trennung von PR und Journalismus verhindern.

Dabei müsste die Unterwanderung des Journalismus durch die PR-Industrie dringend gestoppt werden, denn der Einfluss der PR auf journalistische Medien nimmt massiv zu. Die im Dezember 2004 veröffentlichten Zwischenergebnisse der Benchmarking-Studie der Universität Leipzig belegen dies ebenso wie die fortgesetzte Debatte um Kooperationen mit der Wirtschaft im TV-Bereich, wie es die Recherchen des epd-Fachdienstes Medien (Evangelischer Pressedienst) zeigen. Viele Lokalredaktionen klagen darüber, dass die Marketingabteilungen wichtiger Anzeigengeber immer unverblümter »Gegenleistungen im redaktionellen Teil« fordern. Mehrere wissenschaftliche Studien belegen, dass die PR-Aktivitäten immer professioneller und immer konsequenter vorangetrieben werden, ganz in dem Sinne: Die beste PR wandert lautlos in den Journalismus, ohne die Spuren der kommerziellen Absender zu hinterlassen.

Neben dieser direkten Einflussnahme auf die Berichterstattung treten zwei weitere Phänomene im Zusammenhang mit PR immer häufiger auf: Zum einen berichtet Professor Dr. Michael Haller in seiner Leipziger Studie von einer verstärkten Ausrichtung der Zeitungsberichterstattung nach dem »Mainstream politischer Mehrheitsmeinungen im Publikum«. Deren Beeinflussung steht zunehmend im Fokus politischer und wirtschaftlicher Interessengruppen. Die »Initiative Neue Soziale Marktwirtschaft« mit ihrem Jahresetat von mehr als zehn Millionen Euro zur Vermarktung neoliberaler Reformideen ist dabei nur das prominenteste Beispiel. In ihrem Sinne sollen bestimmte, allgemein wahrnehmbare und durch »repräsentative« Umfragen belegte Stimmungen erzeugt werden. So wird direkt und indirekt auf das Agenda-Setting der Redaktionen Einfluss genommen.

Der zweite Trend ist die Verknüpfung und Verschmelzung von journalistischer und PR-Tätigkeit. Wirtschaftliche Zwänge in den unteren oder Verlockungen in den oberen Einkommensklassen lassen Journalisten immer häufiger zu Dienern zweier Herren werden. Die beiden Tätigkeiten haben auf den ersten Blick keinen oder kaum einen inhaltlichen Zusammenhang. Der Lokalredakteur, der auch für die Mitarbeiterzeitung eines Autokonzerns schreibt, fühlt sich dadurch nicht korrumpiert, stellt aber künftig andere Fragen oder ist in Konfliktthemen ansprechbar für einen bestimmten »Dreh« einer Geschichte. Oder er »vergisst«, über den Konkurrenten zu schreiben. Allerdings sind viele freie Journalisten auf diese Tätigkeiten angewiesen. Vor allem im Printbereich bieten Zeilenhonorare nur den etablierten Kollegen in großen Publikationen oder gut bezahlenden Nischen- und Fachmagazinen ein wirtschaftliches Auskommen. Die anderen behelfen sich mit Beziehungen zu Unternehmen. Das Resultat sind Schreib- und Recherchehemmung gegenüber dem meist geheimen Arbeitgeber, Rücksichtnahmen, Auslassungen und gewünschte Zuspitzungen oder auch unterschwellige Rufschädigung der Konkurrenz. Damit wird aber die journalistische Unabhängigkeit gefährdet und unterliegen die veröffentlichten Meinungen zunehmend der Einflussnahme wirtschaftlicher Interessengruppen.

Das »Netzwerk Recherche« hat sich die Förderung des Recherche-Journalismus und der Sicherung freier und unabhängiger Berichterstattung zum Ziel gesetzt. Dazu gehört, den Einfluss der

PR auf den Journalismus zurückzudrängen und ein striktes Trennungsverbot zwischen PR als »gekaufter Kommunikation« und Journalismus als »unabhängiger Berichterstattung« durchzusetzen. Dazu will das Netzwerk durch Initiativen und Kooperationen mit Verlagen und Sendern auf verschiedenen Ebenen Korrekturen durchsetzen und ein Umdenken anregen. Hierzu gehören:

Kennzeichnungspflicht für PR-Tätigkeiten
Eine Kennzeichnungspflicht für Tätigkeiten von Journalisten für Unternehmen oder PR-Agenturen ist notwendig. Analog zu »Anzeige« müsste es hier bei Veröffentlichungen heißen: »Der Autor ist auch für die Unternehmenskommunikation von XYZ tätig.« Zudem müssten die kommerziellen Quellen in diesen Beiträgen angegeben werden, beispielsweise »so eine Studie, die vom Pharma-Unternehmen XYZ finanziert wurde«.

Verschärfung des Pressekodexes in Ziffer 7
Der Deutsche Presserat muss seine Rücksichtnahme im Themenfeld »Vermischung von PR und Journalismus« aufgeben. Das in Ziffer 7 des Pressekodexes formulierte Trennungsgebot zwischen redaktionellem Text und Anzeigen muss künftig auch für PR gelten. Wenn in den publizistischen Grundsätzen eine »besondere Sorgfalt beim Umgang mit PR-Material« zur Wahrung der journalistischen Glaubwürdigkeit empfohlen wird, so kann das ein Einfallstor zum Missbrauch sein. Grundlegende Korrekturen solcher Formulierungen, die der Presserat schon einmal angekündigt hatte, dann aber doch unterließ, sind längst überfällig. Parallel zur Distanzierung von PR sollte eine klare Aufwertung der Recherche im journalistischen Alltag erfolgen.

Aufbau einer Überwachungsorganisation
In diesem Kontext muss als vorgeschaltete Instanz ein reformierter Presserat über die Einhaltung eines aktualisierten Pressekodexes wachen und öffentlich tagen. Außerhalb des Rats sollte eine unabhängige Watchdog-Einrichtung entstehen, die vor allem die in den Landespressegesetzen verfügte Trennung von Werbung und redaktionellen Inhalten überwacht und gegebenenfalls Verstöße zur Anzeige bringt.

*Strikte Trennung von PR und Journalismus in Ausbildung
und Praxis*
Die effizienteste Immunisierung gegen die Manipulationsversuche
von PR und Marketing kann zweifelsohne von den Journalisten
in den Redaktionen ausgehen. In der täglichen Praxis muss daher
das Trennungsgebot von PR und Journalismus gelebt und von den
Redaktionsleitungen verbindlich eingefordert werden.

Vor zehn Jahren gab es eine vielversprechende Initiative dazu.
Der »Arbeitskreis Chefredakteure« forderte damals die vernach-
lässigte Sensibilität im Umgang mit PR ein. In der sogenannten
Reise-Initiative hatten sich die Chefredakteure an die PR-Abtei-
lungen gewandt und Korrekturen bei den aufwendigen Einladun-
gen zu Autopräsentationen und Reiseterminen gefordert. Heute
wären solche gemeinsamen Auftritte der Chefredakteure wohl un-
denkbar. Trotzdem ist die Aufforderung zur Sensibilität mit ex-
ternen, nicht legitimierten Einflüssen immer noch brandaktuell.

Die Grundlage für die redaktionelle Arbeit wird in der Ausbildung gelegt. Daher muss auch hier das Trennungsgebot von PR
und Journalismus strikt beachtet werden. Studiengänge, in denen
der Nachwuchs gleichermaßen zum PR-Agenten und zum Journalisten ausgebildet wird, schaffen langfristig eine Generation von
PR-Journalisten und unterhöhlen auf diese Weise journalistische
Grundsätze.

Recherche als Gegenpol zur PR muss zudem Bestandteil jeder
journalistischen Ausbildung sein. Noch immer gibt es Ausbil-
dungspläne für Volontäre, Journalistenschüler und Journalistik-
studenten, die das Wort Recherche nicht kennen.

*Normierter Verzicht der Unternehmen auf nicht legitime,
kommerzielle Beeinflussung*
Auch auf Unternehmensseite sollte ein Umdenken bewirkt werden.
Im Sinne der laufenden Diskussion über den Werte- und Verhal-
tenskodex zur Unternehmensführung unter dem Stichwort »Cor-
porate Governance« muss der Verzicht der Unternehmen auf nicht
legitime, kommerzielle Beeinflussung von Journalisten normiert
werden. Dies wäre ein wichtiger Schritt zu wirksamer Transparenz und stärkerer Abgrenzung von PR und Journalismus.

In diesem Zusammenhang ist die Initiative des *WAZ*-Konzerns
mit einer sechsseitigen Selbstverpflichtung für saubere journalis-

tische Arbeit – unterschrieben vom leitenden Personal – sehr zu begrüßen. Der Initiative der *WAZ* können sich andere Verlage und der Deutsche Presserat auf Dauer hoffentlich nicht entziehen.

Angemessene Vergütung und Infrastrukturen
Wirtschaftliche Zwänge sollten nicht als Rechtfertigung für die Verknüpfung und Verschmelzung von journalistischer und PR-Tätigkeit herhalten dürfen. Daher ist es unabdingbar, die aktuellen Honorarsätze vor allem bei Tageszeitungen zu erhöhen und auch – was vor langer Zeit einmal selbstverständlich war – die Recherche in die Vergütung einzubeziehen.

Personalabbau in den Redaktionen bedeutet in der Regel Rückgang der Recherche und Vormarsch unkritischer Berichterstattung. Um die redaktionelle Unabhängigkeit zu stärken, bedarf es besserer journalistischer Infrastrukturen.

Das »Netzwerk Recherche« hat in seinen Aufnahmerichtlinien unmissverständlich festgelegt: »Nicht aufgenommen werden können Personen, die ganz oder teilweise in der Public Relations/Öffentlichkeitsarbeit tätig sind.« Der Einfluss von PR auf den Journalismus muss stärker – auch von Journalistenorganisationen wie dem DJV und der dju, die noch keine Trennung vornehmen – diskutiert werden. Sonst verliert der seriöse Journalismus seine Substanz und seine Glaubwürdigkeit.

Gründe für die Selbstblockade des Presserats in Sachen PR

Manfred Protze, stellvertretender dju-Vorsitzender und Vorsitzender des Beschwerdeausschusses, hat in seltener Offenheit begründet, warum Journalistenverbände auf das enge Arbeitsverhältnis mit ihren Kolleginnen und Kollegen der PR bauen. Protze schreibt im »Handbuch zum Einstieg in den Journalismus«, publiziert im Juni 2007: »Um Missverständnissen vorzubeugen: PR ist kein Synonym für Schleichwerbung. Sie wird nur dafür missbraucht. Professionelle PR kann ein wichtiger redaktioneller Dienstleister sein. Etwa bei der Beschaffung journalistisch definierter Informationen, bei der Organisation von Kontakten zu journalistisch definierten Quellen und Gesprächspartnern, bei der Bereitstellung und Pflege von Informationsbeständen und Basisdaten zu Un-

ternehmen und Organisationen im Netz.« (Protze 2007, S. 84)
»Wichtige redaktionelle Dienstleister« will man also nicht durch
die Richtlinien des Deutschen Presserats verprellen. Es ist schon
erstaunlich, wie hier »Dienstleistung« von einer Dienstleistungsgewerkschaft definiert wird. Offenbar haben manche Funktionäre
den Bezug zur Realität verloren. Selbst für Wirtschaftsredakteure
der *Welt* ist klar, dass der Löwenanteil der Pressestellen von DAX-
Unternehmen die Medien »abschotten« und »für ihre Zwecke
instrumentalisieren« wollen. Wer nicht spurt, wird ausgeschlossen. Versteht die dju dies als »wichtige redaktionelle Dienstleistung«?

Ähnlich sieht das wohl der Vorsitzende des Deutschen Journalistenverbandes (DJV), Michael Konken. In der DJV-Zeitschrift
Journalist präsentierte er sein Verständnis eines PR-basierten Journalismus: »Mit Werbung im eigentlichen Sinn hat Öffentlichkeitsarbeit nichts zu tun; Öffentlichkeitsarbeit kann aber ›klima-
tischer‹ Wegbereiter für den Einsatz eines derartigen Instruments
(der Werbung) sein.« (Konken 2000, S. 15) Die Autorenzeile erklärt diese für einen Vorsitzenden eines Journalistenverbands ungewöhnliche Position. Im *Journalist* heißt es: »Michael Konken
ist Leiter des Referates für Presse- und Stadtmarketing in Wil-
helmshaven sowie Dozent bzw. Lehrbeauftragter zum Thema
Public Relations und Autor mehrerer Fachbücher.«

Bei so viel Nähe zur PR und der Notwendigkeit, die Interessen
der eigenen PR-Mitglieder zu vertreten, scheint es nicht verwun-
derlich, dass sich der Presserat in der strittigen PR-Frage nicht
bewegen kann.

Gibt es Alternativen?

Wie könnte der Presserat seine Legitimation erhöhen und seine
Wirkkraft besser entfalten? Kein Zweifel – der Deutsche Presserat ist wichtig, aber leider hat er in den vergangenen Jahren die
Zeichen zur Reform und Öffnung nicht erkannt. Neben den skiz-
zierten notwendigen Änderungen im Pressekodex müsste sich vor
allem die organisatorische Struktur des eingefahrenen Gremiums
ändern. Noch wird der Presserat überwiegend aus Mitteln der
Verleger finanziert. Hier liegt die Vermutung nahe, dass die struk-
turelle Vormachtstellung der Verleger auch noch mit ihren finan-

ziellen Ressourcen gestärkt wird. Der Deutsche Presserat erinnert in seiner Abgeschlossenheit an die Organisationsprinzipien der Kassenärztlichen Vereinigungen. Auch hier sind Transparenz, Offenheit und Korrekturbereitschaft wenig ausgeprägt.

Um die Wirksamkeit des Deutschen Presserats zu erhöhen und seinen Sanktionsinstrumenten bis hin zur öffentlichen Rüge mehr Resonanz zu verleihen, wäre eine Öffnung für weitere Experten aus den Medien und der Kommunikationswissenschaft dringend ratsam. Ein Alleinvertretungsanspruch von DJV und dju ist demokratiepolitisch nicht legitimiert. Empfehlenswert ist zudem ein klar definierter Wechsel der Akteure, damit die Pluralität von Haltungen, Meinungen und Einsichten – der für uns konstituierende Pluralismus – sich entfalten kann.

Zudem müssen die Beratungen des Presserats öffentlich erfolgen und die Betroffenen angehört werden. Schließlich ist der Gegenstand der Beratungen – eine umstrittene Veröffentlichung – ja bereits in der Öffentlichkeit. Es gibt keinen Grund für verstaubte Hinterzimmerpolitik. Der Presserat hat sich in seinem zu engen Korsett des Kodexes verfangen. Ziel der Akteure auf beiden Seiten ist es, die Konflikte durch Presseveröffentlichungen möglichst klein zu halten. Durch die starke Nähe der Akteure entsteht aber eine Pseudokontrolle, die nicht geeignet ist, ein wirksames Korrektiv zu sein. Die Reformvorstellungen der zahlreichen »medienethisch motivierten Initiativen« sollten baldmöglichst aufgenommen werden, um die ohnehin schmale Legitimationsbasis des Deutschen Presserats nicht noch weiter zu reduzieren.

Der deutsche Presserat muss sich auch neuen Themen gegenüber öffnen. Jürgen Leinemann weist in *epd medien* (17. 1. 2007, S. 7) beispielsweise auf folgende Problembereiche hin: Die Nähe zur Politik entscheidet nicht selten über die Karriere in der Redaktion. Der Einfluss des hastigen Online-Journalismus' prägt die gesamte Medienszene und verändert journalistische Arbeitsprozesse. Die Nachrichtenfaktoren – das journalistische Navigationssystem – haben sich grundlegend verändert. Zu allen drei Tendenzen gibt es bisher keine substantiellen Analysen des Presserats.

Der Deutsche Presserat hat eine Alleinstellung als Instrument der Selbstkontrolle – auch weil andere Medienakteure sich davor scheuen, ihr Selbst- und Berufsverständnis zu klären. Will er diese Alleinstellung auch in der Zukunft erhalten, muss sich das

Gremium strukturell und inhaltlich öffnen und sich der Medienrealität stellen. Dazu gehört der Rufmord genauso wie die Negativpropaganda und die einseitige Berichterstattung aus wirtschaftlichen Interessen.

Literatur

Der Brockhaus 2005, Mannheim 2005.

Deutscher Presserat: Jahrbuch 2006, Konstanz 2006.

DJU (Hg.): Jugendpresse Deutschland. Fuß fassen im Journalismus, Berlin 2007.

Karl-Hermann Flach: Macht und Elend der Presse, Mainz 1967.

Institut zur Förderung journalistischen Nachwuchses; Deutscher Presserat: Ethik im Redaktionsalltag, Konstanz 2005.

Manfred Protze: Fuß fassen – Wege in den Journalismus, Konstanz 2007.

Thomas Schnedler: Journalismus und PR. Dokumentation des Netzwerkes Recherche, Wiesbaden 2006.

Arno H. Weyand: Entschließungen des Deutschen Presserats zu Themen von grundsätzlicher Bedeutung. In: Jahrbuch des Deutschen Presserats 2006, Konstanz 2006.

Christian Schertz • Thomas Schuler

Recherchieren und Belegen, Berichtigen und Kritisieren

Plädoyer für eine neue Medienkultur

Vor einem Jahrzehnt berieten in den USA namhafte Journalisten vier Jahre lang Grundsatzfragen des Berufsstandes: Was ist Journalismus? Was ist die Aufgabe von Journalisten? Sie diskutierten mit Hunderten von Kollegen, Verlegern, Akademikern, Lesern und einigten sich schließlich auf neun prägende »Elemente des Journalismus«. Punkt eins lautet: Die oberste Verpflichtung des Journalismus gilt der Wahrheit. Journalismus, so heißt es weiter, sei »ein Handwerk des Prüfens«. Journalisten sollten einer Methode folgen, die es ermöglicht, die Ergebnisse ihrer Recherche objektiv zu prüfen. Gerüchte halten einer Prüfung nicht stand. Wer Gerüchte verbreitet, sollte sie als Gerüchte bezeichnen, nicht als Wahrheit.

Journalismus ist aber auch: ein Geschäft, in dem es Gewinner und Verlierer gibt. Die Stichworte Rufmord und die Verletzung der persönlichen Ehre kommen in den neun Grundsätzen der amerikanischen Journalisten nicht vor. Und doch sind sie in der Realität eines der Elemente des Journalismus, mit dem Verleger Geld machen. Nicht alle, aber (zu) viele. Rufmord ist ein Geschäft. Deshalb findet er immer wieder statt. Was kann man dagegen tun?

Recherche. Das beste Mittel gegen Halbwahrheiten und Gerüchte wäre zu recherchieren. Behauptungen zu prüfen und noch mal zu prüfen. Recherche ist das Element, das eine Vielzahl von Fehlern, Verletzungen und falschen Anschuldigungen vermeiden helfen würde. Ein Journalismus, der der Wahrheit auf die Spur kommen will, muss umfassend recherchieren. Recherche ist die Methode, mit der Journalisten die Wahrheit herausfinden. Dazu gehört: Betroffene auf allen Seiten befragen; ihre Aussagen mit

Dokumenten vergleichen; Motive und Widersprüche hinterfragen. Die Wirklichkeit sieht leider anders aus. Es sind einfache handwerkliche Dinge, die oft nicht beachtet werden. Man muss nur Zeitung lesen und findet darin fast täglich Geschichten, die auf einer einzigen Quelle basieren. Recherche kostet Zeit und Geld, und deshalb wird sie leider von vielen Journalisten und Redaktionen zu Unrecht vernachlässigt. Das beginnt bereits in der Ausbildung. Selbst bei renommierten Einrichtungen, Journalistenschulen und Akademien hat Recherche nicht den Stellenwert, der ihr zukommen sollte. Das setzt sich fort in der Praxis. Journalisten rechtfertigen den Mangel an Recherche mit fehlenden Mitteln und zunehmendem Konkurrenzdruck. Hier sind nicht nur Redakteure und Reporter, sondern vor allem auch ihre Chefredakteure, Geschäftsführer, Verleger bzw. Intendanten gefordert.

Transparenz. Journalisten sollten so viel wie möglich über ihre Quellen bekannt geben, damit Leser und Zuschauer sich ein eigenes Bild von der Qualität der Vorwürfe und der Berichterstattung machen können. Leider ist die gegenteilige Haltung sehr weit verbreitet. Journalisten verstecken sich allzu oft hinter anonymen Informanten. Sie unternehmen nicht genug, um Quellen nennen zu können. Viele Gerüchte und Verleumdungen entstehen, weil der Urheber des Gerüchts aus einem Hinterhalt operiert und Journalisten ihn schützen. Der Urheber bleibt in der Deckung und muss nichts befürchten. Verantwortlicher Journalismus nennt dagegen Quellen. Journalisten und Leser müssen dies untereinander einfordern. Allerdings gibt es auch berechtigte Ausnahmen. Korruption in Behörden, Interessenskonflikte von Mächtigen und kriminelle Vergehen können oft nur aufgedeckt werden, weil Informanten entscheidende Hinweise liefern. Riskiert ein Informant seinen Arbeitsplatz oder gar sein Leben, muss Vertraulichkeit zugesichert und eingehalten werden. Journalisten müssen solche Quellen schützen und haben dafür auch einen entsprechenden rechtlichen Schutz.

Fehler berichtigen. Journalisten gehen oft (zu) leichtfertig mit Menschen um, über die sie berichten. Und sie sind dünnhäutig, wenn es darum geht, falsche Behauptungen zu widerrufen. Das ist ein Fehler, der fast allen Journalisten zu eigen ist. Journalisten sollen nicht nur nach bestem Gewissen fair, umfassend und wahrhaftig berichten. Sie sollen – wenn sich die Berichterstattung als fehlerhaft erweist – auch auf Fehler aufmerksam machen und sie berichtigen. Das empfehlen der Presserat im Pressekodex und das »Netzwerk Recherche« in seinen journalistischen Leitlinien. Soweit die Theorie. Die Praxis sieht anders aus: Abgesehen von Ausnahmen und von Fällen, in denen Betroffene Berichtigungen und Gegendarstellungen gerichtlich durchsetzen, berichtigen Journalisten ihre Fehler fast nie. Dabei machen sie täglich Fehler, wie jeder Betroffene von Berichterstattung weiß, und nicht berichtigte Fehler werden später immer wieder wiederholt. Es gibt dazu kaum Analysen hierzulande. In den USA untersuchte 2007 die Universität von Oregon 1220 Artikel auf faktische Fehler und fand heraus, dass sie 2615 Fehler enthielten. Lediglich 23 davon wurden berichtigt. Das entspricht zwei Prozent. Keine einzige Zeitung berichtigte mehr als 4,2 Prozent ihrer Fehler. Vielleicht kannten sie ihre Fehler gar nicht? Möglich. Aber darauf aufmerksam gemacht, berichtigten lediglich vier Zeitungen ihre Fehler.

»Wer einen Fehler erkennt und nicht berichtigt, hat schon den nächsten gemacht«, beschrieb ein Chefredakteur der *New York Times* einmal die Motivation seiner Zeitung, täglich die bekannt gewordenen Fehler auf Seite 2 zu berichten. Doch sogenannte Correction Corners, wie sie die *New York Times* pflegt, sind in Deutschland die Ausnahme, und wenn sie doch eingerichtet wurden, hatten sie mitunter den Anschein eines Alibis, weil nur Nebensächliches berichtigt wurden. Radio und Fernsehen sind noch schlimmer, das heißt besser: Sie irren sich einfach nie. Wer aber keine Fehler zugeben kann, der besitzt irgendwann keine Glaubwürdigkeit mehr.

Das Internet bietet hier große Chancen: Wegweisend ist Bildblog.de, das Fehler von *BILD* benennt und nach Angaben der Betreiber mittlerweile täglich 50 000 Leser hat. Der Blog ist handwerklich gut gemacht; die Verantwortlichen präsentieren keine Meinung, sondern prüfen und recherchieren und stellen Ergebnisse ihrer Recherchen dar. Es wäre wünschenswert, dass sich mehr solche journalistischen Blogs auf das Aufdecken von Fehlern spezialisieren.

Schweigen. Journalisten kennen den Begriff des Totrecherchierens, und viele haben Angst davor. Sie befürchten, durch zu viel Recherche einen Vorwurf zu entkräftigen und damit eine gute Geschichte zu verlieren. Journalisten sollten im Gegenteil mehr Mut haben, Dingen auf den Grund zu gehen, und sei es auf die Gefahr hin, einen vermeintlichen sensationellen Vorwurf zu entkräften oder gar zu verlieren. Journalisten sollten Gerüchte als Gerüchte darstellen, Falsches als falsch, und sie sollten lernen, öfter einfach zu schweigen. Das gilt nicht nur bei eigenen unvollendeten Recherchen. Oft werden fragwürdige Geschichten aus Boulevardzeitungen gedankenlos und ungeprüft übernommen. Hier wäre etwas mehr Zurückhaltung schon viel wert.

Privat- und Intimsphäre achten. Eine Vielzahl von Verletzungen durch Medien erfolgt durch Eingriffe in die Privat- und Intimsphäre. Derartige Eingriffe sind grundsätzlich unzulässig. Der Schutz vor Indiskretion sollte auch von Medien beachtet werden. Dass dieser Wunsch niemals in Erfüllung gehen wird, ergibt sich allein aufgrund des Umstandes, dass sich die Boulevardmedien gerade mit der Berichterstattung über die privaten und intimen Details von Prominenten zielgerichtet beschäftigen. Nicht selten haben die Prominenten hierfür den Boden geschaffen, indem sie Berichte aus ihrem Privatleben (sog. Homestorys) oder die Verbreitung privatester Details gestattet haben, um sich »im Geschäft« zu halten. Die Mehrzahl der Prominenten hat aber niemals Anlass gegeben, dass man ihre privaten Dinge zum Gegenstand von Berichterstattung macht. Dies gilt umso mehr für normale Personen, die allein durch einen Unglücksfall in den Blickpunkt des öffentlichen Interesses gerückt sind. In derartigen Fällen bedarf es der genauen Prüfung, ob ein Eingriff in die Privat- und Intimsphäre gerechtfertigt ist, was in der Regel nur dann gegeben ist, wenn überwiegende Interessen der Allgemeinheit dem gegenüber stehen. Der Regelfall sollte es also sein, die Privatsphäre zu achten.

Leseranwalt/Ombudsleute. Kaum verbreitet in Deutschland ist bislang die Einrichtung eines Leseranwalts, der Beschwerden entgegennimmt, ihnen nachgeht und darüber in einer regelmäßigen, meist wöchentlichen Kolumne berichtet. Die Recherchen und

Rügen der Ombudsleute sind, wenn sie ihre Arbeit ernst nehmen, keine Alibiveranstaltungen. Ernst nehmen bedeutet, dass der Leseranwalt nicht der Redaktion angehört. Er ist ein erfahrener, unabhängiger Redakteur, der nicht dem Chefredakteur, sondern nur dem Verleger Rechenschaft schuldet. Die Arbeit von unabhängigen Ombudsleuten ist echte Vertrauensarbeit und somit ein Instrument, das die Glaubwürdigkeit von Zeitungen und Zeitschriften erhöhen könnte. Leider nutzen Verleger diese Möglichkeit kaum. Ihre Umsetzung wäre aber eine Hilfe für Journalisten wie für die Betroffenen.

Belege. Journalisten können Behauptungen mit zweierlei Arten von Quellen belegen – mit Aussagen von Personen und mit Dokumenten. Obwohl in vielen Fällen Dokumente frei zugänglich sind, nutzen Journalisten sie nicht in wünschenswertem Maße. Noch dürftiger fällt die Bilanz aus bei der Prüfung von internen Dokumenten, etwa aus Unternehmen, Behörden und Institutionen. Journalisten sollten sich mehr darum bemühen, Aussagen und Behauptungen durch schriftliche Quellen zu belegen. Damit wäre nicht nur ihrer Arbeit und der Öffentlichkeit, sondern auch ihnen selbst gedient. Denn wer Personen *und* Akten zitiert, muss weniger Angst haben, vor Gericht Falsches widerrufen zu müssen.

Digitalisierung. Redaktionen sollten Mitarbeiter auf die Grenzen und Gefahren von Wikipedia und ähnlichen nicht überprüften Inhalten aus dem Internet hinweisen. Immer mehr Journalisten sind mit solchen Diensten aufgewachsen und arbeiten damit. Solche Dienste können hilfreiche Hinweise für Recherchen enthalten. Sie dürfen aber nie das Ende, sondern müssen immer der Anfang einer Recherche sein. Vorbildhaft ist die *New York Times,* die ihren Mitarbeitern verbietet, Wikipedia ungeprüft zu zitieren. Die Suche bei Google sollte Recherchen ergänzen, indem sie Namen interessanter Gesprächspartner liefert. Google sollte aber Recherchen nicht ersetzen. Leider sieht die Praxis oft anders aus.

Die Digitalisierung macht es einfach, Texte zu verlinken. Das bringt besondere Verantwortung mit sich. Das Verlinken bietet die Chance, originäre Quellen zugänglich zu machen. Aber diese technische Möglichkeit befreit nicht von der Verantwortung,

Inhalte zu prüfen, bevor man sie verlinkt. Sie darf nicht dazu führen, dass Gerüchte und Ungeprüftes verbreitet werden und dass Autoren fahrlässiges Verhalten damit entschuldigen, man sei nicht für externe Inhalte verantwortlich.

Bilder. Die digitale Bearbeitung von Fotos ist zu einer journalistischen Unart geworden und heute leider an der Tagesordnung. Das technisch Mögliche wird ausgereizt. Leser und Zuschauer akzeptieren Bilder allerdings (zu) oft als Beleg für eine Behauptung. Sie rufen sich zu selten ins Gedächtnis, dass Bilder heutzutage in der Regel bearbeitet sind. Fotografen und Bildredakteure tragen deshalb eine große Verantwortung. Um ihre Glaubwürdigkeit zu erhalten, sollten sie auf die nachträgliche Bearbeitung von Bildern weitgehend verzichten. Änderungen sollten sie, wenn überhaupt, nur sehr behutsam vornehmen und wenn, dann offenlegen. Ressortleiter und Chefredakteure sollten sie darin unterstützen und den dokumentarischen Wert eines Fotos respektieren.

Ethische Grundsätze. Der Pressekodex des Presserats und der Medienkodex des »Netzwerks Recherche« bieten ein Geländer, an dem Journalisten sich in Fragen der Recherche orientieren können. Wünschenswert wäre, wenn einzelne Rundfunksender und Verlage die darin geäußerten ethischen Grundsätze in eigene Codes übertragen würden und wenn Verleger, Intendanten und Chefredakteure ihre Mitarbeiter darauf vertraglich verpflichteten und für den Fall der Missachtung Konsequenzen benennen. Dann würden solche Codes den Charakter eines Leitbildes verlieren, das lediglich Wünsche und Hoffnungen ausdrückt, aber kaum Folgen hat oder Sanktionen nach sich zieht. Leser und Hörer wüssten dann, was sie erwarten dürfen, und könnten das einfordern. Verletzen Journalisten die in ihren Codes festgelegten Grundsätze, drohten ihnen bei fahrlässigem Verhalten tatsächlich Konsequenzen.

Rechtliche Schritte. Der Betroffene ist nicht schutzlos. Vielmehr stehen zahlreiche Möglichkeiten zur Verfügung, sich zur Wehr zu setzen. Unwahre Behauptungen sind untersagungs- und gegendarstellungsfähig. Weiterhin kann auch ein Widerruf durch das Medium verlangt werden. Eingriffe in die Privat- und Intimsphäre können Schmerzensgeldansprüche gegenüber dem Medium auslösen und berechtigen ebenso zur Untersagung und damit der Sperrung im Archiv zur Verhinderung weiterer Berichterstattung. Die Zahl der Verfahren hat sich gehäuft, immer mehr Betroffene nutzen rechtliche Möglichkeiten, um Persönlichkeitsrechtsverletzungen zu sanktionieren. Sowohl der Gesetzgeber als auch die Rechtsprechung haben den Persönlichkeitsschutz – aufgrund der um sich greifenden Verrohung im Mediengeschäft – eindeutig gestärkt. Rechtliche Schritte können bereits im Recherchestadium sinnvoll sein, etwa wenn der Betroffene bemerkt, dass beabsichtigt ist, unwahre Tatsachenbehauptungen über ihn zu verbreiten oder über Dinge aus seinem Privatleben zu berichten.

Protestieren. Nicht schweigen sollte, wer sich in Ruf oder Ehre verletzt sieht. In einem solchen Fall sollten Betroffene dies die Redakteure und den Chefredakteur der Zeitung oder des Senders in einem Leserbrief wissen lassen. Natürlich gilt hier wie bei Journalisten: Die Vorwürfe müssen belegt sein. Empfindlich treffen würde es Medien, wenn zahlreiche Leser und Zuschauer ein solches Medium nicht mehr kaufen oder einschalten würden. Aber das ist eine Hoffnung, die an der Realität vorbeigeht. Dennoch wäre mehr Protest wünschenswert. Zu wenige Leser nutzen die Möglichkeit, den Presserat anzurufen, weil sie sich davon nichts versprechen. In der Tat muss er deutlich effektiver werden. So ist die Spruchpraxis uneinheitlich und auch teilweise zögerlich. Manche Redaktionen ignorieren darüber hinaus die ausgesprochenen Rügen des Presserats, indem sie an der Praxis der Berichterstattung einfach nichts ändern.

Zum Verfahren: Beim Deutschen Presserat (www.presserat.de) in Bonn kann sich »jede Person über Zeitungen, Zeitschriften und redaktionelle Inhalte von Online-Diensten von Verlagen, sofern deren Inhalt printidentisch ist, beschweren. Auch Vereine, Verbände etc. sind hierzu berechtigt. Die Beschwerde ist kostenlos«. Wer der Ansicht ist, dass ein Artikel oder eine Abbildung gegen den Pressekodex verstößt, sollte dem Presserat einen Brief senden, in dem die Beschwerde begründet ist. Die Begründung sollte auf den Pressekodex (siehe den Beitrag von Thomas Leif) Bezug nehmen. Den betreffenden Artikel bzw. die Abbildung fügt man dem Anschreiben unter Angabe des Mediums, des Erscheinungsdatums und der Seitenzahl bei. Der Presserat bietet auf seiner

Website zum Herunterladen ein Beschwerdeformular an. Für den Rundfunk, Gegendarstellungs- und Schmerzensgeldansprüche sowie Anzeigen und Werbung ist der Presserat nicht zuständig. Dies sind die Gerichte.

Nach Eingang der Beschwerde prüfen der Beschwerdeausschussvorsitzende und die Geschäftsstelle die Beschwerde. Sollte die Beschwerde offensichtlich unbegründet sein, wird das schriftlich mitgeteilt. Sofern die Beschwerde aber belegt und schlüssig ist, wird das betroffene Medium um eine Stellungnahme gebeten. Anschließend entscheidet der Beschwerdeausschuss, der sich fünfmal im Jahr trifft, über den Fall. Betroffene werden über diese Entscheidung schriftlich unterrichtet.

Ist die Beschwerde begründet, ergreift der Ausschuss eine Maßnahme gegen das Medium. Die vier Sanktionsmöglichkeiten sind eine öffentliche Rüge (mit Abdruckverpflichtung), eine nicht öffentliche Rüge (auf Abdruck wird verzichtet, zum Beispiel aus Gründen des Opferschutzes), eine Missbilligung und ein Hinweis. Der Beschwerdeausschuss kann trotz begründeter Beschwerde auf eine Maßnahme verzichten, wenn das betroffene Presseorgan den Fall in Ordnung gebracht hat (zum Beispiel durch den Abdruck eines Leserbriefes oder eine redaktionelle Richtigstellung). Beschwerden sollten stets schriftlich eingereicht werden (Deutscher Presserat, Gerhard-von-Are-Str. 8, 53111 Bonn; Tel.: 0228-985 72-0; Fax: 0228-985 72-99; Postanschrift: Postfach 7160, 53071 Bonn).

Anklagen. Was kann man konkret gegen Rufmord noch tun? Wäre Rufmord nur das Produkt eines Versehens oder der Schludrigkeit eines Journalisten, dann wäre alles einfach. Wenn Betroffene sich geschmäht sehen, dann sollten Journalisten diesen Beteuerungen nachgehen, und falls sich eine Darstellung als falsch oder als Rufmord erweist, sollten sie die Berichterstattung von Konkurrenten anklagen. Es gibt Medienseiten, die die Konkurrenz beobachten. Allerdings bleiben Journalisten oft hinter ihren Möglichkeiten zurück, und nur wenige Journalisten und Publikationen erfüllen regelmäßig den Anspruch, die eigene Branche zu kontrollieren. Dennoch kann man sich an die Medienseiten führender Tages- oder Wochenzeitungen *(Süddeutsche Zeitung, Frankfurter Allgemeine Zeitung, Berliner Zeitung, Tagesspiegel,* *tageszeitung, Zeit)* wenden, am besten schriftlich und nach einigen Tagen fernmündlich nachfragen.

Günter Wallraff beispielsweise wurde über Jahre hinweg mit falschen Behauptungen und Unterstellungen verfolgt. Er kannte die Mechanismen der Boulevardzeitungen, und er hatte Mittel und Erfahrung, um sich zu wehren. Und doch litt er jahrelang darunter. Wie viel schlimmer mag es Menschen ergehen, die nicht geübt sind im Umgang mit der Öffentlichkeit und die keine angemessene Plattform und nicht die Mittel haben, um für ihren Ruf und ihre Ehre zu kämpfen?

Brauchen wir eine neue Medienkultur? Wir brauchen keine neuen Regeln. Aber wir müssen uns Gedanken machen, wie wir Journalisten dazu bringen, bestehende Regeln einzuhalten und vorhandene Möglichkeiten zu gründlicherer Arbeit besser zu nutzen. Und wir brauchen einen neuen Geist, der Recherche schätzt und fördert. Die Privat- und Intimsphäre muss respektiert werden, es sei denn, es geht um einen Bericht, der im hohen öffentlichen Interesse steht, da Missstände aufgedeckt werden. Wir brauchen eine Kultur, die die Regeln, auf denen das Geschäft des Journalismus basiert, ernst nehmen. Denn am Ende eines Rufmords ist nicht nur das Opfer, sondern auch der Journalismus in Verruf geraten.

Angaben zu den Herausgebern und Autoren

Christian Schertz

Jahrgang 1966; Studium der Rechtswissenschaften in Berlin und München, Referendariat in Berlin und New York; von 1991 bis 1993 in der Rechtsabteilung und in der Intendanz von RIAS Berlin; danach wissenschaftlicher Mitarbeiter im Institut für Gewerblichen Rechtsschutz und Urheberrecht der Humboldt-Universität Berlin; 1996 Promotion zu Fragen der kommerziellen Auswertung von Persönlichkeitsrechten; seit 2000 Lehrbeauftragter für Medienrecht an der Hochschule für Film und Fernsehen Potsdam-Babelsberg und seit 2004 an der Freien Universität Berlin, Rechtsanwalt in Berlin; zahlreiche wissenschaftliche Aufsätze, Bücher und Buchbeiträge, darunter: Ko-Autor »Handbuch des Urheberrechts« (München 2003), Brendel, Brendel, Schertz, Schreiber: »Richtig recherchieren« (Frankfurt am Main 1998), »Merchandising. Rechtspraxis und Rechtsgrundlagen« (München 1997).

Thomas Schuler

Jahrgang 1965; nach einem Volontariat beim *Donaukurier* in Ingolstadt Studium der Politikwissenschaften in München; 1992/93 Medienredakteur der *Süddeutschen Zeitung;* Absolvent der Graduate School of Journalism der Columbia Universität in New York; von 1994 bis 1998 freier Korrespondent für die *Süddeutsche Zeitung* in den USA, danach Redakteur und Medienautor der *Berliner Zeitung;* Dozent an der Deutschen Journalistenschule in München; Mitglied im Vorstand des »Netzwerks Recherche«; lebt als Buchautor in München; zahlreiche Veröffentlichungen, zuletzt erschienen: »Strauß. Die Biographie einer Familie« (Frankfurt am Main 2006), »Die Mohns. Vom Provinzbuchhändler zum Weltkonzern: die Familie hinter Bertelsmann« (Frankfurt am Main 2004) und »Immer im Recht. Wie Amerika sich und seine Ideale verrät« (München 2003).

Bernhard von Becker

Jahrgang 1963; Studium der Rechtswissenschaften in Berlin und München; 1993 Promotion und 1993 Anwaltszulassung; seit 2002 Justitiar und Lektoratsleiter beim Verlag C. H. Beck in München; zahlreiche Fachveröffentlichungen, zuletzt der Essay »Fiktion und Wirklichkeit im Roman. Der Schlüsselprozess um das Buch Esra« (Würzburg 2006).

Mario Gmür

Jahrgang 1945; Studium der Medizin in Genf und Zürich, danach Ausbildung zum Psychiater, Psychotherapeuten und Psychoanalytiker; Habilitation über Schizophrenieverläufe; Dozent an der Universität Zürich; praktizierender Psychotherapeut; zahlreiche Veröffentlichungen, zuletzt erschienen: »Das Medienopfersyndrom« (München 2007), »Die Unfähigkeit zu zweifeln. Welche Überzeugungen wir haben und wann sie pathologisch werden« (Stuttgart 2006) und »Der öffentliche Mensch. Medienstars und Medienopfer« (München 2002).

Andreas Förster

Jahrgang 1958; Journalist im Politik-Ressort der *Berliner Zeitung;* zu seinen Spezialgebieten gehören die Arbeit der Geheimdienste, Wirtschaftskriminalität sowie DDR- und NS-Geschichte; zahlreiche Buchveröffentlichungen, zuletzt erschienen: »Schatzräuber. Die Suche der Stasi nach dem Gold der Nazizeit« (Berlin 2000), »Auf der Spur der Stasi-Millionen. Die Wien-Connection« (Berlin 1998) und »Maulwürfe in Nadelstreifen. Wirtschaftsspionage – der neue Job der Geheimdienste« (Berlin 1997).

Thomas B. Goguel

Jahrgang 1948; nach Volontariat beim Berliner Verlag und Studium der Philosophie in Berlin von 1974 bis 1990 im diplomatischen Dienst der DDR, u. a. als Kulturattaché in Ghana und Presse-Attaché in Nigeria; 1990 bis 2004 Manager bei der Mannheimer AG Holding, dabei ab 1996 Leiter der Norddeutschen Niederlassung des Konzerns in Hamburg; seit 2004 freier Publizist in Berlin.

Steffen Grimberg

Jahrgang 1968; Journalistikstudium in Dortmund und Edinburgh; seit Januar 2000 Medienredakteur bei der *taz* in Berlin; Dozent an der Berliner Journalistenschule, der Evangelischen Medienakademie Berlin und der Adolf Grimme Akademie sowie Vorstandsmitglied des »Netzwerks Recherche«; von ihm erschien gemeinsam mit Rainer Dettmar: »Medienberufe erfolgreich studieren« (München 1996).

Marita Hecker

Jahrgang 1954; Studium der Geschichte, Germanistik und Theologie in Heidelberg und München, Ordination zur Pfarrerin und Promotion zur Dr. theol. (»Der buchstäbliche Zungensinn. Stimme und Schrift als Paradigmen theologischer Hermeneutik«, Waltrop 1992); seit 2000 Pressesprecherin der Evangelischen Kirche der Pfalz; Beiträge im Rundfunk und in unterschiedlichen Publikationen; zuletzt: Beitrag im Sammelband »Religion und Eros. Erotik und Sexualität in Judentum, Christentum und Islam« (Karlsruhe 2007).

Gerhard Henschel

Jahrgang 1962; freier Schriftsteller; zahlreiche Roman- und Sachbuchveröffentlichungen, zuletzt erschienen: »Neidgeschrei. Das sexuelle Motiv des Antisemitismus« (Hamburg 2007), »Gossenreport. Betriebsgeheimnisse der Bild-Zeitung« (Berlin 2006), »Der dreizehnte Beatle« (Hamburg 2005) und »Kindheitsroman« (Hamburg 2004).

Dominik Höch

Jahrgang 1974; Studium der Rechtswissenschaften in Bonn, studienbegleitende Tätigkeit als freier Journalist; 2001/02 Volontariat bei einem Berliner Tageszeitungsverlag; Referendarausbildung in Berlin und Köln, seit 2004 Rechtsanwalt in Berlin mit Schwerpunkt im Medienrecht; Dozent an der Electronic Media School, Potsdam, sowie in der Fachanwaltsausbildung.

Roland Kirbach

Jahrgang 1955; Journalistenausbildung an der Kölner Journalistenschule; danach freier Mitarbeiter bei diversen Zeitungen und beim Rundfunk; von 1984 bis 2000 NRW-Korrespondent der Wochenzeitung *Die Zeit* und Autor mehrerer Reportagebücher über das Ruhrgebiet; seit 2000 Redakteur im Ressort Dossier der *Zeit,* seit 2004 stellvertretender Ressortleiter.

Martin Kölbel

Jahrgang 1969; Studium der Neueren deutschen Literaturgeschichte und Philosophie in Berlin, Freiburg im Breisgau und Paris; wissenschaftlicher Mitarbeiter bei der Brandenburger Kleist- und Frankfurter Kafka-Ausgabe; lebt als freier Autor in Berlin; zahlreiche Publikationen als Autor und Herausgeber, darunter zuletzt: »Ein Buch, ein Bekenntnis. Die Debatte um Günter Grass' ›Beim Häuten der Zwiebel‹« (Göttingen 2007) und »Die Erzählrede in Franz Kafkas ›Das Schloss‹« (Frankfurt am Main 2006).

Uwe Krüger

Jahrgang 1978, von 1998 bis 2006 Studium der Journalistik und Politikwissenschaft an den Universitäten Leipzig und Rostow am Don (Russland); 2003/04 Volontariat bei der *Leipziger Volkszeitung;* Doktorand am Institut für praktische Journalismusforschung (IPJ) in Leipzig und Redakteur von *Message – Internationale Zeitschrift für Journalismus;* freier Autor u.a. für *taz, Reader's Digest, Eulenspiegel* und mehrere Regionalzeitungen; Buchveröffentlichung: »Gekaufte Presse in Russland. Politische und wirtschaftliche Schleichwerbung am Beispiel der Medien in Rostov-na-Donu« (Berlin/Münster 2006).

Thomas Leif

Jahrgang 1959; promovierter Politikwissenschaftler und Chefreporter Fernsehen beim SWR in Mainz; Inspirator, Gründer und Vorsitzender der Journalistenorganisation »Netzwerk Recherche«; zahlreiche Fernsehreportagen; Herausgeber und Autor mehrerer Bücher, zuletzt erschienen: »Die fünfte Gewalt. Lobbyismus in Deutschland« (Wiesbaden 2006) und »Beraten und Verkauft. McKinsey & Co. – der große Bluff der Unternehmensberater« (München 2006).

Norbert Mappes-Niediek

Jahrgang 1953; seit 1992 freier Korrespondent für Österreich und Südosteuropa, u.a. für *Die Zeit* und *Financial Times Deutschland;* lebt in der Steiermark; 1994/95 Berater des UNO-Sonderbeauftragten für das ehemalige Jugoslawien, Yasushi Akashi; zahlreiche Buchveröffentlichungen, zuletzt erschienen: »Die Ethno-Falle. Der Balkan-Konflikt und was Europa daraus lernen kann« (Berlin 2005), »Let's be Frank. Die unglaubliche Geschichte des heimlichen Kaisers von Österreich« (Frankfurt am Main 2004) und »Balkan-Mafia. Staaten in der Hand des Verbrechens – Eine Gefahr für Europa« (Berlin 2003).

Ralf Mielke

Jahrgang 1966; Studium der Politikwissenschaften, Geschichte und Germanistik in Münster; nach einem Volontariat beim Medienfachverlag Rommerskirchen seit 1999 bei der *Berliner Zeitung,* wo er als Medienredakteur tätig ist.

Alexander Osang

Jahrgang 1962; Studium der Journalistik in Leipzig; Wirtschaftsredakteur und dann Chefreporter der *Berliner Zeitung;* seit 1999 Reporter für den *Spiegel,* bis 2006 in New York; 1993 und 1999 Egon-Erwin-Kisch-Preis, 1995 Theodor-Wolff-Preis; zahlreiche Reportage- und Kolumnenbücher sowie zwei Romane; zuletzt erschienen: »Lennon ist tot« (Frankfurt am Main 2007), »Berlin – New York. Kolumnen aus der schönen neuen Welt« (Berlin 2004), »Neunundachtzig. Heldengeschichten« (Berlin 2002), »Die Nachrichten« (Frankfurt am Main 2000).

Uli Rauss

Jahrgang 1962; Studium der Germanistik, Geschichte und Politik; Volontariat im Münsterland; Absolvent der Henri-Nannen-Journalistenschule; nach 1990 Reporter beim *extra*-Magazin, Berlin; seit 1992 im Auslandsressort des *Stern;* Themenschwerpunkte: Reportagen aus Kriegs- und Krisengebieten, internationaler Terrorismus, US-Militär.

Sabine Sasse

Jahrgang 1963; Studium der Publizistik und Germanistik in Göttingen und Berlin; seit 1986 freie Journalistin, u. a. für *Der Tagesspiegel, Süddeutsche Zeitung, Die Woche, Stern, FAZ* und »Jahrbuch Fernsehen«; Mitarbeit an den Büchern »Nervöse Zone. Politik und Journalismus in der Berliner Republik« (München 2007) und »Der Gegnerforscher. Die Karriere des SS-Führers Franz Alfred Six« (München 1998) von Lutz Hachmeister.

Karl-Otto Saur

Jahrgang 1944; 1966 Ein- und 1969 Austritt aus dem väterlichen Verlag (später K. G. Saur Verlag), den er zeitweise gemeinsam mit seinem Bruder Klaus führte; Absolvent der Deutschen Journalistenschule in München, danach Redakteur der *Süddeutschen Zeitung,* dort u. a. verantwortlich für die Medienseite; Feuilletonchef der *Münchner Abendzeitung;* beim *Spiegel* Leiter des Ressorts Kultur und Gesellschaft; heute leitet er ein Kulturkontor in Ebenhausen bei München sowie das Fernsehfilmfestival Baden-Baden; 2007 veröffentlichte er (gemeinsam mit seinem Sohn Michael Saur) das Buch »Er stand in Hitlers Testament« über seinen Vater Karl-Otto Saur sen., den Stellvertreter von Hitlers Rüstungsminister Albert Speer.

Oliver Schröm

Jahrgang 1964; Volontariat bei der *Heidenheimer Zeitung;* 1991 Stipendiat der Michael-Leisler-Kiep-Stiftung in Los Angeles, San Francisco und Memphis; freier Journalist für *Stern, Die Zeit* und die *Frankfurter Allgemeine Sonntagszeitung* sowie Politmagazine der ARD und des ZDF mit den Themenschwerpunkten Rechtsradikalismus, internationaler Terrorismus und Nachrichtendienste; seit 2007 Reporter des *Stern;* Autor von sechs Büchern, zuletzt erschienen: »Gefährliche Mission. Die Geschichte des erfolgreichsten deutschen Terrorfahnders« (Frankfurt am Main 2005) und »Tödliche Fehler. Das Versagen von Politik und Geheimdiensten im Umfeld des 11. September« (gemeinsam mit Dirk Laabs, Berlin 2003).

Christoph Schultheis

Jahrgang 1966; Medienredakteur bei der *taz* und danach bei Netzeitung. de; Autor für *taz, Berliner Zeitung, Frankfurter Allgemeine Sonntagszeitung* u. a.; seit 2004 verantwortlich für BILDblog.de; Auszeichnung mit dem Grimme-Online-Award 2005 und dem Leuchtturm-Sonderpreis des »Netzwerks Recherche« 2005 für BILDblog.de; lebt als Medienjournalist in Berlin-Kreuzberg.